노래회상치료

노래로 치유하는 심리테라피

노래회상치료

노래로 치유하는 심리테라피

초판 1쇄 발행   2023년 11월 15일

지 은 이   김길량
펴 낸 이   김봉윤
펴 낸 곳   씨이오메이커(ceomaker)
출 판 등 록   제2013-23호

편 집 장   민보윤
편집디자인   조서봉
교 정 교 열   김봉수

주   소   서울특별시 관악구 국회단지 20길 16, 101호
전   화   02-877-7814
팩   스   02-877-7815
이 메 일   ceomaker79@gmail.com
홈 페 이 지   www.ceobooks.kr

ISBN 979-11-91157-11-6(03180)
값 18,000원

잘못된 책은 구입하신 곳에서 바꾸어 드립니다.
이 책에 실린 모든 내용, 디자인, 이미지, 편집 구성의 저작권은 도서출판 씨이오메이커와 저자에 있습니다.
허락 없이 복제하거나 다른 매체에 옮겨 실을 수 없습니다.

노래로 치유하는 심리테라피

노래회상치료

차례

프롤로그

Chapter 1 서론

1. 이 책의 동기와 목적 • 14
2. 연구방법과 선행연구 • 24
    1) 연구방법 _24
    2) 선행연구 _26
3. 이 책의 전개 • 33

Chapter 2 노래회상치료에서의 정신화와 주체화

1. 노래회상치료의 개념 • 38
    1) 노래와 회상 _39
        - 정신분석과 노래회상치료
    2) 노래회상치료의 치료요인 _47
        - 상징
        - 은유
        - 이미지
        - 리듬과 멜로디

3) 노래회상치료에서의 심리기제 _58
- 동일시
- 투사적 동일시
- 통찰

4) 노래회상치료의 방법 및 효과 _70
- 노래회상치료의 방법
- 노래회상치료의 효과

2. 노래회상치료를 통한 정신화 • 75

1) 노랫말의 정신화 유도 _80
2) 내사물과의 조우 _84
3) 탈매몰화로서의 정신화 _85
4) 마음챙김으로서의 정신화 _88

3. 노래회상치료를 통한 주체화 • 92

1) 시그문드 프로이트의 주체 _94
2) 멜라니 클라인의 주체 _99
3) 도널드 위니컷의 주체 _102
- 일차적 모성몰두 안에서 하나됨과 분리됨의 변증법
- 반영하는 주체로서 나(I)와 대상으로서의 나(Me)
- 중간대상 관계 : 대상창조와 대상발견의 변증법

4) 자크 라캉의 주체 _108

Chapter 3 사례분석을 통한 노래회상치료

1. 사례분석 • 118
    1) 그때 우리 부모는 많이 아팠어요 _119
        - 엄마가 딸에게 (양희은)
        - 아버지 (인순이)
        - 돼지토끼 (장윤정)

    2) 당신은 저에게 큰 산이었어요 _132
        - 테스형 (나훈아)
        - 비상 (임재범)
        - 꿈의 거처 (이승윤)

    3) 자녀라면 그래야 하는 줄 알았어요 _143
        - 효녀심청 (김용만)
        - 애모 愛慕 (김수희)
        - 이별해 예쁘게 (영탁)

    4) 당신의 시선과 목소리는 따뜻했어요 _150
        - 홍시 (나훈아)
        - 아빠의 말씀 (정여진, 최불암)
        - 그대라는 바다 (박정현)

    5) 내 인생을 사랑하자 _160
        - 아모르 파티 amor fati (김연자)
        - 타타타 (김국환)
        - 건물 사이에 피어난 장미 (H1-KEY)

    6) 자아를 초월하여... _172
        - 킬리만자로의 표범 (조용필)
        - 훨훨훨 (김용임)
        - 밥 한 번 먹자 (이찬원)

    7) 상실과 애도, 과거와 작별하기 _183
        - 아직도 기억하고 있어요 (정미조)
        - 자네! 8자는 뒤집어도 8자 (나훈아)
        - 안동역에서 (진성)

    8) 재애착, 불안정애착에서 안정애착으로 _195
        - 이젠 나만 믿어요 (임영웅)
        - 나의 목소리로 (김호중)
        - 당신을 만나 (김호중, 송가인)

    KOMCA 승인필

2. 사례분석 함의 · 206
   1) 문제증상의 완화 _209
   2) 노래회상치료에서의 주체화 의미 _210
   3) 노래회상치료에서의 주체화 촉진요인 _212
   4) 노래회상치료의 종합분석 _216

Chapter 4 노래회상치료에 대한 상담신학적 고찰

1. 상담신학에서의 서사성, 은유성, 상징성 · 222
2. 시편을 통한 노래회상치료 · 226
   1) 탄원시 _227
   2) 감사시 _233
   3) 용서시 _238

Chapter 5 결론

1. 의의 및 제언 · 252

참고문헌

주(註)

프롤로그

 이 책은 저자의 박사학위 논문인 "주체화를 중심으로 한 노래회상치료 연구"를 수정하여 출판한 것이다.[1] 이 책에 나오는 상담의 내용은 내담자를 특정할 수 없도록 각색이 되었다.

 무한경쟁 사회 속에서 살아가는 많은 사람들이 마음의 상처를 안고 살아간다. 그들이 자신의 상처를 이해하고 치유받는다면 삶은 더욱 편해질 것이며, 개인의 삶이 편해진다면 우리 사회도 훨씬 더 여유있고 배려하는 사회가 될 것이다.

 마음의 치유는 자신을 아는 것으로부터 시작된다. 자신을 알기 위한 방편으로는 여러 가지가 존재한다. 그중 하나가 심리상담이다. 사는 것이 힘들다고 하는 사람들에게 상담을 권유하지만 대부분의 사람들이 상담이라고 하면 큰 문제가 있어야 하는 줄 안다. 실제로 상담을 받고 싶지만 상담비가 부담되거나 시간을 좀처럼 낼 수 없는 경우도 있다. 상담현장에 있으며 이런 사람들에게 어떻게 도움을 줄 수 있을까 생각하다가 우리 국민이 좋아하는 노래를 생각하게 되었다.

 예로부터 우리의 선조들은 노래로 위로를 많이 받아왔다. 힘든 노동을 할 때면 노동요를 부르며 이겨냈고, 사회의 부조리는 춤과 노래를 통해 해학적으로 풀어냈다. 오랫동안 우리의 위로자와 상담자가 되었던 노래는 지금도 우리의 마음을 만져준다. 누구나 쉽게 접할 수 있는 노래를 정신분석이론과 대상관계이론으로 풀어보면서 노래가 어떻게 우리의 마음을 만져주고 회복시켜주는지를 나누고 싶었다.

실제로 노래는 상담현장에서도 유용한 재료로 사용된다. 상담 초기, 아직 자신의 이야기를 꺼내기 어려운 내담자에게 자신의 마음을 대변해 주는 노래가 있다는 것만으로도 안정감을 줄 수 있다. 노래로 안정감을 갖게 되면 내담자는 자신의 이야기를 편하게 풀어낼 수 있다. 상담이 어느 정도 진행되어도 자신의 감정을 잘 나타내지 않는 사람들에게 노래는 그들의 감정을 대변하거나 자신의 감정과 쉽게 접촉할 수 있는 도구가 된다. 또한 상담을 종결하는 과정에서 대부분의 내담자들은 상담자 없이 정신적으로 홀로서기를 하는 것에 불안감을 느끼게 되는데, 이러한 사람들에게 노래를 소개하면 노래는 언제든 상담자를 대신해 그들의 옆에서 위로와 지지의 역할을 한다. 특히 상담실을 찾을 여건이 되지 않는 분들이 노래의 분석적 힘을 알고 자신이 특정 노래를 왜 좋아하는지 이유를 깨닫게 되면 그 노래를 통해 더 위로받고 자신을 알아갈 수 있을 것이다.

끝으로 우리의 마음을 위로하는 아름다운 노래, 마음의 여정을 찾아갈 수 있는 노래, 우리의 슬픔과 아픈 마음들을 투사하여 마음을 달래줄 수 있는 노래, 기쁨을 나눌 수 있는 노래, 감정표현이 서투른 사람들의 감정표현을 대신할 수 있는 노래를 만들어준 작사가, 작곡가분들에게 감사드린다. 그리고 우리의 심금을 울리고 마음 깊이 자리 잡은 슬픔과 아픔을 회복할 수 있도록 노래에 마음과 영혼을 실어 표현해주신 가수 여러분께도 감사드린다. 특히 이 책에 인용된 노래들을 만들어주신 작사가, 작곡가, 가수 여러분께 감사를 전하고 싶다.

책을 출판하는 데 좋은 조언을 해주신 강혜정 교수와 방성규 교수, 추천해 주신 정연득 교수께 감사를 드린다. 또한 이 책을 출간할 수 있도록 힘을 준 가족들과 함께 공부한 상담 선생님들께도 감사드린다.

이 책을 통해 현실에서 힘든 시간을 보내는 많은 사람들이 좋은 노래를 음미하면서 마음에 더 풍성하고 여유로운 공간을 만들 수 있기를 바란다. 그리고 그 속에서 리듬에 맞춰 노래하고 춤추는 축제의 시간을 만끽하길 바란다.

2023년 11월

김길량

| Chapter 1 |

서론

이 책의
동기와 목적

코로나19 팬데믹 기간 동안 많은 사람들이 힘든 시기를 보내야했다. 이 기간 동안 방송사들은 노래경연 프로그램을 편성하였는데 모두가 돌풍을 일으켰다. 이 현상을 사회학자들은 노래가 코로나19로 지친 사람들의 마음을 때로는 즐겁게, 때로는 따스하게 위로해주고 보듬어주었기 때문이라고 평가한다. 필자 역시 이와 비슷한 사례경험이 있어서 노래가 사람에게 미치는 심리적 작용을 정신분석적 이론에 근거해 연구해 보고 싶었다.

전 세계는 코로나 팬데믹으로 인해 많은 희생과 비용을 지불해야 했다. 한국 사회도 예외가 아니었다. 코로나19 감염병 문제가 일상생활에 침투하면서 사람들에게 정신적 공포나 불안을 일으키며 정신건강에 큰 악영향을 끼쳤다. 실제로 우울증과 불안장애, 강박증 등의 정신질환이 크게 증가하여 사회문제가 되고 있다.[2]

흔히 정신질환은 개인을 소외시키고 고립시키어 자유롭고 창조적 주체적 삶을 방해한다. 정신질환으로 힘들어하는 사람들에게는 주체를 회복시키기 위한 다양한 돌봄이 필요하다.[3] 정신질환을 치료하기 위해의학적 약물치료 이외에도 심리상담 분야에서 건강한 몸과 마음의 회복을 위한 다양한 매체상담 및 치료가 적극 도입되고 있다. 특히 최근에는 다양한 매체를 활용한 상담 치료연구가 본격적으로 주목을 받고 있다. 미술, 음악, 문학, 철학, 영화, 사진과 같은 다양한 예술 매체를 활용하는 치료는 증상의 완화와 삶의 의욕을 회복하도록 돕고 삶의 질을 높이는 치료방법으로 실제로 적용되면서 현재 많은 연구들이 진행되고 있다.[4] 이는 정신질환의 예방과 재발방지, 재활을 위해서도 약물치료와 병행하고 보완하는 것이 매우 효과적인 치료방법이기 때문이다. 일반적으로 약물치료는 주로 신경전달물질 분비의 억제나 부족한 것을 보충시켜 정신질환의 증상을 치료한다. 그러나 약물치료만으로는 환자들이 정서적 삶을 회복하거나 삶에 대한 애착과 희망을 갖도록 안내하는 데 한계가 있다. 마음의 부조화를 감당할 수 없을 때, 전문가의 도움을 청하지만 결국 개인의 주체성을 지키면서 인간다운 삶을 영위하기 위해 자신이 처한 상황에서 주체적 결정권을 가지고 스스로 극복하여 일어설 수 있는 회복력, 즉 내적 힘이 더욱 절실하다.[5]

그동안 개인의 심리문제는 정신과 의사나 전문 상담사의 도움을 받아 해결하려 했다. 하지만 여러 이유로 전문가의 도움을 받지 못할 경우, 문학치료는 내담자가 상담자와 같이 또는 혼자 적극적으로 자신의 문제를 해결하는 한 방법이 될 수 있다.[6] 또한 직접적 대화가 힘든 아동이나 성인에게 문학치료가 매우 효과적인 치료적 개입으로 알려져 있다. 내담자의 자기서사와 상담자의 자기서사가 만나고 융합되는 상호주관적 공간으로 작품 서사는 기능할 수 있다. 더불어, 상담자의 직접적 공감이 오히려 치료적으로 방해가 되는 분열성 성격장애나 자신의 감정 상태에 직면하기 어려운 강박성 성격장애를 가진 내담자들에게 문학치료는 효과적인 치료적 개입이 된다.

그중에서도 노래회상치료는 문학의 방법이자 표현예술로서 문학과 예술 접근의 치료방법으로 손상된 정서와 욕망, 주체를 회복시키고 외상에 대한 치유와 내적 성장에 도움을 주는 것으로 알려져 있다. 소외된 인간의 갈등과 증상을 극복하고 주체적이고 건강한 삶을 회복할 수 있는 방법으로 노래회상치료를 모색하고자 한다.

노래회상치료는 먼저 노래가 표현하는 주제와 느낌을 재경험할 수 있도록 노래를 감상하고, 노랫말의 구체적 내용을 분석하기 위해 언어적 표상을 넘어 노랫말이 내담자에게 어떤 의미를 주는지에 중점을 둔다. 음악과 언어 예술인 노래는 인간정신을 고양하는 보편적이며 모든 것을 포괄하는 예술이다. 노랫말은 정서적, 문화적, 사회적 관념과 가치관을 발견하고 이를 타인과 공유하므로 공동의 연상을 형성하기 때문에 인간정신을 고양시키며 예술적 경험을 가능하게 한다. 또한 노랫말은 회상자의 내적 체험과 창조적 상상력 사이에서 중재역할을 하고 인간의 심리적, 실존적 체험들을 총망라한다. 노랫말은 시처럼 압축된 감정표현이 고양된 말로, 인간의 전체성에 대해 인식을 전달하는 감정표현의 한 양식이다. 노랫말은 인간의 상상과 정서의 산물로 구현된 시적 상상력의 창조적 형상화를 통해 우리 삶의 구체적 모습을 그려낸다. 노랫말은 인간 감정의 응축된 정서를 인식하고 표현하는 데 매우 유용하기 때문에 정서치료가 필요한 대상과 영역에 적극적으로 활용할 수 있다. 또한 노래의 멜로디는 회상자의 마음을 여는 데 도움을 주고 나아가 상담자와의 관계성을 높이며, 회상자의 마음에 에너지와 질서를 가져다

주어 자기성찰에 기여하는 잠재력이 있다.[10] 이처럼 노래회상치료에서 정서는 주요 치료요인이다.

   정서는 일상생활을 유지하고 조절하는 데 매우 중요한 요인이다. 정서란 포괄적 용어로 생리적 반응, 표현, 행동, 생각 및 느낌이 주요소다. 정서는 생리적 반응, 주관적 경험, 행동적 표현의 요소를 포함하는 것과 지능의 하나로 연구될 만큼 인지적 요소와도 매우 밀접한 관련이 있다. 정서와 기분상태는 지각, 주의, 회상, 재인(再認) 같은 인지기능에 영향을 미치고 즉각적 행위가 필요한 사건이나 신체상태에 주의를 기울이도록 하는 순환적 피드백 관계로 얽혀있다.[11] 즉, 정서는 복잡한 사회적 관계를 잘 헤쳐 나가도록 도움을 주고, 정서의 일관성 때문에 인지에 영향을 발휘하며, 정서 그 자체로 정보가 있어 다른 추론을 가능하게 한다. 어떤 일을 기억할 때, 사람들은 정서적으로 출현한 사건을 회상하는 경향이 있으며, 동시에 현재 정서가 과거의 회상에 편견을 줄 수도 있다. 또한 정서들은 평가적 판단, 미래에 대한 판단, 인과적 속성에 영향을 준다. 도덕적 직관은 사회생활에서 옳고 그름을 판단하는 지표인데, 그것도 정서에 영향을 받는 것으로 알려져 있다. 심지어 정서가 도덕적 감각 및 직관뿐만 아니라 법 집행과 사법절차에까지 영향을 미치는 것으로 논의되고 있다.[12]

   이러한 정서기능 장애는 정신장애로 이어진다. 아동, 청소년들의 정신장애는 대부분 정서기반 장애로 정서기능 손상에서 비롯된 것이다. 실제로 정서장애가 있는 사람은 정서를 내면화하고 외현화하는데 부적절한 정서반응을 보인다. 정서의 기능적 사용능력은 개인의 심리적 안녕과 대인관계에 중요한 요소라고 할 수 있다.[13] 정서장애를 가진 내담자들의 부정적 정서증상을 완화하고 긍정적 정서로 전환시키는 정서치료는 신경증이나 공포증 같은 정신장애를 치료하고 재발을 방지하기 위해서 꼭 필요하다. 부정적 정서와 사고로 우울, 불안, 강박과 같은 신경증에 시달리는 사람과 사회성 위축 같은 음성증상을 가진 정신질환 환자들에게 약물치료만이 아니라 감정을 견디고 조절하며 마음상태 간의 연관성을 인식할 수 있도록 돕는 정서치료가 증상완화나 기능회복에 필수적이다.[14] 이에 인간의 정서와 매우 밀접한 관계를 가지고 있는 노래가 정서에 미치는 영향은 매우 크기에 노래를 통한 회상치료는 문학과 예술적 접근의 정서적 통찰치료로 활용될 수 있다.

노래회상치료를 기독교 상담에 적용하기 위해서는 하나님이 모든 피조물과 창조세계를 통해서 일하시고 또한 그 안에서 일하신다는 일반은총에 대한 충분한 이해가 필요하다. 하지만 안타깝게도 일반은총의 주제는 그리스도인들 사이에서 자주 등한시되었다.[15] 실제로 일반은총이란 용어는 흔히 제한적 범위 내에서만 통용되고 사용되어왔다. 그렇다 보니 하나님의 은혜가 교회 밖에서 그리고 예수 그리스도에 대한 직접적 언급 없이도 드러나거나 확인될 때, 하나님의 은혜는 대개 방어적으로 또는 제한적으로 해석하려 한다. 교회 밖에라도 진, 선, 미가 있는 곳에는 하나님이 거하고 계시다고 인정할 뿐, 사회문화적, 인문적 진보나 성취에 따른 효험에 대해서는 하나님의 역할을 거의 언급하려 하지 않는다.[16] 마치 하나님의 도움이나 치유가 일반 심리상담 분야에서는 작동하지 않는 것처럼 말이다. 필자는 정신과 마음을 치유하는 부분에 있어서 하나님의 은총은 노래회상치료에서도 여전히 작동한다고 믿는다.

위르겐 몰트만(Jurgen Moltman, 1926-)이 명명한 생명의 거룩한 에너지(the divine energy of life)는 창조세계 모든 영역에서 경험되지만 교회는 구원의 영역에서만 이를 강조하는 경향이 있었다.[17] 사실 하나님의 생명의 거룩한 에너지는 창조와 구원에서 모두 나타나고 있음에도 불구하고, 두 개로 나뉘어지면서 이 가운데 한 관점인 일반은총은 거의 무시되어왔다. 그러나 성령의 일반은총은 창조세계와 피조물에게 지금도 여전히 계속 나타나고 있다. 성령은 죄를 지적할 뿐만 아니라 필요한 것을 공급하신다.[18] 일반은총은 신학의 기준 안에서 다시금 적절한 자리를 찾을 필요가 있다. 일반은총이 전부는 아니지만 과소평가될 것도 아니다. 일반은총이 제자리를 찾을 때 교회 밖에서도 성령의 거룩한 에너지를 풍성히 경험하게 될 것이다.

바울이 루스드라 사람들에게 한 말을 생각해보자. "그러나 자기를 증거하지 아니하신 것이 아니니 곧 너희에게 하늘로서 비를 내리시며 결실기를 주시는 선한 일을 하사 음식과 기쁨으로 너희 마음에 만족케 하셨느니라."[19] 성령의 일반은총은 구약의 멜기세덱(창 14장), 아비멜렉(창 20장), 그리고 요나가 타고 있던 배 선원들(욘 1장)의 삶에서도 발견할 수 있다. 일반은총의 이해는 앞으로 노래회상치료를 다루게 될 다음 장들을 읽는 데 도움이 될 것이다.

노래회상치료는 문학치료 중 한 장르로 기독교상담을 포함한 다양한 상담이론에 좋은 시각과 도구를 제공해 줄 것이다. 여기에는 세 가지 주장이 담겨있다. 첫째, 문학치료에서 문학은 지혜로운 사람들이 삶에 대한 다양한 근원 은유(root metaphor)를 만들어 낸 결과물이다. 문학은 우리가 현실을 어떻게 이해해야 하는지를 유익한 시각과 이야기, 신화 등으로 제시해 준다. 둘째, 독자 즉 해석자들은 자기 자신의 이해에 비추어 텍스트(문학)를 읽는다. 텍스트를 읽을 때, 더 이상 전적 객관성이 존재한다거나 가치가 있다고 여기질 않는다. 전적 객관성을 믿던 시대는 종식되었다. 텍스트는 누군가가 만든 것이고 단지 우리에게 주어진 것이다. 우리가 만든 것이 아니라는 점에서만 객관성을 말할 뿐이다. 텍스트는 나름대로의 안목과 관점을 가지고 그 내용과 관계 맺는 독자들에 의해서 해석되어야 한다. 이러한 관점은 독자들로 하여금 텍스트와 유익한 대화를 가능하게 해준다. 셋째, 문학은 포스트모더니티의 핵심 특징으로 간주되는 역설과 모순이 주를 이루고 있어서 복잡하고 예측 불가능한 삶과 정신을 이해하는 데 좋은 기회가 된다.[20]

지금까지 신학과 신학에 바탕을 둔 것에 인식론적 우위가 주어져 왔다. 그러나 비선형 사고방식(nonlinear thinking)이 새롭게 등장하면서 새로운 해석학적 방법이 요구되었다. 그중 하나가 '해석학적 흐름(hermeneutical flow)'이다. 해석학적 흐름이란 옥스퍼드 대학교수인 래리 크라잇저(Larry Kreitzer)가 사용한 말이다. 그는 문학, 영화, 신학에 대한 네 권의 시리즈 책에서 해석이 단지 성경에서 영화로 향하는 것뿐 아니라 영화와 소설에서 성경으로도 유익하게 흐를 수 있다고 주장했다.[21]

내담자 A의 임상사례를 보면, A는 이혼 후 자신이 세상에 혼자 버려진 느낌 때문에 하루하루가 고통스러웠다. 그리고 새로운 상황에 대응하고 적응해나가는 일도 너무 힘들었다. 그녀가 그러한 고통의 나날을 견딜 수 있었던 이유 중 하나가 그녀의 마음을 대변해 준 노래라고 말했다. 그녀가 자신의 마음을 대변해 주는 노래들을 듣고 감상하고 그 노랫말에 대한 자신의 이야기를 할 때 그녀의 눈에 다시 빛이 났으며 그녀의 표정은 밝아 보였다. 실제로 누가 봐도 내담자 A의 상황은 절망적이었다. 그럼에도 그녀는 그 상황에서 무너지지 않고 문제들에 하나씩 대응하며 새로운 환경에 적응해갔다. 필자는 노래가 그녀의 마음을 어떻게 달래주는지, 그녀의 마음을 어떻게 대변해 주는지, 또 이러한 요소들이 그녀의 자기 회복에 어떠한 작용을 하는지에 대한 호기심을 갖게 되었고 이것이 이번 연구와 출판의 동기가 되었다.

이혼 과정과 이혼 후 홀로 남겨진 상황은 내담자 A에게 편집-분열 자리의 원시적이고 강렬한 감정을 불러일으켰다.[22] 멸절불안과 박해불안으로 매우 강력한 감정에 휩쓸려 그녀는 정신적으로 매우 불안했고 괴로웠다. 그런 내담자 A가 노래회상치료를 받으면서 편집-분열자리에서 어찌할 수 없는 강렬한 감정을 노래에 실어 따라 부를 때 그 노랫말에 자신의 마음을 투사하고 동일시하면서 그녀의 감정은 멸절불안에서 박해불안으로 다시 우울자리로 갈 수 있었던 것으로 생각된다.[23] 자기와 동일시된 노래를 부르며 회상하면서 그녀는 자신도 모르는 사이에 자신의 무의식속에서 분열되었던 의식들이 통합되며 응집력을 회복하기 시작했고, 그 작은 통합들이 모여 그녀 자신의 주체가 확장되고 있었던 것으로 생각된다.

주체개념의 복원에 있어 가장 큰 영향을 미치고 있는 자크 라캉(Jacques Lacan, 1901-1981)은 신경증을 억압의 기제에서 비롯한 것으로 보고, 증상이란 몸과 기능이 의미화하는 은유라고 말한다. 라캉은 증상의 주체는 타자의 욕망으로 점철되어 자기 자신의 주인이 되지 못하고 무의식적 선한 욕망을 억압하며 리비도가 증상에 집중되어 있는 것이고, 욕망의 원인으로 고착되어 있는 것으로 해석한다.[24] 라캉은 인간 주체를 설명하는 결정적 요인은 자아의 탄생이 아니라 주체의 탄생이라고 역설하였다. 자아는 외부로 투영된 신체 이미지에 대한 나르시시즘적 동일시를 통해 구성된 것으로 타자적 대상이다. 타자의 욕망에 의해 점유되어 있는 자아는 진정한 자기 존재의 모습으로 살아가지 못한다는 것이다.[25] 신경증은 금지와 억압에 의한 것이며 자신이 원하지 않는 불편하고 부정적 정서상태를 유발하고 부정적 사고와 행동을 반복적으로 갖게 하여 심리내적 고통을 일으킨다. 증상이 심한 경우, 자발적으로 증상을 해소하기 어려워 약물치료가 요구되기도 한다.

정신분석적 노래회상치료란 멜로디와 노랫말을 통해 정신분석을 수행한다는 뜻이기도 하고 피분석가가 분석가와 멜로디와 노랫말을 통해 자신의 무의식에서 발생한 어떤 영향이 의식으로 인식되고 그 피분석가에게 어떤 영향을 일으키는 것이다.[26] 또한 노래회상치료 과정에서 정신적 외상을 치유하고 주체화를 실현하는 것은 정신분석적 노래회상치료의 목표다. 증상은 몸과 기능이 의미화하는 은유이기 때문에 노랫말의 다양한 은유를 통해 또 다른 새로운 의미와 가치를 부여하여 변화하고 성장할 수 있는 가능성을 수반한다. 노래회상치료에서 노랫말의 은유에 치료적 효과를 기대해 볼 수 있다. 은유는 주체 창조에 기여하기 때문이다.[27] 라캉은 주체적 촉진이 없는 은유는 없고 은유화 없는 주체화는 없으며, 새로운 은유가 창조되지 않으면 증상에 예속되거나 고착된다고 하였다.[28] 이에 이 책에서는 정신분석적 노래회상치료 과정을 통해 내담자들에게 주체화 과정이 어떻게 나타나고 그 의미는 무엇이며, 주체화가 촉진되는 요인은 무엇인지 살펴보고자 한다. 내담자들의 우울과 강박, 신체화 같은 신경증, 그리고 신경증의 음성증상이 완화되는 변화경험과 존재가 주체화하도록 돕는 것이 이번 출판의 목적이다. 다시 말하면, 억압과 소외로 시달리는 현대인이 정신분석적 노래회상치료를 통해 주체화되어 새롭게 자신을 재발견하고 증상을 완화하며 삶에 대한 희망을 찾는 데 기여하는 것이 궁극적 목적이다.

I
연구방법과 선행연구

1) 연구방법

본 연구의 취지는 다양한 음악심리치료 중 노래를 사용하여 심리내적 문제를 치료하는 노래회상치료에 어떠한 정신적 치료작용이 있는가를 살펴 이를 임상현장에 적용하고자 하는 것이다. 우선 정신분석과 음악심리치료 분야의 연구동향을 파악하고, 선행연구를 바탕으로 노래회상치료를 정신분석과 대상관계이론 관점에서 문헌연구를 하였다. 그 후에 사례연구를 진행하였다. 사례연구는 흔히 하나의 현장이나 맥락 내에서 하나 이상의 사례를 통해 탐색된 문제에 대한 연구방법으로 상세하고 심층적인 자료를 수집하여 사례기술과 사례에 기반한 주제들을 연구한다.[29]

사례연구 연구자는 풍부한 의사소통 기술을 보유하고 있어야 한다. 선입견을 배제하고 방대한 양의 자료를 흡수할 수 있는 기술, 탐구적 정신으로 관찰할 수 있는 능력, 명료하고 흥미로운 스타일의 작문재능은 질적 사례연구에 필수적이다. 연구결과에 대해 개념화할 수 있는 능력

또한 사례연구 연구자에게 필수적이다. 사례연구로 축적된 방대한 양의 자료를 가지고 이론을 설명하거나 의미를 추출해야 하기 때문이다.[30]

사례연구에 적합한 연구로는 첫째, 기존 이론의 한계에서 출발하는 연구로서 일반화에 대한 시사점을 제공할 수 있는 비전형적이거나 극단적 사례다. 둘째, 사례를 찾는데 충분한 경험이 필요하지만 어떠한 가설 또는 이론을 설명하기에 충분한 사례다. 셋째, 현대 사회현상 등을 설명하기에 적절하고 일반적 특성을 제공할 수 있는 사례다.[31] 본 연구는 노래회상을 통한 심리적 치료작용이 어떻게 이뤄지는가를 밝히고자 하므로 앞서 제시한 두 번째 유형의 사례연구가 될 수 있다.

사례연구 방법을 사용하는 이유는 어떤 분야에 사전연구가 거의 행해지지 않은 경우나 보다 크고 심층적인 연구계획에 준비자료와 정보를 제공하려는 경우, 또는 가설정립을 필요로 하는 경우에 유용하기 때문이다. 이것은 심리분석적 사례연구의 목표이기도 하다.[32]

사례연구에서 연구자는 연구목적이나 주제에 따라 얼마나 철저하고 상세하게 자료를 수집하였는지 그리고 심층분석을 통해 도출한 결과의 의미를 주장할 수 있는지 유의해야 한다. 또한 사례연구에서 연구자는 자신의 연구목적 및 문제에 근거하여 일정한 영역으로 제한되는 기준의 사례를 선정하고 나면 이에 대한 자료를 수집하고 분석한 결과에 대한 해석은 선행연구에 의존하기보다는 연구자의 연구목적을 따라야 한다.[33]

본 연구를 살펴보면 첫째, 노래회상치료에 대한 학술지와 논문 등의 문헌을 연구하였다. 둘째, 노래회상치료에서의 치료요인을 정신화와 주체화로 보고, 이와 관련된 저서와 학술지 그리고 경험적 연구들을 살펴보았다. 선행연구의 경우, 노래회상치료, 정신화, 그리고 존재의 주체화를 나누어 고찰하였다. 셋째, 일반상담 현장 및 기독교상담 현장에 관해 탐구하고 그 내용을 적용한 본 연구자의 사례들을 분석한 후 임상현장에 제안할 내용들을 논의하였다.

2) 선행연구

필자는 본 연구와 관련한 개념들이나 개념들 간의 관계에 대해 정립하기 위해 '노래회상치료', '정신화', '주체화'를 중심 개념으로 삼아 이와 관련된 선행연구를 하였다. 이를 통해 얻은 개념 틀과 줄기를 설명하고 여기서 본 연구 질문을 도출하려 한다.

먼저 노래회상치료와 관련된 국내 학술논문과 학위논문 중에 최근 학술논문을 중심으로 논해보면, 먼저 임수란과 박혜영은 노래회상치료가 호스피스 환자의 불안과 삶의 질에 어떠한 영향을 미치는가를 연구하였다. 말기암 환자 3명을 대상으로 노래회상치료 중재 전후 불안검사(STAI)와 삶의 질을 검사하여 분석하였다. 그리고 회기별 긍정적 혹은 부정적 언어와 비언어적 반응을 분석하여 삶의 질을 하위영역인 신체적, 심리정서적, 사회적, 영적 서술들로 범주화하였다. 그들은 자신들의 연구에서 노래회상치료가 호스피스 환자의 불안을 감소시키고 삶의 질 가운데 정서심리적, 사회적, 영적 범주의 점수를 향상시켰다고 보고하였다. 또한 질적 분석을 통해 언어적, 비언어적 반응에서 긍정성은 증가하는 반면, 부정성은 감소하였다고 주장하였다. 특히, 노래회상치료가 환자들의 심리적 안정감 증가와 불안감소를 도움으로써, 그들에게 영적 지지를 제공하고, 결과적으로 삶의 질을 향상하는 것으로 밝혔다. 이는 노래회상치료가 호스피스 환자의 정서심리적 안정감을 증진할 뿐 아니라 전반적 삶의 질 향상에도 긍정적 영향을 끼친 것으로 분석되었다.[34]

김종운과 조은유는 실험집단과 통제집단으로 나눠 노래회상치료가 노인의 웰에이징과 의사소통 및 자아존중감 향상에 어떠한 영향을 미치는지 연구하였다. 이러한 연구를 통해서 그들은 노래회상치료는 노인의 웰에이징과 의사소통 향상 그리고 노인의 자아존중감 향상에 효과가 있다고 주장하였다.[35]

박정희와 이드보라는 독거노인의 우울과 심리적 안녕감에 트로트와 민요를 이용한 노래회상음악치료를 비교 연구하였다. 연구 결과, 트로트와 민요를 이용한 노래회상음악치료가 독거노인의 우울감소와 심리적 안녕감 증가에 유의미한 영향을 미친 것으로 나타났다. 트로트와 민요의 치료효과성에는 유의미한 차이가 없는 것으로 보고하였다.[36]

최애나와 권환순은 노래를 중심으로 한 음악치료 회상요법이 노인의 정서에 미치는 영향을 연구하였다. 이 연구에서 노인들이 과거 즐겨 부른 노래와 친근한 노래 중에서 긍정적 노랫말과 밝은 조성의 노래를 중심으로 한 회상요법이 노인들의 불안, 우울, 슬픔, 분노 같은 부정적 정서를 긍정적 정서로 변화시키는 데 영향을 준 것으로 보고하였다.[37]

노래회상치료와 관련된 최근 국외연구를 살펴보면 다음과 같다. 리사 캘리(Lisa Kelly)와 빌 아헤시(Bill Ahessy)는 치매환자를 대상으로 음악과 회상을 결합한 치료가 환자들의 긍정적 웰빙 결과에 도움이 되는지에 대한 연구를 하였다. 음악적 표현, 회상 및 언어 상호작용을 통해 긍정적 기분과 참여수준 및 상호작용이 촉진되는지 여부를 탐구였을 때 현실지향, 언어상호작용 및 인지자극이 개선된 것으로 나타났다. 음악적 요소는 그룹 결속력을 높이고 인지를 자극하며 간헐적으로 그룹 구성원을 재지향시키는 지주역할을 하는 것으로 나타났다.[38]

이상의 노래회상치료와 관련한 연구 결과는 게스톤(Thayer Gaston, 1901-1970)이 음악의 치료적 사용이 상호관계성 확립과 재확립, 자기성찰을 통한 자긍심 증진, 에너지 고양, 그리고 마음의 새로운 질서부여로 심리적 치료를 촉진한다는 주장과도 일치하였다.[39] 과거회상으로 비통했던 과거사진을 정리하거나 노년기에 발생하는 스트레스에 적응하게 하고 사회성과 대인관계를 증진시킨다는 버틀러(Robert Butler, 1927-2010)의 주장과도 일치한다.[40]

다음으로 정신화에 관한 선행연구를 검토하였다. 일반상담 분야에서 이수림과 이문희는 상담 및 심리치료 성과의 효과적인 핵심요인으로서 정신화를 연구하였다. 그들은 심리치료의 공통적 효과요인으로 최근 주목받고 있는 정신화와 관련된 문헌과 경험적 연구들을 개관하여 향후 정신화의 연구방향 및 치료적 합의점을 모색하고자 하였다. 구체적 내용을 살펴보면, 정신화의 개념, 발달과정과 정신장애와의 관련성, 측정을 소개하였고 이러한 결과들을 바탕으로 개발된 정신화기반치료의 치료모형 및 효과에 대해 살펴보았다.[41]

기독교상담 분야에서 현상규는 "애착이론에 근거한 정신화 기법과 기독교 영성의 역할"이라는 연구에서 애착이론에 기반을 둔 정신화는 일종의 자기반성(self-examination)으로, 피터 포나기(Peter Fonagy, 1952-)와 그의 동료들이 주장하는 정신화의 목표는 내담자의 복지와 안녕에 주된 초점을 두지만, 기독교상담 및 목회상담에서는 내담자의 심리 및 정서적 안녕을 도모하는 것을 넘어 내담자의 영적 성숙을 이루는데 정신화의 궁극적 목표가 있다고 그 차이점을 강조했다. 또한 현상규는 "모든 영성이 종교적이지 않듯이, 모든 영성이 기독교 영성은 아니다"라는 데이빗 베너(David G. Benner)를 인용하면서 목회상담에서의 정신화는 기독교 영성 차원에서 고려되고 수행되어야 한다고 역설했다.[42] 그가 기독교 영성을 강조한 이유는 포스트모던 철학의 영향으로 영성이 다양한 의미로 이해되고 있기 때문이라고 말했다. 물론 그는 기독교영성의 독특한 기능과 위치는 비종교적 영성과 종교적 영성을 배제하는 것이 아니라 그것들을 기독교 신앙의 차원에서 비판적 이해와 수용을 시도해야 한다고 강조했다. 끝으로 그는 기독교적 정신화란 성찰적 삶을 통해 더욱 의미 있는 인생을 살고자 몸부림치는 영혼이 온전하고 완전한 자기대상으로서의 하나님과 소통하는 상호주관적 만남이라고 정의 내리며 마무리하였다.[43] 두 연구 모두 심리치료 성과의 중요한 요인으로 정신화를 소개하고 있다. 정신화는 자신 또는 다른 사람의 정신상태(mental state)를 이해할 수 있는 능력이나 생각에 대한 생각(thinking about thinking)으로 이해되는데 이 능력은 영유아기의 애착과정에서 후천적으로 형성된다.[44]

끝으로 주체화와 관련된 논문을 살펴보았다. 김석은 "주체화와 정신분석 윤리"라는 논문에서 정신분석의 윤리로 개인을 욕망의 주체로 만드는 주체화를 강조하였다.[45] 라캉은 욕망이 만족에 도달하지 못하고 반복적으로 순환되는 이유를 주체 분열로 설명하면서 이 분열 속에서 존재(tre)를 드러내는 것이 주체화라고 했다. 주체가 기표를 통해 대리되고 구성되면서 환상과 연동된 욕망을 통해 다양한 삶의 변주곡을 만들어내는 모든 과정을 주체화(subjectivation)라 부를 수 있다. 주체화는 주체성의 분열과 구조적 갈등을 전제하는 정신분석에서 중요한 개념이다. 쉽게 말해, 주체화는 주체가 되어가는 과정이며 존재를 붙잡으려는 노력이다.

주체화는 크게 두 단계로 이루어진다. 첫 번째 단계는 주체가 부성은유를 통해 구성되고 상징계에서 문자화(littralisation)되면서 신경증 주체로 태어난다.[46] 신경증 주체가 겪는 증상이 존재의 표현이기도 하지만 그 자체가 윤리적 차원은 아니다. 신경증 주체가 증상과의 동일시를 통해 실재와 관계를 맺을 때 주체화가 가능하다. 원래 병리적인 것의 지표이자 은유처럼 이해되던 증상은 라캉에게 오면 임상적 의미를 넘어 욕망의 함의를 넓히는 적극적 매개가 된다. 라캉은 증상을 '순수한 향락'으로 보며, '증상과의 동일시'를 정신분석치료의 목표로 제시하였다.[47]

주체화의 두 번째 단계는 주체가 반복적으로 경험하는 충동과 증상으로 '충동의 순환'과 '증상과의 동일시'를 말한다. 주체화는 주체와 그를 둘러싼 현실에 의미를 부여하면서 그 속에서 스스로를 개인으로 정리해나가는 구성과정을 의미한다. 이 과정에서 충동과 증상은 중요한 촉매로, 주체가 사회적인 것과 상호작용 속에서 자신의 고유성과 욕망을 형성해나가는 과정에서 이차적으로 만들어지면서 이를 통해 주체화 색깔을 입힌다고 한다. 이 논문은 정신분석의 윤리로 개인을 욕망의 주체로 만드는 주체화를 강조하였다.[48]

이수진은 "라깡의 정신분석이론에 근거한 미술치료 메커니즘"에 관한 연구에서 주체화에 관해 이야기한다. 그의 논의를 살펴보면, 미술치료는 분석주체, 대상 a로서의 예술, 분석가 3인으로 구성되고 3인의 유기적 작용에 따라 두 가지 치료과정과 네 가지 근본개념을 구명한다. 일차치료과정은 분석주체와 예술의 상상적 2자 관계로서 투사와 반복을 근본개념으로 한다. 이차치료과정은 분석주체와 예술과 분석가의 상징적 3자 관계로서 전이와 욕망을 근본개념으로 한다. 두 가지 치료과정 이후 도달하는 미술치료 분석의 끝은 분석주체 증상과의 동일시다.[49] 미술치료는 일차치료과정에서는 분석주체의 대상a를 예술과, 이차치료과정에서는 대상a를 분석가와, 분석의 끝에서는 대상a를 증상과 동일시하는 메커니즘을 논하였다. 다시 말하면, 미술치료에서는 분석주체가 일차치료과정에서는 대상a를 예술과, 이차치료과정에서는 대상a를 분석가와, 분석의 끝에서는 대상a를 증상과 동일시함으로써, 상상계, 상징계, 실재계의 연관성 속에서 주체분열을 발견하고, 욕망에 대한 제자리를 찾도록 한다는 것이다. 그녀는 이러한 점 때문에 미술치료는 다른 분석경험에 비해 소외, 분리, 환상의 횡단으로 주체화 과정을 좀 더 '가시화'하는 의의가 있다고 주장했다.[50]

이수진이 강조하는 주체화는 분석주체로 하여금 '주체적 궁핍'을 통해 진정한 존재를 찾아가도록 하는 것이다. 주체화의 시작은 "오이디푸스 콤플렉스에 의해 지탱되던 환상을 관통하는 것으로, 주체화의 최종적 목표는 상상적 시나리오에 의해 포장되어 있는 대상a를 축출하는 것"이다.[51] 또한 주체화는 신경증자와 실재계의 관계를 변화시키기 위해 주체와 타자의 욕망의 틈 사이에 증상을 위치시킴으로써, 분석주체로 하여금 정신적 문제를 끌어안고 실재계의 핵으로부터 새로운 주체로 탄생하도록 이끄는 것을 의미한다. 쉽게 말하면, 주체화는 상징계의 허구를 드러내는 동시에 주체와 타자의 구조인 공백, 결여, 상실을 삶의

조건으로 삼는다는 것이다.[52]

앞서 논한 선행연구들을 종합해 보면 라캉의 정신분석 치료작업은 분석의 종결에 두지 않고 주체화에 둔다는 사실이다. 달리 말하면, 분석의 최종목표는 윤리적 주체 혹은 자신의 순수한 욕망을 욕망하는 주체의 탄생에 있다는 것이다. 이에 필자는 주체화를 노래회상치료에서의 핵심 치료요인으로 가정하여 고찰하려 한다.

필자는 지금까지의 선행연구들을 검토하여 얻은 개념들을 바탕으로 본 연구에 관한 질문을 다음과 같이 도출하였다. "노래회상치료에서의 심리치료 작용은 어떤 의미를 함의하는가?" 구체적으로는, "노래회상치료에서 자신을 대상화하여 성찰하는 정신화와 주체화의 촉진요인은 무엇인가?"에 관해 살펴보려 한다.

노래회상치료는 과거회상을 목적으로 긍정적 기억과 정서들을 다시 재경험하는 방법, 준비된 노래를 듣고 그 노래에 대한 개인의 생각이나 느낌을 치료자와 나누는 방법, 노랫말을 중심으로 자신의 문제가 투사된 구절을 같이 나누는 방법 등이 있다. 지금까지 살펴본 노래회상치료와 관련된 학위논문과 학술지 논문이 대부분 노래가 특정 대상의 정서에 미치는 영향을 중심으로 한 양적 연구가 대부분이어서 이 책에서는 노래의 주제와 내용의 의미, 노래를 통해 전달되는 감정을 다루고 노랫말을 중심으로 심리치료적 작용을 질적 사례연구로 하려 한다.[53]

이 책의 전개

　이 책은 노래회상을 통한 심리치료에 관한 연구로, 노래회상치료에서 심리치료 작용은 어떠한가를 시그문드 프로이트(Sigmund Freud, 1856-1939)와 멜라니 클라인(Melanie Klein, 1882-1960), 도날드 위니컷(Donald Winnicott, 1896-1971), 자크 라캉(Jacques Lacan, 1901-1981)의 주체이론을 바탕으로 살펴볼 것이다. 여기서 노래회상치료에서 어떠한 치료작용이 일어나는가를 연구함으로써 심리치료에 일어나는 다양한 정신작용에 관한 유익한 단서와 통찰을 얻을 수 있다.

　이 책은 전체 다섯 개의 Chapter로 구성되었다. Chapter 1에서는 본 연구를 시작하게 된 동기와 연구목적, 선행연구 및 연구방법 그리고 연구전개를 상술할 것이다. Chapter 2는 본 연구의 핵심개념인 노래회상과 치료작용을 이해하기 위해서 노래회상치료의 개념을 기술하고, 노래회상을 통한 정신화를 연구하면서 노랫말의 정신화 유도, 노래회상을 통한 내사물과의 조우, 탈매몰화로서의 정신화, 마음챙김으로서의 정신화를 상술할 것이다.[54] 또한, 정신분석에서의 정신화를 연구하기 위해 프로이트, 클라인, 위니컷, 라캉의 주체 개념을 자세히 설명하려 한다.

Chapter 3에서는 노래회상치료를 통한 다양한 사례분석과 그 함의에 관해 논하려 한다. 사례분석에서는 문제증상의 완화, 노래회상치료의 정신화와 주체화 의미, 정신화와 주체화 촉진요인, 노래회상치료에 관한 종합분석을 하려 한다. Chapter 4에서는 노래회상에 관한 상담신학적 고찰을 하려 한다. 이를 위해 상담신학에서의 서사성, 은유성, 상징성을 상술하고, 탄원시, 감사시, 용서시 등 시편을 통한 노래회상치료를 논의하려 한다. 마지막으로는 앞서 논의한 내용을 요약하고, 연구의 의의 및 제언을 기술하고자 한다.

Chapter 2
노래회상치료에서의 정신화와 주체화

"만약 내가 진정한 정신분석가가 되고자 한다면, 나는 개인적 사실과 과학적 사실을 포함해서 진실을 지극히 사랑해야 한단다. 그리고 내 마음에 들지 않는 사실을 알게 되면서 아무리 괴로움을 느끼게 되더라도 진실을 인정해야 해. 그러한 진실이 외부세계에 대한 것이든, 내 자신의 내면세계에 관한 것이든 마찬가지야. 더 나아가, 정신분석가는 사회학, 종교학, 문학과 역사학에 관한 사실에 관심을 가져야 해. 그렇지 않으면 환자를 이해하는 시각이 너무 편협해질 수 있단다. 무엇보다 책을 많이 읽고 많은 나라와 문화에 관한 책들을 자주 접해봐. 그러면 위대한 저술가들 중에는 정신의학자나 심리학자들 못지않게 인간본성에 관해 많은 것을 알고 있는 사람들이 있다는 사실을 알게 될 거야."[55]

프로이트를 포함해 많은 정신분석학자들이 이구동성 반복적으로 제기한 것은 상담자는 문학, 신화, 예술, 인문학, 과학, 사회과학 등에 대해 폭넓게 공부해야 한다는 주장이었다. 토마스 옥덴(Thomas Ogden, 1946-)의 경우도 인간의 고통을 깊이 이해하고자 할 때, 정신분석 관련 문헌과 더불어 시를 자주 읽는다고 했다. 이러한 폭넓은 공부는 성찰, 진리추구와 탐구, 독단과 독선의 배제, 자신만의 생각에서 벗어나 제3자의 관점에서 볼 수 있는 마음자세 등에 도움을 준다는 것이다.[56]

상담자가 이러한 공부에 대한 필요를 느끼지 못할 수도 있다. 하지만 상담자는 그러한 주제에 깊이 몰두되어 있는 내담자를 언제든 만날 수 있다는 사실을 유념해야 한다. 상담자가 내담자의 관심 모두를 알 필요는 없지만, 그들의 관심사를 어느 정도 이해하고 있다는 것은 치료관계와 치료에 도움이 된다. 실제로 상담자가 인간본성, 사랑, 만남, 이별, 용서 등에 관한 노래를 잘 알고 있다는 것은 이미 상담자가 충분히 좋은 치료도구를 가지고 있다는 것을 의미한다.[57] 이러한 관점의 연장선에 노래회상치료가 있다. 이에 본 장에서 노래회상치료에 대한 이해를 위해 노래회상치료의 개념과 치료적 원리, 그리고 노래회상치료에서의 정신작용을 살펴본 후 임상적 목표를 제시할 것이다.

I
노래회상치료의
개념

    노래는 멜로디와 노랫말로 구성된다. 노랫말은 인지적 자극을, 멜로디는 감정조절 또는 생리적 반응을 유도하는 치료적 기능을 한다. 노래는 개인이 이야기를 반영하면서 감정을 소리로 표현하는 것으로 자신과 삶에 대한 이해증가, 현실인식, 통찰증가 등을 목적으로 치료에 적용할 수 있다. 특히 노랫말을 통해 과거를 재경험하고 현재를 바라보며 미래를 조망함으로써 통찰을 갖도록 돕는다. 노래회상치료는 이러한 치료적 기능을 활용한 대표적 접근방법이다.[58]

    노래회상치료는 노래자료를 이용한 음악치료의 한 방법으로 가사를 중심으로 활용하는 접근과 작사 또는 개사를 통한 작업으로 구성된다. 두 방법에서 가장 중요한 것은 노랫말에 대한 분석이며 가사 속의 상징, 은유, 비유 등을 통해 인식하지 못했거나 회피했던 감정과 생각들을 수용하고 받아들이는 작업이다. 노래회상치료의 목표는 정서와 심리변화를 도모하는 데 있다. 내담자는 음악과 노랫말을 통해 구체적 자기표현을 하고 자신의 현재상황과 문제들을 노랫말 속에서 동일시하게 된다.[59] 이때 내담자는 정체성 주제를 가지고 텍스트(노랫말)를 재창조하

게 된다. 즉, 노랫말의 심층구조 속에 있는 무의식을 언어로 펼쳐놓은 표층에서 만난다는 것이다.[60]

1) 노래와 회상

노래는 말과 음악의 결합으로 이루어진 멜로디 있는 노랫말이다. 노랫말은 인지적 자극과 연관되고 음악은 기분이나 정서와 관련된다. 노랫말은 개인의 경험과 기억을 회상시키는 강력한 촉매제가 되어 언어와 상상력을 자극하는 수단이 된다. 그리고 노래의 멜로디는 인간에게 즐거움과 아름다움을 느끼도록 하여 그들의 긍정적 정서를 함양시킨다.[61] 다시 말해, 노랫말의 언어적 요소는 음악과 함께 결합되어 다양한 이슈들에 대한 정서반응을 촉진시키고, 음악적 요소는 가사 안에서 구체화된 생각과 감정을 강화시킨다.[62] 음악치료에서의 노래는 다양한 역할을 한다. 노래는 표현하려는 감정상태가 말이라는 인시적 형태로 나타나지 않고, 목소리의 음색과 멜로디 그리고 리듬 같은 음악적 요소들을 통하여 표현되기 때문에 인간의 감정을 자연스럽고 안전하게 표현하는데 훌륭한 도구가 된다.[63]

노래는 가사 안에 특정한 내용과 의미를 담고 있다. 인간은 노랫말에 내포된 의미에서 정서적, 사회문화적 관념과 가치관을 발견할 수 있고 이를 타인과 공유하므로 공동의 연상을 형성할 수도 있다.[64] 이 같은 현상은 단순히 부호나 신호를 말하는 것이 아니라 개인적 가치, 추상적 이상, 특정한 의미, 또는 문화적 가치나 집단의 의미를 말한다. 이러한 이유로 노랫말의 특정내용은 개인 이야기를 대변하여 인간 사고나 감정을 간접적으로 표현하도록 하는 안전한 환경을 제공한다. 또한 노래는 과거를 회상하게 하여 개인내면을 조망하게 하고 해석하도록 한다. 인간은 노랫말을 통해 과거를 회상할 때, 이는 자연스럽게 과거를 되돌아보며 미처 깨닫지 못한 감정을 확실하게 의식화하거나 희미한 감정을 선명하게 각인시킨다. 노래와 연관된 자신의 기억을 회상하며 가사 내용에 감정이입, 투사하는 과정을 통해 자신의 생각, 내적 갈등이나 혼란, 자신의 어려움을 확인하고 이를 해결하는 실마리가 될 수 있다.[65]

노래회상치료에서 회상이란 자신의 삶을 되돌아보는 과정으로 과거 경험 중에 의미 있는 사건에 대해 생각하거나 이야기하는 것을 뜻하며 복합적 정신활동으로 대상자의 정신조직과 성격에 따라 다양한 형태로 마치 그림 그리듯이 과거가 재건 또는 재구성되는 과정을 말한다.[66] 노래회상을 통한 이야기는 다양한 형태의 노래를 치료자원으로 사용하여 내담자가 자신의 삶에 대한 시각과 태도를 통찰하도록 하고 내담자의 문제를 노랫말을 통해 간접적으로 다루면서 내담자의 내재된 심리문제들을 적극적으로 다루는 기회를 제공한다.[67]

오웬 헤닝거(Owen Heninger, 1929-2015)는 인쇄된 글, 영화나 비디오 같은 시청각 자료, 노랫말 등의 문학치료의 원리를 '정화방법', '치료적 탐구과정', '지지적 정신치료', '훈습의 원리', '이해와 공감의 원리', 그리고 '안전공간의 원리', '즐거움의 원리' 등으로 설명한다. 이를 좀 더 살펴보면 첫째, 정화방법 즉, 카타르시스의 원리다. 음악치료는 내담자의 마음 깊숙한 곳에 자리한 부정적 감정이나 생각, 일종의 정서적 독을 배출시켜 마음이 비워지거나 깨끗해지는 경험을 하게 한다. 노래를 통해 소화되지 않는 정서심리적인 것들을 소화할 수 있고 감정적 독소를 배출할 수 있어서 속이 후련해진다. 둘째, 치료적 탐구과정이다. 노래는 무의식 세계, 심층 내면세계까지 밝게 비춰서 회상자 자신의 모습을 직면하여 깨닫게 하거나 내적 갈등에 대해 숙고하게 하고 통찰할 수 있도록 도와준다. 셋째, 지지적 심리치료 접근이다. 노래를 통해 자기생각과 감정을 다른 사람들과 공유하고 있다는 것을 깨닫게 된다. 노랫말을 통해 보편성을 깨달을 수 있으며, 용기도 얻을 수 있고 자신감과 정신집중력을 높일 수 있다. 노랫말에서 위로받고 자신을 버틸 힘을 얻게 된다. 또한 노래는 자신과 대화할 수 있는 기회를 제공한다. 넷째, 훈습의 원리를 가지고 있다. 노래를 부르고 회상하면서 노랫말 속 화자들의 감정과 욕구에 동일시할 수 있다. 언어를 사용하여 감정을 가라앉히기도 하고 고양시키기도 하며, 때로는 변형시키고, 스스로 감정을 조절하는 힘을 가질 수 있다. 그러면서 지금까지 무의식적으로 억압이나 부인으로 분열시켰던 감정과 욕망들을 표현하여 좀 더 소화 가능한 것으로 만든다. 다섯째, 이해와 공감하기 원리다. 노랫말 회상을 동해 노래 속 화자를 이해하게 되고 화자의 감정에 공감하게 되면서 자신과 타인 그리고 세상에 대한 자기 이해를 도울 수 있다. 이러한 정신기능 체득은 내담자가 다른 사람과 소통하는 데 중요한 교량역할을 한다. 이러한 과정의 반복은 내담자로 하여금 자기인식을 촉진하게 하는 선순환을 일으킨다. 여섯째, 안전공간 원리다. 직접적 방법이 아닌 노래라는 매체를 통해 받아들이기 어려운 생각이나 감정들을 안전한 공간 속에서 편하게 표출하도록 도와준다. 이러한 방법은 노래하고 회상하는 방식으로 변형되어 불쾌한 갈등과 마주할 수 있기 때문에 표출하려는 욕동과 감추려는 욕동을 동시에 만족시킬 수 있다. 노랫말은 미학적 방식으로 거칠거나 역동적 내면세계를 내담자가 부드럽게 표현할 수 있어서 안전한 방법이라고 할 수 있다. 다시 말해, 예술과 문학의 도구인 노래회상을 사용하면 비난이나 평가, 수치심을 받지 않고도 소망을 표현할 수 있다. 끝으로, 즐거움의 원리다. 인간은 무엇을 할 때, 즐거움이 있으면 동기가 강화되어 낮은 저항으로 그 행위를 지속할 수 있다. 노래회상의 즐거움은 노래 부르고 노랫말을 회상하면서 큰 만족감을 느낄 수 있다. 즐거움은 노래회상치료를 지속하게 하는 원동력이 된다.[68]

니콜라스 마짜(Nicholas Mazza)의 경우, 문학치료 모델로 다음의 세 가지 요소를 제시하였다. 첫째, 수용적, 처방적 요소다. 이는 치료에 기존의 문학작품을 도입하는 방법으로 내담자에게 시를 읽게 하여 주관적 정서체험을 하게 하고, 치료사가 문학을 통해 내담자의 반응을 보거나 감정치유를 위해 공감과 통찰을 하도록 도움을 줄 수 있다. 문학뿐만 아니라 노래도 활용할 수 있다. 둘째, 표현적, 창조적 요소다. 이는 내담자의 글쓰기를 치료에 사용하는 방법으로, 내담자가 시, 이야기, 일기, 노랫말 쓰기와 같은 창의적 글쓰기를 평가와 치료를 위해 사용한다. 내담자는 구조화 및 비구조화된 형식의 글로 자신의 감정과 생각을 창의적으로 표현함으로써 감각의 질서성과 구체성을 얻을 수 있다. 셋째, 상징적, 의식적 요소다. 이는 은유, 의식(ritual), 이야기 들려주기(storytelling)를 사용하는 방법으로, 의식은 우리 삶에서 중요한 의미를 부여하는 매듭을 지어주는 역할을 한다. 인간관계를 더욱 공고히 해주기도 한다. 이야기 들려주기는 병리적 이야기를 건강성을 회복하는 이야기로 변형하는 방법이다. 은유는 정서, 행동 및 신념에 대한 상징과 이미지다.[69]

음악치료에서 노래는 다양한 방식으로 사용되고 있다. 노래가 음악치료에 사용되는 기법에는 노래 감상하기. 노래 부르기, 노래 만들기, 노래 나누기, 노래 회상하기, 노래 즉흥연주, 노래 그림그리기 등이 있다.[70] 그 중, 여기서 사용되는 '노래 회상하기'는 심리치료 안에서 음악으로, 치료적 이슈가 음악적 경험과 언어적 경험을 통하여 진단, 처리, 해결된다. 이 두 경험은 동시에 혹은 순차적으로 나타난다. 치료와 밀접한 상관이 있는 것은 음악적 경험보다 언어적 경험이다. 노랫말은 심리적, 신체적 감각을 깨우고 과거의 기억과 현재를 연결시켜 어떤 이유로 해서 단절된 인식의 연속성을 다시 살리는 치료작용을 한다. 또한 언어는 감상 중 깨달은 통찰을 확인하고 통합하여 정리하는 데 사용된다.[71]

- 정신분석과 노래회상치료

정신분석적 노래회상치료는 노래회상을 통해 심리치료를 수행한다는 뜻이기도 하며, 노래회상을 통해 자신의 무의식에서 발생한 어떤 자극이 그 주체에게 어떤 변화를 일으키는 것을 의미하기도 한다. 정신분석은 의식과 무의식으로 분열된 주체로서 '존재 결핍'과 '실존적 공허'에 시달리는 주체가 타자와 세계에 대해 맺는 관계방식에서 발생하는 억압된 주체로 증상과 그 원인을 유추할 수 있다. 이러한 억압으로부터 벗어나 자유로워지기 위하여 주체가 취해야 할 태도와 입장, 그리고 분석가의 자세와 분석기술 등에 관해 연구하는 학문이라고 말할 수 있다.[72] 특히 노래회상치료에서는 라캉 정신분석에서의 언어의 중요성에 집중한다. 라캉은 프로이트 관점에서 언어의 문제에 접근하여 "무의식은 언어와 같이 구조화되어 있다"고 선언하고 주체의 문제에 대해 탁월한 해석을 하였다. 즉, 그의 주체론의 중심축을 이루는 무의식의 주체가 결국은 언어적 구조의 산물임을 분명히 하고 있다.[73]

노래회상치료는 노랫말을 통해 좀 더 즐겁고 창조적 방법으로 정신분석의 목적을 실현하고자 한다. 이러한 문학적 방법 즉, 음악 작품은 안전한 공간에서 허용된 방법으로 은유, 상징, 이미지, 리듬 등을 통해 심층내면을 예술적으로 표현함으로써 좌절된 실존적, 현실적 욕구를 충족시키는 공간을 형성한다. 따라서 정신분석적 노래회상치료가 지향하는 바는 체험적, 실존적 접근, 현상학적 성격을 포함하고 있다. 이에 정신분석적 노래회상치료는 인간의 존재와 욕망, 갈등과 복잡함으로부터 벗어나 주체화해야만 하는 운명의 실존적 주체로서 자유롭고 창조적으로 살아갈 수 있는 방법을 제시한다.[74]

인간의 욕망은 대타자의 인정을 통해서만 의미가 부여되기 때문에, 욕망은 진실 그 자체로 자명하게 전달되지 않는다. 그러므로 욕망은 원하는 바를 왜곡시키거나 소외시키기 쉽다. 주체는 한편으로는 대타자의 욕망을 자신의 것으로 받아들이면서도, 다른 한편으로는 그것의 진정한 의미를 계속해서 캐묻는다. 다시 주체는 시니피앙(기표)에 의해 상징계에 드러나는 주체와 말의 의미 속으로 사라지는 무의식의 주체로 분열되기에 의미분열이 생긴다. 타자의 욕망에 의해 소외된 주체는 진정한 자신의 무의식적 바람직한 욕망, 고유한 자신만의 욕망을 발견하지 못하면 진정한 주체로서의 존재로 살아가지 못한다. 주체는 소외된 욕망, 즉 타자의 욕망으로부터 도래하는 억압을 극복하고 자신만의 선하고 고유한 욕망과 향유를 되찾아 자유를 획득한 새로운 주체로 재탄생해야 한다.[75] 이것이 라캉 정신분석과 정신분석적 노래회상치료의 목적이기도 하다. 따라서 잃어버린 자신만의 고유한 언어를 찾고 손상된 목소리를 회복할 수 있는 노래회상치료가 이루어져야 한다.

라캉에 따르면, 문학은 현실을 모방하거나 드러내기 위한 것이 아니라, 사물과 언어의 관계를 감추거나 모호하게 함으로써 실재계가 순간으로나마 현현하게 한다. 노래는 멜로디와 노랫말의 작용으로 문학보다 실재계를 더 잘 드러나게 한다. 라캉은 기호계에 진입하지 못한 존재는 의미적 존재로 인간의 차원을 획득하지 못하고 병적 존재로 전락한다고 보고 있다. 인간의 차원이란 언어의 차원으로 상징계의 진입을 말한다. 노랫말은 속성 그 자체가 라캉이 말하는 기존 언어와는 다른 '라랑그(lalangue)'에 가장 가까운 언어가 될 수 있다.[76] 이에 노래회상치료 중 상담사와 내담자가 노래공간에 함께 머문다는 것은 멜로디와 노랫말의 치료적 중간지대에 머무는 것이다. 이곳에 머물면서 두 사람 모두는 무의식적 욕망을 발견하고 유보하거나 포기하기도 하며, 혹은 실현하기도 한다. 이 공간은 상담사와 내담자가 치료관계를 형성하는 공간이므로 노래회상을 매개로 노래를 회상하는 주체의 불안과 우울 같은 부정적 감정이나 생각을 보호하고 함께 견디게 하는 공간을 제공한다. 말하자면, 이곳은 일종의 전이공간 내지 중간지대로 노래의 주체가 체험하는 공간이자 직면하는 공간이다. 멜로디 공간은 자신을 수용할 수 있는 힘을 기르고 노래와 내담자에게 수용되는 공간이다. 그래서 노래하는 주체는 멜로디 공간에서 자기 자신에게 진술해질 수 있고, 힘겨운 것들을 내려놓을 수 있으며, 비울 수 있는 독특한 공간이 된다. 실재계를 지향할 수 있는 기표와 기의의 맞물림, 즉 '언어놀이'라는 왜곡을 통해 마음껏 유희할 수 있는 공간이다. 노래는 멜로디와 언어의 유희며 놀이로 노래회상치료가 가능한 공간이다. 또한 노래는 중간현상으로 내적 현실과 외적 세계가 모두 기여하는 경험의 중간지대 기능을 수행한다.[77] 정신분석학은 근본적으로 심리적 장애를 다루는 이론이나 기법이라기보다는 개인을 인간존재의 가장 근본적 영역과 대면시키는 이론이자 실천이다. 그것은 개인을 사회적 현실의 영역에 적응시키는 방법을 알려주는 것이 아니라, 현실이 어떻게 구성된 것인지를 드러내는 것이다. 이는 인간존재가 자신의 억압된 진실을 억지로 받아들이는 것이 아니라, 진실의 차원이 인간 현실 속에 어떻게 출현하는지를 설명하는 것이다.[78]

특별히 라캉의 정신분석은 텍스트인 내담자를 독해하는 방법이라 할 수 있다. 라캉은 욕망이 전개되는 상징계와 내담자가 내재화한 타자의 욕망을 내담자가 파기해야하는 것으로 상정하였다.[79] 이것이 곧 주체화다. 이러한 라캉의 정신분석 개념과 목표 및 방향은 필자가 지향하는 노래회상치료의 실천과 연구목적에 부합하기에, 라캉 정신분석과 노래회상치료는 자기 삶의 주인으로서 '오브제 a'를 자유롭게 자율적으로 선택하고 책임지며, 주인 자리를 획득하는 같은 맥락에 있다고 할 수 있다. 이 둘의 맥락은 대타자의 욕망을 향한 내담자의 전이적 지향이 분석종결에 이르러서는 대타자의 욕망으로부터 벗어나서 자신 스스로 의지의 주체가 되는 능동적 변형을 추구하는 주체의 재탄생에 있다.

정신분석치료는 증상이나 문제를 소거하는 것보다는 정신 또는 마음의 구조를 새롭게 하는 장점을 가지고 있다. 하지만 정신분석은 장시간의 치료를 요하는 단점이 있다. 반면 노래회상치료는 이러한 정신분석치료의 약점을 보완할 수 있다. 노래회상치료는 멜로디와 노랫말이라는 매개체로 저항을 줄일 수 있어 효과적일 뿐만 아니라 경제적 부담을 줄일 수 있는 새로운 방법이 될 것이다. 노래를 들으며 회상하고 이때 느낀 감정과 심상, 그리고 생각을 나누거나 노랫말을 매개체로 활용하면서 저항을 최소화하여 빠르게 공감과 통찰을 일으키는 이점이 있다. 본 연구의 노래회상치료가 단기 정신분석적 효과를 볼 수 있는 것도 이러한 멜로디와 노랫말이 가지고 있는 치유의 힘과 용이한 매체활용이 주체화를 촉진시키는 역할을 하기 때문이다. 정신분석치료에서 신경증 범위에 속하는 환자들은 주로 전이해석과 같은 전통적 분석방법을 따르고 있다.[80] 마찬가지로 노래회상치료에서도 신경증 수준의 내담자들에게 노래회상을 통해 깊이 있는 통찰과 전이 해석적 분석치료를 적용하여 연구를 수행하였다. 본 연구는 노래회상치료에 관한 임상연구로, 정신분석의 정신화와 주체화에 초점을 두고 노래회상치료의 치료작용을 고찰하였다.

2) 노래회상치료의 치료요인

노래회상치료의 치료요인은 매체치료 중 시치료의 치료요인과 매우 유사하다. 노래회상치료에는 시적 요소인 상징, 은유, 이미지, 리듬 등이 내재되어 있다.[81] 이는 치료를 가능하게 하는 요인이자 노래회상치료의 내적 힘과 치료적 극대화를 기대할 수 있는 핵심으로써 중요한 치료적 가능성을 제공한다.

노래회상치료를 포함한 문학치료에서 문학 텍스트는 독자의 반응을 중시하여 개인과 텍스트 간의 대화와 상호작용의 과정을 통해 소통될 때 새로운 의미가 이루어진다. 노래의 문학적 상상력은 의식, 무의식의 창조성과 정서를 활성화하기 때문에 사고와 정서의 지평을 확장시킬 수 있다. 특히 노래회상은 정서와 사고의 산물로 구현된 상상력의 창조적 형상화를 통해 개개인 삶의 구체적 모습을 생생하고 다양하게 그려내도록 이끈다.

노래회상은 반복되는 일상의 의식을 일깨워 대상이나 관계의 의미를 보다 새롭고 깊게 인식할 수 있도록 촉진한다. 노랫말은 의식의 주의를 특별히 하여 의식세계 안에서 포착하고 인식한 삶의 진실과 가치, 의미 등을 언어로 표상한 것이라고 말할 수 있다. 그것은 개인이나 세상의 숨겨진 진실이나 참모습을 찾아내고 깨달은 바에 따라 전경화시킨 산물이다. 노래회상에서 낯설게 하기는 일상적인 사물과 삶에 대한 활기를 회복시킬 수 있다. 사람은 익숙한 것에 특별한 의미를 갖지 못한다. 당연하게 여겨왔던 사람과 사물, 환경은 특별한 주의를 기울이지 않는 한 감흥을 주지 못하지만 노랫말의 낯설게 하기는 사물과 삶을 새롭게 하거나 불편한 것, 상처로 인한 불편함을 줄이고 수용하거나 포용하게 함으로써 우호적이게 만든다.[82]

노랫말은 의식할 수 있는 감정상태와 생각을 나타내기도 하지만 정신내적으로 깊이 숨어있는 무의식을 드러낼 수 있는 아주 효과적 도구이기도 하다. 또한 노랫말은 단순하고 간결한 동시에 심오하고, 함축된 동시에 다의적이며, 모호한 동시에 명확하다. 그러기에 노랫말은 과거를 웃으며 끌어안을 수 있고, 현재를 견디게 하며 미래를 희망적으로 꿈꿀 수 있게 한다.

노래회상치료에서 회상은 내적 표상을 형상화하는 것으로 무의식적 핵심감정과 좌절된 욕망들을 의식층으로 떠올려 일깨워주고 자신의 감정을 인식하도록 돕는다. 상징과 은유, 이미지, 리듬과 멜로디 같은 도구를 활용하는 노래회상치료는 무의식의 은닉된 감정과 상태를 의식화하고 표출함으로써 이해되고 자기 스스로 위로와 지지를 받을 수 있기에 정서심리적 안정과 통찰을 가져다준다.

상징과 은유, 이미지, 리듬과 멜로디 같은 요소는 단지 치료매체로만 기능하는 것이 아니라, 그 자체로 치료적 요소를 갖고 있다는 사실에 주목해야 한다. 이러한 특성은 억압이 귀환할 때 욕망의 대체만족이나 욕망의 승화를 돕는다. 그래서 노래회상은 반복적일 때 더욱 강력한 치료 효과를 기대할 수 있다. 노래회상은 간접적으로 공감과 통찰을 일으키기에 비교적 낮은 저항수준에서 핵심감정과 사고들을 표출함으로써 내적 실체를 발견하게 하고 마음의 위로와 새로운 힘을 실어줄 수 있다. 여기서 상징과 은유, 이미지, 리듬과 멜로디에 대해 좀 더 살펴보려 한다.

- 상징

상징에는 '의미'와 개인의 삶 속에서 스스로를 실현하고자 하는 '창조의 충동력과 에너지'가 내재되어 있다. 상징은 의식과 무의식의 간격과 틈을 연결하는 다리역할을 한다. 상징은 우리의 지각경험 가운데 비교적 지속적이고 반복적 요소로 전달되지 않는 것을 광범위한 의미나 일련의 의미로 표출한다. 상징성을 띠게 되는 것은 변형되어 회귀성을 지니게 될 때나 그 잠재력을 갖게 될 때로, 이때 상징은 암시성을 띠게 된다. 그러므로 무의식을 상징으로 드러내고 상징의 표상들은 그 무엇인

가를 암시적으로 말해 주며 정확하고 명료한 의식으로 명료화하기 때문에 치료적 속성을 갖게 된다.[83]

상징은 꿈 해석에 있어서도 중요한 역할을 한다. 상징을 정신분석적으로 보면 억압된 무의식적 욕망의 형상화다. 억압된 것이 되돌아올 때 꿈으로 현현하는 것들의 대부분이 그 억압된 것들을 상(image)과 상징(symbol)으로 변형시킨다.

프로이트는 꿈 해석에서 꿈 사고는 시적 언어의 이미지와 같이 직유와 은유를 사용하여 상징적으로 표상된다고 말했다.[84] 의식적 자아가 무의식적 자아를 인식하고 마주하는 꿈속 상징의 해석과정은 치유작용이 된다.[85] 프로이트는 꿈 해석과정에는 의식의 검열을 피하기 위한 '압축(condensation)', '전치(displacement)', '상징표상(symbolic representation)', '이차개작(secondary revision)'이라는 네 가지 작업기제가 있다고 했다. 상징표상은 추상적이고 복합적 감정들이 단순하게 집약된 감각적 이미지로 이미지화된 것이다.[86] 프로이트는 상징의 무의식적 의미는 자유연상을 통해서 내포된 의미를 분석할 수 있고 꿈속의 이미지들이 다음 네 가지 주요한 연결장치를 통해서 서로 연관된다고 했다. 첫 번째 장치는 '동시성(simultaneity)'으로 꿈속 이미지나 사건들이 동시에 그 모습을 드러내는 경우다. 두 번째는 '접근(contiguity)'으로 꿈속의 이미지나 사건들이 하나씩 차례로 모습을 보이는 경우다. 세 번째는 '변형(transformation)'으로 하나의 이미지가 다른 이미지 속으로 녹아든 경우다. 끝으로, '유사성(similarity)'은 가장 흔하면서도 중요한 연결장치인 연상을 통해 작용한다고 보았다.[87]

칼 융(Carl Jung, 1875-1961)은 상징을 사물에 대한 표상으로 이해하고 모든 사람은 시인이 되어 다양한 창의적 요소를 통해 정신내적 세계와 외부세계에 대한 독특한 의미를 발전시킬 수 있다고 보았다. 꿈 해석과 관련하여 융의 상징에 대한 해석은 임상현장에서 내담자의 꿈을 폭넓은 관점으로 조명할 수 있게 한다. 상징은 인간의 무의식에 있는 것들을 의식으로 전달하는 역할을 통해 출구역할을 하며 꿈은 미래의 불행을 피하도록 무엇인가를 말해주어 행복을 얻도록 꿈 자신의 길을 안내한다.[88]

융은 상징을 욕구충족의 위장 이상으로, 집단 무의식에 담겨있는 태고유형으로 주장했다. 상징에 대한 융의 개념 중에 콤플렉스, 아니마와 아니무스, 페르조나, 그림자 등은 태고유형을 개성화하고 통합하는 과정에서 균형을 잡으려는 시도다. 그러므로 상징이란 한 개인의 정신표상으로, 이것은 인격의 모든 면이 투영된 것이다.[89]

융의 상징 해석방법은 확대법(amplification)과 적극적 상상법(active imagination) 두 가지가 있다. 사람은 어떠한 상황과 관계된 질문을 받게 되면 연상작용을 통해 자신의 마음속에서 어떤 느낌들이나 생각들을 떠올리면서 기억작용을 하기 시작한다. 이것이 '개인적 확대'다. 상징의미를 보편적 관점으로 보면, 신화적, 문화적, 역사적으로 유사한 지점들을 찾는 방법과 연관되어 있다.[90]

라캉은 상징이란 무엇보다 사물의 살해로 드러내고 이 죽음은 주체 속에서 욕망을 영속화시킨다고 주장했다. 이는 존재와 의미 간의 간극을 형성하는 것이고 주체가 사라지는 소외의 구조를 형성한다. 정신분석에서 언어의 중요성을 부각시킨 라캉은 언어를 습득한 인간은 사물과 거리를 유지하고 상징질서, 즉 상징계 속에서 살게 된다고 하였다.

또한 라캉은 언어의 존재는 사물과 대상의 부재를 배경으로 한 존재라고 하였다.[91]

상징은 사물을 전달하는 매개작용을 하는 것을 통틀어 이르는 말이며, 일정한 사물이나 의미를 전달하는 역할을 하고, 어떤 사물을 이해시키는 작용을 한다. 이런 점에서 어떤 것이 그 성질을 직접 나타내지 않고 상징은 그것을 매개로 하여 다른 것을 알게 하는 작용으로 인간에게 부여된 고도의 정신작용 중 하나다. 그러므로 상징은 심상과 관념을 결합시키고 물질세계와 언어세계를 상호작용하여 언어로 표상된 심상이다. 이 심상은 기존의 것과 다른 어떤 새로운 의미를 만들어내고 정서를 환기시킨다. 이로써 상징은 표현력이 무기력해질 때 활력을 주며 정서적 반응도 다양하게 한다.

프로이트, 융, 라캉, 세 학자들의 상징기능을 정리해 보면, 첫째, 상징은 미지의 것과 알려진 것, 환상과 현실, 무의식과 의식을 연결하는 다리기능을 한다. 상징은 두 가지 의미를 동시에 표상하는 특성으로, 무의식이 요청하고 있는 것을 꿈속에서 상징으로 의식에 알려준다. 둘째, 어떤 진실을 직관적으로 인식하게 해준다. 셋째, 자신을 초월하여 그것이 의미하는 실재를 암시하는 동시에 그것에 반응하는 정신적 요소나 영적 요소까지 열어준다. 넷째, 상징은 변형의 기능을 가지며 두 가지로 구분된다. 하나는 상징이 어떤 사건을 변형시켜 형상화한 결과로 나타나는 것이며, 또 하나는 상징이 그 속에 하나의 사건 전체 또는 초월적인 것까지 담고 있기 때문에 사람들을 변형시킨다는 것이다.[92] 만약 사람들이 이러한 변형된 상징을 바르게 해석하기 위해 상징과 상징해석에 참여한다면 치료적 힘을 체험할 수 있다.

- 은유

 과거에는 은유가 수사적 기교나 미적 표현을 위해 문학 속에서만 사용되는 언어 표현이라고 흔히 생각되었다. 그래서 은유를 논리적, 언어적, 문법적으로 예외적인 것으로 간주하여 본격적 논의대상에서 제외시킨 경우가 많았다. 그러나 은유는 시인의 전유물도 아니고 일탈언어도 아니며 특수용법의 언어도 아니다.[93] 은유는 문학에서만 쓰이는 것이 아니고 우리의 일상언어와 사고에서 널리 사용된다.[94] 은유는 우리의 생각과 의사소통 표현에서 큰 역할을 하고 있어서 광고, 언론 등 문학 외의 다른 분야에서도 널리 활용되고 있다.[95]

 세상의 실제를 직접적으로 파악하기는 쉽지 않다. 삶에 대한 이해는 간접매개를 통해 이뤄지는 경우가 많다. 어떤 의미를 전달할 때도 직접 표현이 아닌 간접표현이 더 효과적인 경우도 많다. 이런 점에서 간접표현의 대표격이라고 할 수 있는 은유에 대한 이해는 인간과 세상에 대한 이해를 풍부하게 해준다.[96]

 은유는 밀튼 에릭슨(Milton Erickson, 1901-1980), 라깡 등의 정신의학자, 심리학자, 상담학자들에 의해 치유적으로 다루어져왔다. 이러한 은유를 치유적으로 활용할 수 있는 근거 중 하나는 아마도 치료에 유용한 은유의 속성 때문일 것이다. 은유의 치료적 속성에는 유사성과 차별성, 창의성, 개방성, 다의성, 유연성, 간접성, 우회성 등이 있다. 특히 은유는 새로운 세계를 열어주고 미처 깨닫지 못했거나 제대로 인식하지 못한 진리를 확실하게 알게 해주는 기능이 있다. 은유의 대표적인 기본 속성으로 두 비교 대상 간 차별성을 잇는 유사성을 들 수 있다. 그래서 은유의 가장 중요한 두 요소는 유사성과 차별성이라고 할 수 있다.[97]

은유는 우리가 알고 있는 것과 모르고 있는 것 간의 소통을 가능케 하고 일상적 자아와 잠재적 자아의 통합을 촉진시킨다. 은유는 직관과 치유의 힘을 제공하고 생각 너머에 존재하는 진실을 표현하며 삶에 더 넓은 의미를 부여한다. 은유는 무생물에 대해서 생물의 특징을 부여하기도 하고 인간 아닌 것에 인간의 특징을 부여하기도 한다.[98]

청각적 의미를 시각적 의미로 옮겨 감각영역의 의미 전이를 꾀하는 것도 은유다. 은유는 개념적이고 언어적이며 사회문화적이다. 동시에 이 모든 것의 차별적 경험과 차별적 선호를 반영한다. 인지과정에서 은유의 응집성은 일상적 자아와 잠재적 자아의 통합을 촉진시키는 은유의 특성으로 노래회상치료에서 치유의 힘으로 작용한다.[99]

은유는 또한 무의식과 관련해서도 의미가 있다. 은유를 통해 무의식에 비교적 쉽게 접근할 수 있기 때문이다. 꿈이 무의식의 표현이라면 은유는 꿈과 유사하다. 꿈은 그 표현이 은유적이다. 연상, 조합, 응축 등을 특징으로 하는 꿈꾸는 과정은 은유가 만들어지는 것과 비슷하다. 은유적 표현에는 무의식이 반영된 경우가 많다. 의식 속에 숨겨진 욕망이나 좌절된 욕구를 표현할 때도, 의식의 억압과 통제를 피할 수 있는 우회로를 제공하는 것도 은유의 몫이다. 이러한 감정 속의 은유는 상대에게 보다 정확한 정서상태를 알려주고 몸과 마음 안에 있는 감정을 다른 은유로 옮기는 시도를 함으로써 정서전환에 활용할 수 있다. 사고 속의 은유는 은유의 보편성과 다양성을 통해 사고의 유연성을 확보할 수 있고 사고의 유연성에 의한 새로운 인식은 자아 성찰의 길을 열어준다. 라캉의 관점에서 신경증자들의 증상은 과거 억압된 기표가 새로운 기표로 대체된 은유로서, 새로운 기표를 찾아 상징화하고 은유화하는 것은 은유

의 치료적 힘을 활용한 좋은 예가 된다. 이러한 은유화는 주체화와 연관되어 있다.[100]

- 이미지

아리스토텔레스(Aristoteles, BC 384-322)에 의하면 영혼은 결코 이미지 없이 생각하지 않는다. 또한 모든 예술은 이미지를 형상화한다. 정신적 이미지는 게슈탈트, 미술치료, NLP, 수용전념치료, 명상, 마음챙김 등 다양한 심리치료 방법에서 적극적으로 사용되고 있다. 이미지를 활용한 심상화기법(visualization)의 경우, 무엇보다 상상력을 이용하여 현실적으로 실현 불가능한 것들을 체험해 보고, 그것에서 새로운 변화를 가져올 수 있다는 것이 큰 장점이다. 심상화는 자유연상처럼 이미지를 자유롭게 전개할 수도 있고 융의 적극적 상상기법(active imagination)처럼 특정 이미지를 좇아 적극적으로 상상을 전개해나갈 수도 있다.[101]

치료에 이미지를 사용하는 이유는 우리가 사람들을 이해하려 할 때 이미지가 내적, 외적 경험을 드러내는 주요한 방법 중의 하나라는 것이다. 특히 언어를 사용하기 전이나 어떤 일이 일어났을 때, 그 경험은 오감적인데 그 중 대표적인 것이 시각적 감각의 이미지로 경험되고 기억에 남게 된다. 따라서 심상화한다는 것은 건설적이며 창조적인 작업이라고 할 수 있다. 내담자들이 자신의 정서상태를 표현할 때 시각적 감정의 언어로 표현하는 경우가 많고 실제로 시각적 언어들이 많이 사용된다.[102]

이미지는 감각체험을 허용하여 욕망이 억압될 때 저장된 억압된 감정을 재현함으로써 치료를 유도하며, 특히 정신분석적 꿈 해석의 관점에서 보면, 꿈은 이미지를 통해 '욕구충족'을 가능하게 한다. 꿈 사고가 우울하고 불안한 현실을 탈피하게 하며 비상하고 싶은 욕망이 있다면 꿈 작업 속에서 실현된 그 무엇의 이미지로 형상화된다. 이미지의 형상화 자체가 욕망을 움직이게 하며 꿈의 메커니즘이기도 하다.[103] 이미지와 의식과의 관계는 예술과 문학작품을 분석하는 데 있어 중요하다. 단순히 하나의 이미지로 표현되는 것이 아니라 반복적이고 지속적 이미지는 꿈이든 작품이든 전체적 상징의미를 갖기 때문이다. 노래회상치료에서도 수용적 방법으로 자기 이미지를 적극적으로 활용하고 있다.[104]

- 리듬과 멜로디

아리스토텔레스는 오래전부터 노래를 화음과 리듬, 노랫말로 보았다. 심중에 감정이 움직여서 말로 표현하고, 말로 표현하는 것만으로는 부족해서 이를 차단해 보고, 그래도 부족하면 소리 내어 읊고, 그래도 부족하면 팔을 흔들어 춤추거나 마음이 소리를 발하고 높은 소리, 낮은 소리, 맑은 소리, 탁한 소리를 서로 섞어 가락을 이루는 것이 음악이라고 하였다.[105]

멜로디는 그 노래에서 전달하고자 하는 내용의 정서를 표현하는 역할을 한다. 멜로디의 특성에 따라 감상하고 노래하는 사람은 감정을 이입하고, 노래 안의 정서와 교감하며, 자신의 정서를 인식하고 표현하는 것이 가능하다.[106] 멜로디를 통한 내적 세계의 감정을 외부대상과 교감하는 것은 매우 치유적 경험이다. 이러한 정서적 경험은 내면문제를 다루는 심리치료에 있어 자기인식, 자기개방, 심리적 어려움 등을 구체화하는 데 중요한 기능을 한다.[107] 정서적 경험을 유도하는 멜로디는 감정조율(affect attunement)을 가능하게 한다. 멜로디의 정서적 기능은 아동과 엄마의 상호작용 과정에서 시작된다. 아직 언어발달이 이루어지지 않은 아동은 울음으로 자신의 의사를 전달하고, 어머니는 언어에 내재된 음색, 억양, 조음 등의 음성적 특성을 통해 아이와 소통하며 정서 심리적 지지를 건넨다. 이처럼 음성적 상호작용을 통해 양육자와 아이는 정서적 교감을 경험하게 되고[108] 아이는 주양육자와의 친밀한 정서적 경험을 통해 심리적 소통과 정서발달을 이뤄간다.[109] 양육자와 아이 간의 정서적 교감은 양육자의 정서적 표현을 통해 아이가 자신이 경험한 감정을 양육자로부터 확인받고 지지받는 것을 말한다. 이러한 정서적 지지를 충분히 경험하지 못한 사람의 경우, 음악이 정서적 결핍을 충족시켜주는 기능을 할 수 있다.[110] 음악은 세부요소인 리듬, 멜로디, 화성, 음색 등을 통해 감정과 정서를 재경험하게 하는데, 이는 음악이 감정과 경험을 수용하고 지지하기 때문이다.[111] 음악치료에서 내담자는 성장과정에서 양육자로부터 반영 받지 못한 감정과 욕구를 노래의 정서적 요소를 통해 위로받고 지지받는 상호작용을 경험한다.[112] 이렇게 감정이 건강하게 표현되고 수용되는 경험은 인간 내면의 경험을 외부세계로 확장하게 된다. 외부세계에 개인감정이 전해지고 공감받는 경험은 자기정체감과 자긍심에 긍정적인 영향을 미치며 외부에서의 수용경험과 이를 통한 자기에 대한 수용은 건강한 내면의 힘으로서 작용하는 자원이 될 수 있다.[113]

더 나아가 노래회상치료에서는 노래를 부르거나 회상하면서 노랫말을 경험할 수 있고, 노래하는 사람과 노래 사이를 공명해주며, 다시 한 번 더 공감해 준다. 노래를 부를 때, 사람은 스스로 표현과 성취의 욕구를 실현할 수 있고 동시에 그 노랫말을 들으며 가사에서 지지와 공감을 받을 수 있다. 노래는 자신과 다른 사람의 감정을 탐구하게도 하고 우리가 누구인지 무엇을 느끼는지를 표현하게도 하며 다른 사람에게 다가가게도 하고 때로는 동반자로서 함께하기도 한다. 또한 노래는 사람의 신념과 가치를 명확하게 하고 확언하게 한다. 시간이 지나면서 노래는 개인들의 삶을 증언한다. 노래는 개인들에게 과거를 상기시켜 주고 현재를 고찰하게 하며 미래를 위한 꿈을 표현하게 한다. 노래는 기쁨과 슬픔을 이야기로 엮고, 가장 깊은 내면의 비밀을 드러내며, 희망과 좌절 그리고 두려움과 승리를 표현한다. 노래는 리듬 있는 일기고, 삶의 이야기며 삶의 변천에 대한 소리다. 노래에는 이런 무수한 연결고리가 존재하기 때문에 개인의 깊은 내면세계에서 나온 여러 감정들과 소원, 애착대상 등에 쉽게 접근할 수 있다. 심리치료의 목적을 고려할 때 노래는 감정과 생각의 변화를 위한 매우 효과적 수단을 제공하고 그 과정을 훌륭히 촉진시킬 수 있다.[114]

3) 노래회상치료에서의 심리기제

노래회상치료에서 꽤 많은 심리기제를 관찰할 수 있다. 내사, 투사, 동일시, 투사적 동일시, 내사적 동일시 등의 심리기제는 방어와 저항의 수단이 될 수 있지만, 동시에 방어와 저항을 극복할 수도 있다. 먼저 내사와 투사를 간단히 기술하고 노래회상치료에서 큰 비중을 차지하는 나머지 심리기제는 좀 더 깊이 살펴보려 한다.

먼저 내사는 다른 사람이나 사물 같은 외부대상의 상을 자신의 내적 정신에 형상화하여 그 상을 개인내적 정신구조(intrapsychic structure)와 결합하는 것을 말한다. 정상적 발달단계에서 아이들은 부모의 나쁘거나 좋은 면의 이미지를 내면화하여 초자아를 형성하기 위해 결합하기도 한다.[115] 또한 아이들은 상실했거나 관계가 절연된 사랑하는 대상 이미지를 내사하여 자아 속에 대체하기도 한다.[116]

정신분석이론이 발달하면서 내사의 메커니즘은 다른 사람이나 사물에 대한 내적 형상화뿐만 아니라 자아의 내적 형상화까지를 포함하는 것으로 확장되었다. 자아의 표상이란 자기 자신을 내면화하거나 개인내의 심리구조의 일부였던 과거 자아의 내적 모델에 대한 내사를 말한다. 이것은 또 다른 대상에 연관되어 축적된 경험에 바탕을 둔다. 이처럼 내사는 인간내면 정신구조의 일부로서 외부세상과 교류할 수 있는 토대를 마련하는 정상적 발달과정으로 볼 수 있다.[117]

내사가 외부대상을 내면화하는 것이라면 투사는 그 반대의미를 가진다. 그것은 내적 대상에 대한 외면화를 의미한다. 가드너 린지(Gardner Linzey, 1920-2008)는 투사의 두 가지 유형을 규명하고 정의하였다. 고전적 투사는 자기 자신의 불만스러운 면들이 외부대상 때문이라고 생각하면서 그것들을 거부하고 부정하는 무의식적이며 병적인 과정이다. 그러나 일반적 투사는 자신의 내면세계가 외부대상을 인식하는 데 영향을 미치는 정상적 과정이다.[118] 프로이트는 고전적 투사라는 개념을 고안하고 내담자를 분석하기 위해 사용하였기 때문에 투사가 정상적일 수도 있고 병리적일 수도 있다고 보았다. 또한 자유연상이나 실언, 농담, 꿈이 내담자의 무의식 중 중요한 면을 드러내는 이유를 설명하는 방법으로 일반적 투사 개념을 사용하였다. 일반적 투사는 모든 전이의 일부분인 반면, 고전적 투사는 전이의 독특한 유형으로 간주된다. 노래회상치료에서 사용되는 노래와 노랫말은 투사적 도구로써 일반적 투사 개념에 근거한다.[119]

- 동일시

일상적 용어로서 동일시란 다른 사람을 자기 자신의 모델로 삼거나 다른 방법으로 그 사람을 모방하고 흉내 내려는 시도다. 좀 더 기술적 의미로서 동일시는 다른 사람의 일면을 자신의 것으로 동화시킨 후 그러한 유형에 부합하기 위해 자신을 변화시키는 과정이다. 전이의 정의를 내사의 일반적 투사라고 한다면 동일시는 상호작용 중인 두 사람 사이에서 누군가가 어떤 내사를 재연할 것인가를 선택하는 과정으로 볼 수 있다.[120]

로이 샤퍼(Roy Schafer, 1922-2018)가 이론화한 도식에 따르면, 내사와 동일시는 내면화의 두 가지 유형으로 볼 수 있다. 투사하는 사람의 성숙 수준에 따라, 내면화 과정의 종류는 원시적 내사에서 성숙한 동일시까지 다양하다.[121] 내사를 통해서 다른 사람의 측면이 한 사람 안으로 내면화할 때, 그 내사된 측면은 거의 그 사람의 성격체계 안에서 통합되지 못한다. 그것은 단지 자신 안에 있는 낯선 존재로 경험된다. 동일시의 경우에는, 주어진 측면에 대해 투사 받은 사람과 비슷하다고, 혹은 투사 받은 사람과 똑같다고 느끼게 된다. 이런 전개로 동일시는 내면화 과정의 서로 다른 양식을 지칭하며, 투사적 과정과는 완전히 분리되어 작동하는 한 단계로서 이해할 수 있다.[122]

내담자의 경우, 임상현장에서 동일시는 자기내사의 역할이나 대상내사의 역할로 나타난다. 단순한 전이에서 내담자는 자기내사를 재현하고 대상내사를 치료사에게 투사하여 이를 치료사가 재현하도록 한다. 이 형태에서는 동일시가 명백하고 뚜렷하다. 다시 말해, 내담자는 자신의 역할을 맡고 상담자에게는 상대역을 부여한다. 둘은 서로 확실히 구분되며, 자기내사와 대상내사의 경험 사이에는 분명한 경계가 있다. 그러나 좀 더 복잡한 전이, 즉 전오이디푸스 단계에서 발달된 전이에서는 동일시 과정이 그다지 선명하지 않다. 그것은 발달 초기단계의 특성을 나타내는 불분명한 인격적 경계에 의해 확실한 동일시 과정을 만들어 내지 못하기 때문이다. 이것이 시사하는 바는 구분된 존재로 인식하지 못하는 사람과는 동일시가 불가능하다는 의미다. 자신과 타인 사이의 차이를 구분하지 못하면 다른 사람 모두가 자기이기 때문이다.[123]

전오이디푸스 단계에 문제가 있고 그 문제로 치료받는 내담자의 경우, 전이 속에 나타나는 동일시는 매우 복잡하다. 사실 이런 경우 동일시로 설명이 어려워 기존 개념이 아닌 새로운 개념으로 논의되고 있다. 이것이 투사적 동일시와 내사적 동일시가 발달하게 된 이유다.[124] 혹자는 이 둘을 동일시의 변종으로 취급하고, 혹자는 이 둘을 별개의 현상으로 취급한다. 그러나 이 두 개념은 어느 경우든 전오이디푸스 단계에서의 대상관계 문제가 내담자와 상담자 관계에서 재현될 때 임상현장에서 어떤 일이 일어날 것인지 이해하도록 돕는 것은 분명하다.[125]

- 투사적 동일시

투사적 동일시는 부분적으로 한 사람이 다른 사람에게 자신이 투사한 판타지대로 움직이라고 압력을 가하는 대인관계에서의 상호작용을 말한다. 다른 한편 투사적 동일시는 투사된 판타지, 내사된 판타지 같이 개인 안에 일어나는 정신활동에 관한 것이다. 근본적으로 투사적 동일시는 대인관계적 상호작용과 심리내적 정신작용이 어떻게 상호영향을 미치는지에 대해서 이야기한다. 좀 더 설명하면, 투사적 동일시는 투사자가 흔히 자신이 원하지 않는 부분을 자신에게서 떼어내는 무의식적 환상, 그런 원치 않는 부분을 다른 사람 안에 넣는 무의식적 환상과 그 결과 자기의 일부 투사물을 타인에게서 되찾는 무의식적 환상을 갖는다.[126]

옥덴은 투사적 동일시의 메커니즘을 흔히 세 가지 측면에서 설명한다. 이 세 가지는 동시적이고 상호의존적이며 일련의 연속된 사건들을 포함한다. 첫 번째, 자신의 일부를 다른 사람에게 투사하고 그 투사된 부분이 안에서부터 그 사람을 장악하는 무의식적 환상이 있다. 임상에서 투사자는 자기 자신으로부터 자기 일부를 제거하고 싶다는 소원을 자각할 필요가 있다. 투사자는 자신을 파괴할 수 있는 자기의 위협적 일부로부터 자신을 보호하기 위해 그것을 외부로 내보내려고 한다. 혹은 투사자가 자기의 일부가 자신의 다른 일부에 의해 공격받아 위험에 처할 거라 느끼고, 그 위험에 처한 일부가 다른 사람의 내면에 보관됨으로써 안전하게 보호된다고 느끼는 경우다. 자신의 일부를 다른 사람에게 집어넣고 그 사람 안에서 그를 조절한다는 판타지는 투사적 동일시의 중요한 측면을 보여준다. 다시 말해, 투사자는 자기와 대상 사이의 경계가 매우 흐려진 발달을 보여준다. 투사수용자는 투사자의 감정을 느끼게 되는데, 이 경험은 투사수용자가 투사자의 감정을 비슷하게 경험하는 것이 아니라 실제 감정을 경험한다. 투사자의 감정은 투사수용자 안으로 그대로 이식해 들어온다. 심한 경우, 투사자는 투사수용자와 하나(at one with)라고 느끼기도 한다.[127] 일반 투사에서는 투사자가 투사수용자와 거리감을 느끼고 그와 접촉되지 않는다고 느낀다. 하지만 투사와 투사적 동일시는 구별되기보다 혼합되는 경우가 더 흔하다.[128]

두 번째, 대인 간 상호작용을 통해 가해지는 심리적 압력이 있게 된다. 이로써 투사수용자는 투사내용과 일치하는 방식으로 생각하며 느끼며 행동하려는 압력을 경험한다. 이 압력은 상상 속에 있는 압력이 아니라 오히려 투사하는 사람과 투사 받는 사람의 다양한 상호작용에 의해 가해지는 실제적 압력이다. 투사적 동일시는 투사자와 투사수용자 사이에 상호작용이 없는 곳에서는 존재하지 않는다. 투사적 동일시를 사용하는 사람은 투사를 확신할 뿐 현실은 부정한다. 그가 현실을 부정하는 이유는 상대를 자신의 투사적 판타지에 순응시키기 위한 방편이다. 또한 투사적 동일시의 유도자는 자신의 것에 순응하라는 압력에 "안 그랬단 봐라(or else).", "너는 존재하지 않는 거야."라는 보복을 함께 투사한다. 이러한 압력은 세 번째 단계로 넘어가게 하고 이 세 번째 단계에서 투사내용을 소화하고 처리하는 과정을 밟게 된다.[129]

세 번째, 투사된 감정이 투사수용자에 의해 심리적으로 처리된 이후, 투사자는 이 감정을 다시 내면화한다. 투사수용자는 투사된 판타지 속에서 부분적으로 경험하는데 이 경험은 투사자의 것과는 유사한 부분도 있겠지만 전반적으로 다른 새로운 경험과 감정을 갖게 된다. 투사수용자는 생각과 감정, 행동 등의 주인이기 때문에 투사자의 압력에 의해 파생했다고 해도 그것은 다른 성격체계에서 만들어진 생산물이다.

거의 대부분의 경우, 투사된 감정을 가공하는 것은 불완전할 것이고 투사수용자의 병리에 의해서 어느 정도 왜곡될 거라는 점을 기억해야 한다. 투사된 내용물은 투사 받은 수용자와 투사자의 상호작용을 통해 투사자가 다시 내재화하게 된다. 이러한 재내재화의 특성은 투사한 사람의 성숙도에 따라, 원시적 내사에서 성숙한 동일시까지 다양하게 나타날 수 있다. 재내면화 과정이 어떤 특성을 갖던지, 재내면화는 투사자에게 그가 전에 버리고 싶어 했던 감정들을 다루는 더 나은 방법을 배울 수 있는 기회를 제공한다. 투사물이 성공적으로 가공되고 재내면화되는 정도에 따라 투사하는 사람은 진정한 심리적 성장을 이룰 수 있다.

투사적 동일시를 살펴보면, 그것은 '방어', '의사소통 양식', '원시적 형태의 대상관계', '심리적 변화를 위한 경로'이기도 하다. 의사소통의 양식으로 투사적 동일시는 자신이 느끼는 감정을 다른 사람이 느끼도록 유도해, 타인에 의해 이해받고 있다는 느낌이나 그 사람과 자신이 하나라는 감각을 만들게 된다. 대상관계 유형으로서 투사적 동일시는 부분적으로 자신과 분리된 대상과 함께 있으면서 관계 맺는 방식이다. 마지막으로 심리적 변화의 경로로서의 투사적 동일시는 자신이 감당할 수 없는 감정들을 다른 사람에게 떠넘기고 다른 사람이 그 감정을 심리적으로 가공하면 그가 변형된 형태로 재내면화하는 과정이다. 이처럼 다양한 투사적 동일시의 기능들은 유아가 자신의 내적, 외적 경험들을 인식하고, 조직하고, 다루고 자신의 외부환경과 소통하려는 초기 노력에서 발달해온 것이다.[130]

유아는 자신을 실망시키거나 반대하는 양육자를 파괴하려는 성난 소원이 유아 자신에게나 그가 아끼는 양육자에게 매우 위험한 것이라는 것을 감지하고 매우 불안해한다. 이때 어머니는 아이의 불안을 다뤄주어야 한다. 아이가 투사한 감정을 충분히 잘 다루기 위해서 어머니는 아이의 투사에 의해서 발생한 감정들을 그녀의 다른 측면들과 통합시키는 능력이 필요하다. 어머니는 건강하게 자기의 이익을 챙길 수도 있어야 하고, 자신이 원하는 것을 막는 아이에게는 화낼 수 있는 권리가 있음을 수용할 필요가 있다. 어머니는 이러한 감정들을 행동화하지 않은 채, 아이로부터 과도하게 철수하거나 아이에게 보복하지 않고서 자신 안에 담아둘 수 있는 용기가 있어야 한다. 어머니가 아이와 상호작용하는 과정을 통해서, 가공처리된 투사의 내용에는 좌절감이나 보복하고픈 소망에 대한 어머니의 통제감도 있어야 한다.[131]

지금부터는 투사적 동일시 개념을 사용한 대표적 학자를 중심으로 역사적 조망을 하려한다. 먼저 클라인을 살펴보면, 그녀는 자신의 논문 "Notes on Nome Schizoid Mechanism"에서 투사적 동일시 개념을 도입하여 기술하였다.[132] 이 개념은 유아의 편집-분열자리에서 일어나는 심리적 과정을 설명하는 데 사용되었다. 그녀에 따르면, 편집-분열자리에서 자기의 나쁜 대상을 제거하기 위해서 자기의 나쁜 측면들을 분열하여 다른 사람에게 투사한다는 것이다. 클라인은 유아가 나쁜 대상을 자신 안에 계속 두면 그것이 자신을 파괴할 것으로 생각하기 때문에 이를 방지하기 위해서 서둘러 밖으로 투사하는 것이라고 주장했다. 클라인은 특히 "동일시에 관하여"(On Identification)라는 자신의 논문에서 투사적 동일시 사용자는 투사된 부분이 다시 성공적으로 내면화되기 전까지, 투사적 동일시 과정은 투사하는 사람을 폐하게 만든다는 것이다. 다른 사람을 통제하고 그를 자신의 판타지대로 조정하기 위해서는 매

우 예민하게 그를 살펴야하고 엄청난 양의 심리적 에너지를 쏟아야 하기 때문이다.[133]

윌프레드 비온(Wilfred Bion, 1897-1979)은 투사적 동일시 개념을 다듬고 적용하는 데 진일보를 이룬 사람이다. 그는 투사적 동일시를 심리치료에서 상담자와 내담자 사이의 가장 중요한 상호작용의 형태로 보았다. 비온은 임상적 입장에서 투사적 동일시를 조망한 후에 "분석가는 아무리 알아차리기 힘들지라도, 자신이 다른 누군가의 환상 속에서 조정되고 있으며, 그 결과 어떤 역할을 하고 있음을 느낀다"고 말했다.[134] 그에게 투사적 동일시는 단순히 판타지가 아니라 한 사람이 다른 사람을 조종하는 두 사람 사이의 상호작용이다. 투사적 동일시에서 투사수용자는 자기 생각이 아닌 생각을 품게 되는데, 이러한 이상하고도 신비스러운 경험을 포착하려고 애썼다. 특히 모아관계에서 양육자가 유아의 투사적 동일시를 받지 못하거나, 아기가 부모를 투사적 동일시로 사용하지 못하는 경우 부정적 결과가 발생한다고 말했다. 예를 들어, 어머니가 유아의 감정을 담아주는 기능을 거부하거나, 혹은 내담자가 시기심 때문에 내담자 어머니에게 이러한 기능을 하도록 허락하지 않음으로써, 이러한 메커니즘을 사용할 수 없게 되면, 유아와 젖가슴 사이의 연결이 파괴되고, 그 결과 모든 배움을 가능하게 하는 호기심의 충동에 심각한 장애가 일어난다는 것이다.[135] 비온에게 정상적 발달의 본질적 요소는 아이가 투사적 동일시를 담아주는 그릇으로 부모를 성공적으로 사용하는 능력과 함께 그의 부모를 자신의 투사적 동일시를 담아주는 그릇으로 기능할 만큼 안심하고 의지할 수 있는 사람으로 경험하는 것이다.[136]

클라인학파와 비온학파가 아니어도 투사적 동일시 개념을 크게 발전시킨 학자들이 있는데 대표적 사람이 도널드 위니컷이다. 위니컷은 그의 저서에서 투사적 동일시라는 용어를 거의 사용하지 않았다. 하지만 그의 연구들은 초기 모아관계 속에서 양육자의 침범(impingement)과 반영(mirroring) 등이 어머니의 투사적 동일시 역할과 이 역할이 아이의 정상발달과 병리적 발달에 어떠한 영향을 미치는지 잘 설명해 주었다. 이러한 이해를 바탕으로 얻은 결론은 상담자는 투사적 동일시를 통해서 제시하는 진실을 일종의 중간현상(transitional phenomenon)으로 취급해야 한다는 것이다. 위니컷의 중간현상의 관점에서 "환자의 진실이 사실이냐? 판타지냐?"하는 것은 중요한 문제가 아니다. 다른 모든 중간현상처럼 투사적 동일시를 통해서 환자가 제시하는 진실은 사실인 동시에 사실이 아니며, 객관적인 동시에 주관적이다. 상담자는 환자에게서 부분적 진실을 힘들게 발견한다. 그러나 환자는 그 부분적 진실을 전적 진실로 경험한다. 이때 상담자는 부분적 진실을 정서적으로는 전적 진실로 경험해야 한다. 그래야 충분히 좋은 엄마처럼 상담자는 부분적 진실이 주는 위안과 살아있음을 느끼게 해주는 힘에 대해 환자가 느끼는 바를 공유할 수 있다.[137]

끝으로, 투사적 동일시를 기능으로 살펴보려 한다. 옥덴은 투사적 동일시의 기능을 분류하면서 '방어로서의 투사적 동일시', '의사소통으로서의 투사적 동일시', '원시적 대상으로서의 투사적 동일시', 그리고 '심리적 변화를 위한 통로로서의 투사적 동일시(a pathway for psychological change)'로 범주화하였다.[138] 이 중 본 연구와 밀접하게 관련이 있는 것은 심리적 변화를 위한 통로서의 투사적 동일시다. 투사적 동일시는 투사와 내사의 순환과정을 평생 지속하면서 내면화된 자기구조를 바꾼다. 여기서 자기구조가 바뀐다는 의미는 자기표상과 대상표상 그리고 여기에 동반되는 감정이 바뀐다는 의미다. 이 변화는 투사수용자의 역할에 따라 치료적일 수도 있고 반치료적일 수도 있다. 만약 투사수용자가 투사물을 담아주고, 소화시키며, 변형시켜서 되돌려준다면, 투사자에게 치료적 변화를 기대할 수 있다. 강혜정은 이를 마치 CO_2를 내뱉고 O_2를 들이마시는 호흡이나, 탁한 피를 맑은 피와 바꿔주는 혈액투석에 비유하면서, 심리적 변화를 위한 통로로서의 투사적 동일시는 마주 선 두 주체의 정서적 호흡이나, 변형적 내재화를 통한 심리적 투석이라고 설명한다.[139]

투사적 동일시는 주체가 상징화, 의미화, 기억해 낼 수 없는 많은 것들을 타자안에 집어넣고 대상화하여 그것들을 타자를 통하여 직면할 수 있게 만든다. 이때 투사대상이 된 타자가 투사된 것을 처리하는 역량에 따라 투사적 동일시의 운명이 결정된다. 건강하고 긍정적 관계 안에서 투사된 부분은 무의식적으로 수정되고, 좀 더 긍정적 부분이 되어 투사자에게 다시 내사되며, 이는 자기구조에 긍정적 변화를 일으킨다.[140] 노래회상치료에서는 상담자뿐만 아니라 노랫말이라는 매체가 대타자가 되어 이러한 변화를 위한 통로로서의 투사적 동일시 기능을 상당 부분 담당하게 된다.

- 통찰

내담자가 통찰을 경험하면, 새로운 관점으로 사물을 보며, 문제를 연결할 수 있고, 왜 자신에게 이러한 문제가 발생하는지 이해할 수 있다.[141] 어떤 경우에는 통찰을 획득하는 순간 불빛이 켜지는 것처럼 갑자기 "아하!"하는 느낌을 얻게 된다. 그러나 반대로, 칼 로저스(Carl Rogers, 1902-1987)는 통찰이란 몇 번의 도전과 해석 이후에야 천천히 오는 것이라고 말했다.[142] 힐(Hill)은 통찰을 사금과 금괴로 비유했다. 운 좋게 금괴를 발견하기도 하지만 대부분은 사금으로, 통찰은 사금을 얻듯이 시간을 들여 수고한 작업의 결과다.[143]

통찰은 크게 이성적 통찰과 감성적 통찰로 나눠볼 수 있다.[144] 통찰은 이성적인 것뿐만 아니라 행동을 이끌기도 한다. 다시 말하면, 통찰은 깊게 느끼는 것에 대하여 인식적으로 이해해야 한다. 이성적 통찰은 문제의 객관적 설명을 제공하지만 이러한 것은 내담자를 이끄는 데 효과적이지 못할 수 있다. 많은 경우, 어려움의 원인과 전체적 심리적 문제를 설명할 수는 있어도 자신의 느낌을 충분히 경험하지 못하는 경우를 종종 보게 된다. 한편 감성적 통찰은 지성과 연결되어 영향을 미치며 개인적 몰입과 책임을 갖는다.[145] 감성적 통찰달성은 행동변화의 원인으로 여겨진다. 지성적 통찰만으로는 지성적 통찰과 감성적 통찰이 함께 일으키는 변화와 성장효과를 기대하기 어렵다. 두 가지 통찰이 함께 일어날 때, 내담자의 부적응적 사고나 감정, 행동을 바꾸려는 강력한 동기가 일어나게 된다.[146]

인간은 생존을 위해 음식과 물을 구하는 생물학적 욕구가 있는 것처럼 자신과 자신 주변에 일어난 사건에 대해서 이해하려는 정신적 욕구가 있다. 개인은 무엇이 안전하고 위험한지, 좋고 나쁜지, 유익하고 해로운지에 관해 자신이 세운 가정에 비춰 외부적, 내부적 자극들을 평가한다. 개인의 이러한 가정은 매우 구조화되어 있고 복잡하며 상황과 감정 등과 긴밀하게 상호작용하여 이해와 해석을 구성한다. 이것은 또 다른 심리구조를 만들어 지각과 행동에 영향을 끼치고 형성하기도 한다. 이러한 일련의 과정에서 개인은 새로운 사실을 발견하도록 유도하는 과거의 재작업 같은 통찰뿐만 아니라 과거 알고 있던 사실과 그 의미의 재평가 사이에서 새로운 자각도 하게 된다.[147] 프로이트 역시 심리적 문제는 그 문제 안에서 통찰을 얻음으로써 해결과 발전이 성취가능하다고 믿었다.[148]

통찰을 촉진하기 위해서 우선 내담자가 자신의 생각과 행동에 대한 자각에 이르는 것이 중요하다. 개인은 문제나 증상이 발생하기 이전, 오래전부터 자기 자신으로 살아왔고, 자신을 보호하기 위해서 여러 가지 방어기제를 사용해왔다. 그 노력 중에는 미숙하고 부적응적 사고와 행동들이 있는데 이에 대한 문제인식이 전혀 되지 않는다는 사실이다. 따라서 자각은 통찰을 위한 필수과정이라 볼 수 있다. 사람은 한 번 자신의 생각과 감정, 행동 등을 새롭게 자각하게 되면, 그것에 관해 더 많이 이해하고 싶어 한다. 이것은 인간의 자기 존재 증명의 한 현상이다. 인간은 자신의 내적, 외적으로 발생한 자극과 사건에 대해서 해석하고 싶어 한다. 옳고 그름을 떠나 하나의 해석은 대부분의 사람이 자신의 세계를 더 잘 이해하고 통제하고 있다고 느끼게 하며 실제로 그렇게 돕기도 한다.[149]

4) 노래회상치료의 방법 및 효과

- 노래회상치료의 방법

노래회상치료는 심리치료로서의 음악(music as psychotherapy)에 포함되지만 오히려 심리치료에서의 음악(music in psychotherapy)에 더 가깝다. 심리치료에서 음악은 음악과 대화가 번갈아 일어나거나 동시에 일어남으로써 증상이나 문제가 제기되고 변화되며 해결되도록 돕는다. 음악은 자체의 고유한 특성으로 치료적 이슈와 치료에 밀접한 관련이 있다. 또한 말은 치료과정 중에 내관(introspection), 정신화, 주체를 규명하고 강화하기 위해 사용된다.[150]

노래회상치료는 노래감상과 노랫말이라는 매체를 활용하여 심리치료를 진행한다. 심리치료란 정서심리적 어려움을 겪는 사람을 위한 치료형태로, 정신적 안녕에 도달하기 위해 필요한 심리적 변화를 일으키도록 도와주는 것을 최우선으로 한다. 심리치료의 목표는 내담자가 원하는 변화가 무엇인지에 따라 다양해질 수 있다. 다양한 목적에는 자기인식의 향상, 내적 갈등해소, 정서적 안정, 자기표현, 감정과 태도의 변화, 대인관계 기술향상, 원만한 대인관계, 건강한 관계발전, 정서치료, 현실인식, 인지적 재구조, 삶의 의미부여, 영성발달 등이 있다. 전통적으로 심리치료는 대화의 경험이 필수적인 것으로 알려져 있다. 이처럼 노래회상치료는 치료적 담론에 노래감상과 노랫말이라는 매체를 추가한 방식이다.[151] 노래회상치료에서 노래감상은 노래를 이해하고 즐기는 주체적이고 능동적인 행위로 적극적으로 감상해야 한다. 내담자는 자신 또는 상담자가 선택한 노래를 주의 깊게 듣고 생각함으로써 노래의 멜로디, 화성, 리듬, 템포 등 음악적 표현에 접촉하게 된다. 이를 통해 내담자 개인의 추억이나 관련된 다양한 감정적 반응이 나타나며, 감상을 통해 자극된 감정 경험을 재인식하고 이미지를 통해 추억을 회상하게 된다. 이처럼 노래감상에 사용된 노래는 심상 제공과 표상에 영향을 미친다. 또한 노래감상은 내담자 자신과의 관계형성뿐만 아니라 내담자와 상담자 간 관계형성도 촉진한다.

노래회상치료에서 노랫말 토의는 자기이해와 자기성찰을 촉진하는 도구로 사용된다. 노래를 듣거나 부르는 사람은 자신의 무의식적 감정을 투사함으로써 노래와 동일시되는 경험을 하게 된다. 이러한 경험은 노랫말과 관련이 깊다. 노랫말에 담긴 서사가 내담자의 심리적 이슈와 관련이 있는 경우, 내담자는 더욱 크게 공감하게 된다. 노랫말은 언어적 정보를 가지고 있어서 그 의미를 생각하게 만든다. 특히 노랫말의 은유, 상징, 서사 등은 내담자로 하여금 인식하지 못한 것을 깨닫게 하거나 회피했던 감정이나 생각을 마주할 수 있도록 이끈다.

노랫말 토의에서 중요한 것은 선곡인데 선곡의 방법에는 두 가지가 있다. 첫 번째는 내담자가 노래를 스스로 선택하는 방식이다. 자신의 상황이나 이슈에 맞는 노래를 선택하여 감상하고 노랫말을 다양하게 조망하며 숙고한 뒤 나누는 방법이다. 두 번째는 상담자가 노래를 선택하는 방식이다. 내담자는 노랫말을 통해 자신이 겪고 있는 문제가 자신에게만 국한된 문제가 아님을 깨닫고 문제 해결방안을 모색할 수도 있다. 어떤 노랫말은 내담자에게 대타자가 되어 해석 또는 그 이상의 것을 건네주기도 한다. 반대로 내담자에게 적절하지 못한 노랫말 논의는 치료에 부정적 영향을 미칠 수 있기 때문에 선곡과 중재에 주의가 필요하다.[152]

- 노래회상치료의 효과

음악이 사람에게 미치는 영향 중 우선적으로 꼽히는 것이 정서적 변화다. 루돌프 라도시(Rudolf Radocy)와 데이비드 보이레(David Boyle)는 음악에 대한 정서적 반응으로 감정(affect), 정서(emotion), 심미성(aesthetic) 등의 언어를 중요하게 사용하였으며 태도, 관심사, 기호(taste), 선호도, 감상(appreciation), 감수성(sensitivity) 등도 자주 언급하였다.[153]

정서는 인간행동에 대한 기본영역인 사고, 느낌, 행동 중 느낌에 해당되는 심리학 용어로 널리 사용되고 있다. 정서적 과정은 심리적 현상 즉 지각, 학습, 추론, 기억, 행동 등과 밀접하게 관련되어 있다. 정서에는 기본적으로 일차정서와 이차정서가 있으며 이러한 정서가 섞이면 혼합정서라 부른다. 일차정서에는 흥미, 분노, 슬픔, 즐거움, 고뇌, 수치심, 공포, 혐오 등이 있고 혼합정서에는 외로움, 동정, 호기심 등이 있으나 분명한 분류기준이 없어서 학자들마다 견해 차이가 있다.

음악에 대한 정서적 반응은 매우 다양해서 놀라울 정도다. 정서는 모두 신경 생리적 반응들을 동반하고 일반적 정서반응은 기분(mood)과 특성(character) 반응으로 나타난다. 어떤 음악은 사람의 마음을 위로하거나 이완시켜주고, 어떤 음악은 흥분이나 불안을 유발하기도 한다. 음악을 매체로 활용하는 모든 치료에서 음악이 기분반응을 이끌어낸다는 것은 분명한 사실이다. 음악에 대한 반응은 사실상 다른 반응과 마찬가지로 기본적으로 음악에 대한 선행경험에 의해 결정된다.[154] 다시 말하면 그 음악에 대한 개인의 연상에 의해 영향을 받을 수 있다. 또한 음악은 사람들에게 인생의 주요사건들을 다시 경험하게 해주는 메커니즘을 제공한다.

노래회상치료의 경우, 사용되는 노랫말이 어떠한 의미와 은유, 상징을 가졌는가에 따라 정서는 크게 달라진다. 노랫말에 사회, 정치, 종교적 이슈가 들어가는 경우는 정서적 반응이 매우 강력하게 일어난다. 노래의 노랫말은 상징적으로 지각되는 특징을 보이며 치료에 중요한 기능을 제공한다. 음악은 의미 있는 정서반응을 불러일으키고 노랫말은 상징적 반응을 일으키는 각각의 특성은 임상상황에서 정서수정과 의미화에 직접적 영향을 미치는 요인이다. 노래회상치료 과정 중 정서수정이라는 단계를 거쳐 노랫말에 자신을 동일시하여 개인의 고유한 치료경험을 하게 된다. 노랫말의 언어적 요소는 음악과 결합하여 다양한 주제들에 대한 정서반응을 불러일으키고 이는 다시 사고를 재구성하도록 돕는다.[155]

노래회상치료를 통한 정신화

　심리치료는 내담자에게 감정을 인식하고 다른 사람과 공유하며 성찰할 수 있고, 변화될 수 있는 기회를 제공한다. 관계를 통해서 변화를 추구하는 치료모델에서는 상담자가 안전기지가 되어주고 내담자의 비언어적 경험에 초점 두는 방식을 통해 내담자의 억압이나 해리된 느낌을 표면화시키고 인식하도록 돕는다. 일단 부인되었던 감정이 드러나게 되면 그것들은 변화될 잠재가능성을 갖게 된다. 즉, 부인되었던 느낌들이 수용되고 변회 될 수 있디. 이를테면, 과기에 대한 격분이 회한으로 누그러지거나 이전에 부인되었던 욕구가 소유되고 충족될 수 있게 되는 것이다.[156]

　심리치료를 정신분석적 언어로 표현해 보면, 내담자와 분석가가 서로 협력해 삶의 향유를 방해해 온 숨어있는 힘들의 정체를 탐색하고 소화하여 자아가 현실에서 사용할 수 있는 긍정 에너지로 변화시키는 역동적 체험과정이다. 이 과정에서 개인은 자신의 주체적 욕망이 어느 시점에서 포기, 거세, 마비되었으며 어떤 이유로 특정 환상과 증상에 고착될 수밖에 없었는지 절실히 깨달아 숙고, 즉 정신화하게 된다.[157]

정신분석 관계에 진입한 내담자에게는 분석가에 대한 전이가 활성화되어 그동안 억압, 망각되었던 어린 시절 중요인물과 연관된 복합감정과 기억들이 반복해서 일어난다. 그 강한 정서격동 상태에서 비로소 자신이 그토록 절실히 원하며 두려워한 욕망의 정체가 무엇이었는지 생생히 대면하게 된다. 분석가는 내담자의 무엇이 어떤 이유로 억압, 망각, 반복될 수밖에 없었는지 주목하여 그 원인과 배경을 평가 없이 있는 그대로 수용, 공감해야 한다. 무엇보다도 과거에 중요대상을 향해 조금도 표현하지 못했던 심연의 복잡한 감정들을 내담자가 말로 자유롭게 한껏 표현하게 도와야한다.[158] 상담자의 이러한 노력은 내담자의 정신화 기능을 회복시키기 위한 노력의 일환으로 볼 수 있다.

정신화(mentalizing)란 의도적으로 자신과 다른 사람의 마음상태와 연결하여 행동을 지각하고 해석하는 행위로, 신체적 또는 정신적으로 가까이 하는 사람의 마음상태에 주의를 기울이는 사회적 정신작용이다. 정신화 기능이 떨어지게 되면, 사람은 상대를 인격이나 정신의 소유자로 인식하지 못하고 사물화하는 문제가 발생한다.[159] 정신화는 정신에 감정적, 인지적 그리고 행동적 유연성을 갖게 하여 특정경험에 대한 다중적 관점을 갖도록 하고 기존의 내적 작동모델을 갱신하여 습관화된 양식이 탈자동화하게 한다. 정신화의 이런 개방성은 스스로 질문해보는 특성과 혼란스럽지 않은 일관된 이야기를 해나가는 데 기여한다. 정신화는 정서를 확인하고 조절하는 능력을 향상시켜, 정서가 그 주요 기능을 실제로 수행하도록 해준다. 즉, 개인이 세상에 대한 경험을 평가하고 그런 평가에 기초하여 적응적 방식으로 우리 행동을 안내하도록 돕는다.[160]

정신화는 정신분석학 연구에서 다양한 주제하에 기술되었다. 이러한 개념의 시작은 프로이트였다. 그가 말한 엮기(binding)는 신체적인 것에서 정신적인 것으로 연결될 때 연상이 질적으로 변화하는데, 이때 내적 상태의 표상을 만들어내는 정신작업에 오류가 발생한다는 것이다.[161] 클라인의 우울자리 개념도 정신화와 밀접한 관련이 있다. 그녀에 따르면, 우울자리에 진입한 유아는 자신이 양육자를 공격하면 양육자가 아파한다는 것(고통과 상처)을 인식할 뿐만 아니라 그 과정에서 자신이 해야 할 일(죄책감과 사과)에 대해 인식한다는 주장이다.[162] 비온은 실제적으로 경험된 내적 사건(베타요소)을 소화될 만한 것으로 변화시키는 알파기능을 설명하였는데, 그는 모아관계에서 알파기능을 상징적 능력의 근원으로 보았다. 이는 정신화 특성과 유사하다. 위니컷은 인간의 자기발달이 다른 사람의 마음속에 있는 자신에 대한 지각을 통해 이뤄진다는 것을 가장 먼저 인식한 정신분석가다. 위니컷은 부모가 아이의 내적 경험에 대한 이해를 반영하지 못하고 반응하지 못하면, 자녀는 자기감 형성에 필요한 핵심적 정신구조를 박탈당하게 된다고 주장했다.[163]

정신화와 관련된 정신분석학 연구에서 얻을 수 있는 중요한 내용은 바로 정신화의 실패다. 정신화의 실패는 정신화의 기능상실 내지 왜곡을 일으킨다. 외상을 입은 사람들은 흔히 정신화의 부분적 실패를 경험한다. 가장 쉽게 나타나는 정신화 실패의 첫 번째는 마음-현실 일치(psychic equivalence)다. 이로 인한 증상은 경직된 이해(concrete understanding)다. 마음-현실 일치된 사람은 경직되고 완고한 사고방식, 자기 정당성에 대한 과도한 집착, 타인의 마음을 다 안다는 확신, 혹은 어떤 행위에 대한 터무니없는 확신 등을 가지고 있다. 그들은 내적 사실과 외적 사실이 똑같다는 잘못된 믿음이 있어서 마음에 떠오르는 것에 추호도 의문의 여지가 없다. 정신적 등가로 파생된 감정은 일반적으로 편집증적 적대감(paranoid hostility)으로 나타난다. 그래서 어떠한 추가정보도 그들의 태도를 변화시킬 수 없게 된다.[164]

정신화 실패의 두 번째는 가장 양식(pretend mode)이다. 가장 양식은 전혀 현실성 없는 것임에도 본인은 사실이라고 믿는다. 심지어 남들이 보기에 창조적이며 정신화된 것처럼 보여도 실상은 정신화와 관계가 없는 것이다. 이들의 마음상태는 낯설고 공허하며 진실한 생각이나 감정과는 거의 관계가 없다. 학자들은 이러한 상태를 유사정신화(pseudo-mentalization)라고 부른다. 유사정신화에 빠진 내담자의 이야기는 자신의 내적 상태에 관해서 오래 이야기하더라도, 이것들은 대부분 사실과 동떨어져 있다. 이런 사람의 내면은 텅 비어 있는 느낌 때문에 신비주의, 신앙치료, 과학적으로 이해할 수 없는 현상에 대한 믿음을 통해 실제와 의미를 찾으려한다. 문제는 그것들이 가치가 없다는 것이 아니라 유사정신화에 빠진 사람들이 그것들을 잘못 이용한다는 것이다. 이런 행위는 그들의 마음을 충족시키지 못해 그들은 곧 다른 것으로 옮겨가게 된다.[165]

정신화 실패의 세 번째는 목적 양식(teleological mode)이다. 쉽게 말해, 자신의 뜻, 소원, 바람 등과 맞아떨어지는 것만 사실로 받아들이는 것을 말한다. 흔히 마음-현실 일치나 가장 양식과 병행되어 나타나기도 하고 남을 이용하려 할 때는 고도의 상징화와 공존할 수 있다. 상대로부터 관심을 받거나 상대를 조종하려할 때 많이 나타나는 양식이다.[166]

목적 양식으로 경험하는 사람은 강한 정서적 고통에 대해 정신화하기를 시도하지 않고, 오히려 물질남용, 자해, 위험관 성관계 등과 같은 행동으로 정서적 고통을 직접 표현한다. 이런 특성 때문에 목적 양식 내담자는 자신뿐만 아니라 상담자에게도 해를 끼칠 수 있다.[167] 앞서 살펴본 바와 같이, 정신화 실패는 자기구조를 파괴하고 사회인지를 취약하게 만들기 때문에 다른 사람과 관계를 형성하거나 상호작용하는데 큰 장애를 일으킨다. 이에 정신화 능력을 촉진하는 것은 주체화를 통한 심리치료에 매우 중요한 초석이 된다. 이러한 맥락에서 정신화를 촉진하는 노래회상치료의 활용은 큰 의미가 있다.

노래회상치료가 정신화 능력을 촉진하는 요소들에는 '공감', '상징화', '중간공간', '3자적 위치' 등이 있다. 공감은 타인의 사고나 감정, 동기 등을 자신의 내부로 옮겨 넣어 타인의 체험과 동질의 심리적 과정을 만드는 일로 정의된다. 특히 타인의 어떤 괴로운 정서상태를 인식하고 공명하는 것을 가리키는 좁은 의미로 흔히 사용된다. 공감은 자기심리학에서 정신화 개념과 중첩되거나 심지어는 동어라고 간주된다. 여기서 말하는 공감은 생물학적 과정으로 상대에 대한 개념과 개념적 추론과정 없이 이루지는 낮은 단계의 공감과는 차이가 있다. 자기심리학에서 말하는 공감은 성숙한 공감으로 정신화의 개념과 명백히 중첩되는 특성이 있다.[168] 노래부르기나 노래회상은 내담자 자신의 공감을 불러일으키는데 매우 효과적인 방법이다.

상징화는 현실을 하나의 표상으로 다뤄서 '내부와 외부', '상징과 상징하는 대상 간', '내부현실과 외부현실 간'을 분별할 수 있는 능력을 말한다. 이를 위해서는 먼저 어떤 대상과의 동일시를 벗어나야한다. 정신화와 상징화는 모두 마음표상과 현실표상이 서로 통합되어 있으면서도 서로 분리되어있다. 이러한 중간상태를 위니컷은 '중간지대' 또는 '잠재공간'이라고 불렀다. 옥덴도 이와 비슷한 '잠재공간'(potential space) 개념을 말하고 있다. 이 공간에서 두 표상은 서로 충분히 떨어져 있으면서도 두 표상 간 연결이 상실될 정도로 멀리 떨어지지는 않는다. 이러한 개념들은 유머와 장난스러움을 필요로 한다. 이는 정신화, 상징화 등을 발달시키는 데 매우 중요한 요소다. 이러한 점들이 잘 부합되는 노래회상치료야말로 정신화 배양에 효과적 도구임을 방증한다.[169] 이에 노래회상을 통한 정신화 고양을 위해 '노랫말의 정신화 유도', '노래회상을 통한 내사물과의 조우', '탈매몰화로서의 정신화'에 관하여 논하려 한다.

1) 노랫말의 정신화 유도

정신화(mentalization)란 자신이나 타인의 행동의 의미를 마음상태의 관점에서 이해하고 인식하며 그들이 생각하고 느끼는 것을 상상하는 성찰기능을 말한다.[170] 즉, 자신과 타인의 마음에 집중하고 이해하는 정신활동으로 정서적 자각을 촉진하고 행동 이면에 있는 정신상태를 추론하거나 해석하는 것이 바로 정신화다. 정신화는 자기 자신과 타인을 대상으로 행동의 의미를 탐구하여 의미있는 경험을 찾아내고 분류하는 능력과 연관되며 이러한 능력은 감정조절, 충동절제 등에 결정적 영향을 미친다.[171]

정신화는 애착이론과 상호주관성이론에 그 뿌리를 둔다. 아이는 부모의 적절한 반영을 통해 안정애착을 형성하고 성찰적 태도로 경험에 반응하는 부모의 정신화 능력을 통해 상호주관적 맥락을 제공받는다. 부모가 펼쳐주는 상호주관적 환경에서 아이는 '나와 양육자 당신과는 다르지만, 서로의 마음은 공유될 수 있다'는 것을 경험한다. 아이는 이러한 상호작용을 통해 정서를 조절하는 방법을 배우고, 자신의 감정을 통합시킴으로써 보다 응집된 자기(coherent self)를 발달시켜 나갈 수 있다.[172]

존 볼비(John Bowlby, 1907~1990)의 애착이론이 경험적 대상인 어머니가 아이에게 미친 영향을 연관 지었다면, 대상관계는 아이의 내적 세계에 지각된 어머니라는 대상표상, 다시 말해 대상관계에 주목하였다.[173] 전자가 독립된 두 변인 간의 인과 혹은 상관관계에 주목하였다면, 후자는 분리된 객체로서의 '대상'이 아닌, 분리되지 않은 '대상관계'를 본 것이다. 클라인의 대표적 개념 중 하나인 투사적 동일시에는 이와 같은 대상관계이론의 핵심 지점이 존재한다. 투사적 동일시는 대상과 행위 주체 모두를 포착하고 있는데, 이는 주체가 자신의 일부를 대상에게 투사하고, 투사된 대상과 다시금 동일시하는 과정을 포함한다.[174]

최근 마음이론(theory of mind)의 발달을 정신분석과 애착이론 간의 교량에 위치시킨 정신화이론은 유아-어머니 간의 이자관계(dyad)에 대한 발달적 연구성과를 토대로 하여, 외부와 내부현실을 정교하게 이론화하는 동시에 이에 따른 치료적 함의를 제안하였다. 여기서 외부현실이란 '저기 너머'에, 발견을 기다리고 있는 독립적 현실이 아니며, 상호 응시, 공유된 의도와 감정, 의미로 구성된 공유된 의식의 과정이자 산물이다.[175] 프렌즈 브렌타노(Franz Brentano)와 다니엘 데넷(Daniel Dennett)은 정신화를 '상상'의 특수한 측면으로 개념화하였다.[176] 그들은 정신화의 모든 행위는 불확실한 것일 수밖에 없으며 사람의 내적 상태는 불투명하고, 가변적이며, 정확히 밝히기 어렵다고 주장했다. 정신화란 사고에 대한 사고로 개인의 욕구, 감정, 의도, 신념과 같은 지향적 정신상태를 기초로 자신과 타인의 행동을 암묵적으로 그리고 명시적으로 해석하는 과정이다.[177]

자아심리학, 대상관계이론, 자기심리학에 이르기까지, 인간 내면세계의 존재와 위력에 대한 정신분석의 통찰은 현재까지 심리치료에 지대한 영향을 끼치고 있다. 여기에서 우리는 대상관계이론이 심리내적 현실(intrapsychic reality), 나아가 외부현실(external reality)과 관련하여 독특한 입장을 취했다는 사실에 주목할 필요가 있다.

정신분석의 전통에서 현실검증력은 환상 등의 내부세계를 외부현실과 구별하는 능력으로 통용되었고, 신경증, 경계선 그리고 정신증의 스펙트럼에서 증상의 수위와 심각성을 결정하는 기준이었다. 일반적으로 정신분석가의 역할은 현실검증을 돕고 왜곡된 지각의 교정을 지원하는 것이었다.[178] 반면 클라인에 따르면, 우리가 알 수 있는 것은 오직 내부현실뿐이며, 분석가의 역할은 분열된 주관성을 가능한 온전한 주관적 현실로 통합할 수 있도록 돕는 것이었다.

대상관계이론의 입장은 '표상의 현실(reality of the representation)' 혹은 '심리내적 현실'의 우위라는 측면에서 이해될 수 있다. 현실에 존재하는 어머니보다 내담자의 환상과 무의식 그리고 파편화된 기억

속에 존재하는 어머니의 영향이 더 결정적이라는 사실을 강조한 것이다.[179]

대상관계이론은 정신분석의 전통적 이론들과 달리, 주체의 대상인식이 대상 그 자체가 아닌 표상임을 주지하고 대상관계라는 개념을 통해 행위주체(agency)와 대상 간의 연관성을 강조한다. 인간의 정신상태가 다른 인식과 구별되는 이유는 인식이 그 자신을 대상으로 한다는 것, 즉 지향성에 있다. 인식론적 개념인 지향적 자세(intentional stance)는 마음, 생각, 바람, 의도, 그리고 기대를 내용으로 하는 정신상태를 이해하려는 주체의 능력을 의미한다. 정신화란 마음이 외부 세계에 대한 개인의 경험을 중재한다는 것을 깨닫는 과정으로, 타자의 행동을 이해하고자 할 때, 그 행동의 이면에 있는 정신상태를 자기에 비추어 해석하는 것이다.[180]

모아관계에서 정신화는 양육자가 우선적으로 유아의 마음상태에 주의를 기울이고 이를 통해 유아가 자신의 마음상태를 인식하는 일련의 상호작용 안에서 이루어지며, 유아는 이로써 정신화를 학습하게 된다. 유아가 애착대상을 통해 자신에 대해 알아차린 것은 유아의 마음과 자기를 발견하도록 하는 원동력이 되며, 이는 정신화가 발달할 수 있는 최적의 조건을 이루게 된다.[181] 유아는 정신화 경험을 통해 스스로 정신화할 줄 아는 사람(mentalizer)으로 성장하며, 이와 같은 선순환은 유아로 하여금 정신화에 더욱 민감하게 반응하여 이러한 경험을 반길 수 있도록 만든다.[182]

2) 내사물과의 조우

　기억이 가물가물한 생애초기 '나'라는 존재가 힘없던 시절에 거대하게 느껴졌던 그 대상에게 두려움에 떨거나 학대받았던 나는 어디로 갔을까? 잊혀진 그 시절 두렵던 그 대상의 모습과 공포감은 정신 속 깊이 침잠되어 지각의 영역에서 망각된다. 특히 그 대상이 자신의 인생을 절대적으로 좌우하던 존재일수록 그 대상의 모든 것이 깊이 내사되어 내사물로 저장된다. 내사물이란 차근히 소화해서 내면화한 동일시 대상과 달리 중심자아에 온전히 통합되지 못한 이물질이다. 이물질은 정신 속에서 마치 나인 양 중심인격과 다른 특성을 발휘하여 독자적 영향력을 행사하는 나이면서 내가 아닌 심리내적 실재(psychic inner reality)를 의미한다.[183]

　무의식에 억압된 내사물은 그 이후 개인 본래의 것이 아님에도 불구하고 현실에서 무엇인가 불편한 자극을 받을 때마다 불쑥 튀어나와 과거 힘들었던 그 대상을 현재 눈앞의 대상 또는 환경에 투사한다. 그로 인해 사람은 눈앞의 대상을 과거 나를 긴장시키거나 학대했던 위험하고 나쁜 대상으로 지각하게 된다. 부정적 내사물을 가진 정신은 다른 누군가의 영혼에 온전히 담겨서 공감과 지지를 받고 그것이 다시 재경험, 재해석되기 전까지 과거의 감정, 지각상태는 계속 반복되는 특징을 보인다. 의식이 자기 것으로 소화해내지 못한 채 정신 깊이 각인된, 정신에 삼켜진 내사물의 영향력은 상당히 크고 지속적이다. 보이지 않는 내사물은 정신 내에 있기에 개인 인격의 일부지만, 개인이 원하는, 조화롭게 사용될 수 있는 인격요소는 아니다.[184]

사회 저명인사들이 하루아침에 위선자나 이중인격자로 지탄받으며 추락하게 되는 요인 중 하나가 발달과정에서 온전히 소화되지 못한 채 정신 속으로 삼켜진 망각된 내사물의 돌발적 괴력 때문이다. 흔히 내사물은 잠잠히 자신을 숨기고 있다가 긴장이 완화되고 의식의 방어가 느슨해지면 그 틈을 타 불쑥 솟구친다. 이때 내사물은 중심자아의 기능과 분리된 채 내면에서 따로 작동하면서 순간 평소의 인격과 다른 행동이 돌출된다.[185]

정신분석은 내담자의 내면에 자리 잡은 내사물의 증상을 살피고 내담자의 언어와 행동 속에서 숨겨진 병인, 개인 중심인격과 다른 이물질을 찾아내는 과정으로, 내담자가 겪은 섬뜩한 장면과 그때의 감정 덩어리를 무의식에서 끄집어내 대신 소화해서 변환시켜주는 분석가의 현존 작업이라 할 수 있다. 하지만 이러한 치료과정은 몇 가지 현실적 문제에 부딪히게 된다. 첫째, 상업주의 가치관이 만연한 현실에서 내담자의 내사물과 전쟁을 치를 상담사를 찾기가 쉽지 않다. 둘째, 내담자의 내사물을 다루는 과정에서 상담자의 정신균형이 깨지거나 정신기능이 떨어지는 문제가 발생한다는 점이다.[186]

3) 탈매몰화로서의 정신화

인간은 자신의 경험에 매몰될 때는 경험이 자신처럼 느껴진다. 개인이 순간 지각하고 느끼며 믿는 것이 무엇이든 개인은 그것을 액면 그대로 받아들인다. 매몰된 상태에서는 현실에 대한 정보가 될 수 있는 신체감각과 느낌, 정신적 표상은 더 이상 하나의 정보가 아니라 바로 현실 그 자체로 느껴진다. 경험에 깊이 매몰될 때, 가장 큰 문제는 경험에 대한 단 하나의 관점과 시각만이 존재하여, 마치 지각만 있고 해석은 존재하지 않는다는 점이다. 결국 사실 여부와 무관하게 내적 세계가 사건의 외적 현실을 누르고 이기게 된다. 다시 말해, 경험에 매몰되면 외부사건과 그것이 우리 내면에 어떻게 받아들여지는가를 구별하는 경계 긋기가 어렵게 된다. 이때 파생된 느낌과 감정은 너무나 강력해서 의문을 갖기가 어렵다. 경험에 매몰되면 사람은 클라인이 말한 편집-분열자리라고 부른 덫에 걸려 분열이 우세하게 된다. 이 경우 자동화된 사고, 감정, 행동양식에 의해 심한 제약을 받으면서 자기(self)는 경험을 해석하는 주체가 아니라 경험의 객체로 전락해버린다.[187]

포나기와 다른 학자들의 연구를 통해 확인된 것은 개인 자신의 경험에 대한 일관된 성찰능력이 자신의 안정애착과 자녀를 안정애착으로 길러낼 수 있는 능력의 표지라는 점이다.[188] 성찰능력 즉, 정신화태도는 경험에 대한 일관적 연구보고에서 나타나며, 이런 보고는 일관된 자기를 보여준다. 일관된 자기란 첫째, 모순이 가득 찬 상태가 아니라 이해가 가능하고, 둘째, 해리나 부인에 의해 파편화된 것이 아니라 하나의 통합된 전체로 존재하며, 셋째, 타인의 자기와 협력할 수 있는 자기를 의미한다. 심리상담자는 내담자가 점점 더 일관된 자기로 살 수 있도록 돕고자 한다. 여기서 심리상담자는 내담자들과 함께 그들 자신의 경험을 이해하고, 자신이 좀 더 '온전하다'고 느끼며 타인들을 좀 더 깊이 있고 만족스럽게 대할 수 있는 관계를 만드는 것이다.[189]

다수의 내담자들은 상담회기 중 자신도 의식하지 못한 채 문제가 되는 자신의 경험에 깊이 매몰된다. 다시 말해, 자신이 생각하고 느끼는 것에 너무나 동일시하여 자신이 경험한 것에 대한 대안적 사고나 대처를 하지 못한다. 결국 이들은 과도하게 방어적이거나 자기 패배적 사고로 인해서 경험의 일차원적 곡조만 연주하게 된다. 매몰은 현실에 대한 정보가 될 수 있는 신체감각과 느낌, 정신적 표상을 하나의 정보가 아니라 바로 현실 그 자체로 느끼는 것을 말한다. 개인이 자신의 경험에 매몰되어 있으면 외부사건과 그것이 개인 내면에서 어떻게 받아들여지는가를 구별하는 경계를 긋기가 어렵게 된다. 이러한 매몰 태도는 정신적 등가 방식으로 내적 세계에 대한 개인의 주관적 경험과 외적 현실이 서로 같은 것으로 여긴다. 이러한 태도에 갇히면 클라인이 말한 편집-분열 자리에 걸리게 된다. 이 양태에서는 분열이 우세하여 자기(self)를 주도하고 해석하는 주체가 아닌 경험의 객체로 느낀다. 이 자리에 갇히면 사람은 자신의 경험에 신중하게 생각할 의욕도 정신적 여지도 갖지 못한다. 그 이유는 자신의 경험에 대한 주관성에 대한 인식 자체가 없고, 조절되지 않는 강력한 감정은 사고를 몰아내기 때문이다.[190]

내담자들로 다중적 수준에서 경험을 연주할 수 있도록 상담자가 먼저 정신화할 수 있어야 한다. 먼저 상담자는 내담자 경험의 저변에 놓인 정신상태를 직관적으로 감지할 수 있는 암묵적 정신화를 길러야 한다. 상담자는 암묵적 정신화를 통해 내담자가 해리하거나 부인했던 경험에 접근할 수 있게 된다. 그런 다음 상담자는 명시적 정신화를 통해 과거경험을 현재뿐만 아니라 과거와 미래의 맥락에 놓고 내담자가 그것을 이해하도록 돕는다.[191]

결국 정신화는 암묵적 이해와 명시적 성찰을 통해 개인 자신의 경험과 표상을 이해하고 점차 자신의 삶의 창조자이자 해석가가 되기 위해 개인의 경험과 표상에서 한 걸음 물러나는 것을 가능케 한다.[192] 치료회기 중 상담자는 내담자의 말에 자신이 공명하고 있다는 것을 알려주는 비언어적 행동과 상담사 자신의 내적 상태를 정확하게 반영하는 언어적 반응을 적절히 하는 것이 중요하다. 내담자는 상담자의 얼굴표정뿐만 아니라 상담자의 말에서 상담자의 진심을 읽게 될 때, 자신들이 해리시켰던 기억과 그 파생물들을 담아낼 수 있는 관계로 경험하게 된다. 심리치료에서 궁극적으로 가장 치료적인 것은 특정한 이해가 아니고 내담자 자신이 깊이 이해받고 있다는 관계경험이며 또 하나가 내담자 스스로 자신이 통찰할 수 있음을 확신케 하는 것이다.

4) 마음챙김으로서의 정신화

마음챙김은 학자마다 달리 정의되고 있다. 마음챙김의 구성요소에 관해서도 학자 간에 의견이 분분하다. 이는 체험을 통해서 얻은 경험을 토대로 이론과 개념을 사후에 정립하게 되는 마음챙김의 특성 때문일 것이다.[193] 마음챙김은 "바로 여기, 바로 지금"이 되는 것이다. 즉, 주어진 순간에 온전히 존재하고, 일어나는 모든 경험에 대해 수용적이지만 경험의 어떤 특정한 측면에 사로잡히지 않을 수 있는 능력이다. 마음챙김은 또한 경험을 판단하거나 평가하지 않으면서 그것을 알아차리는 것이다. 개방적이고 기민한 현존과 비판단적 알아차림의 상태는 대개 명상을 통해 계발된다고 알려져 있다.[194]

마음챙김을 구성하는 핵심요소에는 '자각의 방식', '자각의 대상', '경험에 대한 수용적 태도', '내적 현상과 자신과의 분리' 등이 있다. 노래회상 치료와 관련해서는 '자각하기', '수용하기', '거리두기'를 고려하고자 한다.

첫째, 자각하기는 지금-여기에서 일어나는 사건을 직관적으로 알아차리는 행위다. 이는 특정 대상에 의도적으로 집중한 상태에서 일어나는 자신의 생각, 정서, 감정을 발견하는 것이다. 자각은 외부나 자신의 내면에 초점을 둔 주의를 '지금-여기'에 존재하는 방식과 주변환경으로 옮기는 작업이기도 하다. 자각은 주의를 '유지하는', '집중하는', '외부로부터 분리된' '있는 그대로' 등이다.[195] 자각하기를 경험하기 위해서는 신체오감에 집중해야 한다. 이를 위해 눈을 감고 호흡과 신체부분 감각, 청각 등에 주의를 기울이도록 한다. 이러한 작업은 개인의 긴장완화와 안녕감을 제공하는 것으로 알려져 있다. 개인은 부정적 정서를 자각함으로써 반사적으로 대처하기보다는 있는 그대로의 정서를 인식하게 된다. 이러한 태도는 스트레스를 감하고 부정적 마음을 통제가능하게 하여 관계와 소통의 질을 높이는 것으로 보고되었다. 이처럼 자각하기는 내적 경험의 변화를 촉진하고 행동의 변화까지 영향을 미친다.[196]

둘째, 수용하기는 받아들이려는 의지로, 현재경험을 회피하거나 억압하지 않고 그대로 받아들이는 자발적 태도를 의미한다. 수용은 경험적 회피와 반대되는 개념이라 말할 수 있다. 경험적 회피는 부정적 평가가 내려진 신체감각, 정서, 생각, 기억, 반응 등에 대해서 다시 접촉하지 않으려는 태도를 말한다. 수용하기는 경험적 회피보다 심리적 유연성이 발달한 것이다. 부정적 정서유발은 마음챙김이 실패할 때 파생된다. 회피적 성향은 단기적으로는 도움이 되기도 하지만 장기적으로 보면 왜곡된 인지를 초래하고, 이러한 과정에서 유발되는 걱정, 분노, 반추, 집착으로 인해 감정이 과도하게 소모되거나 감정에 사로잡히는 등의 문제를 낳기도 한다. 반면, 수용은 정서를 회피하거나 정서에 과도하게 밀착하는 특성에서 벗어나 정서적 균형을 회복할 수 있게 한다. 마음속에 일어난 불편함, 걱정, 고통 등과 싸우지 않고 그대로 받아들이면 불안한 감정에 필요이상의 에너지 사용을 막고, 결과적으로 정신과 마음을 건강하게 지킬 수 있다.[197]

셋째, 거리두기는 심리치료에 도입된 마음챙김의 핵심개념으로 자신의 생각과 정서, 감정을 제3자의 입장에서 관찰하는 방법이다. 여기서 '거리' 개념은 경험의 주체인 자신과 정신활동의 내용을 구분함으로써 생기는 간극을 의미한다. 거리두기의 구체적 방법으로는 자신을 정신활동에서 분리하기, 자동적 사고와 반응에서 벗어나기, 특정 순간에 생긴 자신의 생각과 느낌 그리고 경험과정을 있는 그대로 관찰하기 등이 있다. 거리두기 방법은 부정적 감정, 생각, 행동이 심화되는 악순환과 부정적 반추(rumination)를 막아준다.[198]

마음챙김기반 심리치료에서 거리두기와 관련 용어로는 탈중심화, 인지적 탈융합 등이 있다. 탈중심화는 부정적 정서경험을 촉발하는 개인의 생각, 판단, 신념 등을 주관적 판단 없이 더 넓은 관점에서 새로운 인식을 얻는 것이다.[199] 인지적 탈융합은 경험을 언어로 표현하는 과정 중에 실제경험을 축소하거나 제한하려는 경향에서 벗어나는 것이다.[200] 다시 말하면, 탈중심화는 부정적 정서경험을 자신과 동일시하려는 경향성과 부정적 정서를 분리하는 것이고 인지적 탈융합은 사고자체를 어느 정도 거리를 두고 보면서 사고와 경험을 분리하여 별개로 인식하는 것이다.[201] 이러한 방법들은 고통을 제거하거나 관리하기 위한 방법이 아니다. 오히려 유연한 방식으로 지금 여기에 존재하는 법을 배우기 위한 것이다. 사람은 자신의 생각에 약간의 거리를 두면 그 생각을 있는 그대로 볼 수 있다. 그리고 사람은 자신의 생각을 보면 생각이 자신의 세계를 어떻게 구성하는지 알 수 있을 뿐 아니라 자신이 구성의 주체임을 깨닫게 된다. 이 깨달음은 개인이 주체성을 발휘할 수 있는 여지를 더 크게 만든다.[202]

노래회상치료를 통한 주체화

주체, "나는 무엇인가?"에 대한 질문은 가장 근원적인 철학적, 신학적 질문이고, 역사 이래로 계속 진행되고 있다. "나는 무엇인가?"라는 질문은 개인이 존재한다는 사실을 바탕으로 한다. 중세유럽은 그리스, 로마 문화와 기독교의 영향으로 개인이 물리적으로 존재하는 것을 육체로, 개인이 속성으로 존재하는 것을 정신 또는 영혼으로 보았다. 인간은 신의 피조물이자 신이 구원할 대상으로 간주되었다. 17세기에 들어서 르네 데카르트(RenDescartes, 1596-1650)가 방법론적 회의 결과, "나는 생각한다. 고로 존재한다"고 존재의 물음에 답함으로써 인간을 자기경험의 주체로 규정하기 시작하였다. 19세기에 들어서자 먼저 철학에서 기독교의 탈중심화가 시도되었고 20세기 초 프로이트와 라캉 같은 정신분석가들이 이와 비슷한 작업을 하였다.[203]

프로이트의 경우, 주체는 의식적 마음과 무의식적 마음의 변증법적 상호작용을 통해서 창조되고 유지되는 동시에 그 자신으로부터 탈중심화된다는 생각에 뿌리를 둔다.[204] 라캉은 데카르트의 존재는 비현실적이고 망상에 가깝다고 하면서, "나는 생각하지 않는 곳에서 존재하고,

존재하지 않는 곳에서 생각한다"는 말로 근대를 지배한 데카르트의 명언을 전복한다.[205] 라캉은 상상의 세계인 상상계, 이미지를 언어로 구조화시킨 상징계, 상상과 상징을 벗어난 실재계를 말한다. 실재계는 표상의 구조물이다.[206] 라캉의 관점에서 보면, 데카르트가 말하는 존재는 상상의 자아에 해당한다. 그러므로 주체를 욕망하는 생명력이 부재한다. 자아의 주체가 생명력이 되려면 상징(거세 또는 현실) 세계를 거쳐 나와야한다. 생각할 수 없는(의식할 수 없는) 곳, 존재하지 않는(보이지 않는) 곳에서 자아의 주인인 주체를 만날 수 있다. 실재계의 주체는 자신의 삶 속에서 진리로 말해지는 것이고, 말해진 것이 생명이 되어 태어나는 것이다. 매순간 생명의 주체로 태어나는 것이 인간이 사는 존재 이유다. 인간이 주체를 찾고 싶은 것은 죽음을 넘어서 영원하게 살고 싶은 욕망이다. 정신분석학은 영원하게 살고 싶은 욕망의 힘이 주체라고 분석한다.[207] 인간은 영원히 살고 싶은 인간의 욕망을 종교와 예술을 통해 승화해 왔다. 프로이트는 종교를 우주적 신경증 상태라고 정의하면서, 종교는 궁극적으로 과학으로 대체되어야 한다고 주장하였다. 프로이트는 초이성적 경험을 전이성적 경험으로 환원시켜 버린 것이다. 하지만 코헛은 종교와 예술, 과학은 서로 다른 차원에 속하는 것으로 각각의 고유한 의미와 가치를 지닌다고 생각했다. 특히 종교와 영적 경험은 자기를 떠받치고 통합하며 자기를 강화시키는 역할을 한다고 보았다. 코헛에 의하면, 인간은 자연과 예술을 통해서 어머니 품의 고요함과 위대함으로 융합되었던 경험들을 다시 한다면 자기가 치유될 수 있다. 코헛은 아름다운 음악을 들으면서 이와 유사한 일종의 영적 체험이 가능하다고 보았다. 예술은 인간의 광범위한 인격과 정신구조가 함께 참여해 만든 창조물로 주체의 창조성과 상호작용한다.[208] 음악예술 중 하나인 노래 역시 주체의 창조성을 가지고 있다. 이 점이 정신분석에서의 주체화와 노래회상치료가 만나는 교차점이다.

정신분석가들이 말하는 주체개념은 모두 각기 독특한 변증법적 특성을 가지고 있다. 주체와 대상의 변증법적 요소로부터 새로운 전체가 나타난다. 그것은 즉시 그 자체로 변증법적 긴장의 새로운 원천이 된다.[209] 따라서 여기서는 변증법적인 다양한 주체를 포괄적으로 이해하기 위해 프로이트, 클라인, 위니컷, 라캉의 주체 개념을 이해하고, 그것을 기반으로 하여 노래회상치료를 통한 주체화를 논하려 한다.

1) 시그문드 프로이트의 주체

프로이트가 자기(self)와 주체(subject)라는 개념을 어떤 의미로 사용했는지 설명할 필요가 있다. 때때로 프로이트는 'Das Ich'를 경험하는 주체인 '나'를 뜻하는 말로 사용했다. 후에 Das Ich는 자아라는 말로 번역되었지만 자아라는 말은 원래 Das Ich가 가진 뜻을 잘 살리지 못했다. 엄밀하게 살피지 않으면 Das Ich가 경험의 주체라는 본래의 뜻으로 사용되었는지 아니면 정신분석학적 주체라는 새로운 개념으로 사용되었는지 알아차리기 어렵다.

프로이트 학파의 정신분석에서 주체는 중요한 개념임에도 불구하고 프로이트의 저서에서 주체 개념은 분명하게 설명되지 않았다. 프로이트가 주체의 개념과 형성과정을 모호하게 설명한 것은 주체가 기본

적으로 변증법적 성격을 갖기 때문이다. 프로이트에 따르면 주체는 의
식과 무의식의 변증법적 상호작용을 통해서 창조되고 유지되는 동시에
탈중심화된다.

변증법은 반대되는 두 요소들이 서로를 창조하고 유지하고 부정하는
과정이다. 한 요소는 다른 요소와 역동적으로 항상 변하는 관계를 맺고
있다. 이 두 요소들은 통합을 향해 나아가지만 통합은 결코 성취되지 않
는다. 왜냐하면 두 요소들의 잠재적 통합은 새로운 형태의 대립물을 창
조하기 때문이다. 새로 창조된 대립물들은 전에 존재하던 대립물들과
는 다른 성격을 갖는다. 변증법적으로 형성된 대립물은 계속 변화하며
영원히 창조와 파괴의 과정을 거치며 고정된 자기 정체성으로부터 끊
임없이 탈중심화된다. 변증법적 사고는 주체와 대상이 함께하는 과정
이다.[210]

변증법적으로 구축되고 탈중심화 되어야 한다는 정신분석학의 주체
이론을 심층적으로 살펴보기 위해 먼저 프로이트의 이론을 자세히 논
의하려 한다. 프로이트는 인간이 외식과 지성을 가진 존재라는 환상을
무너트림으로써 인간을 탈중심화시켰다. 정신분석학적 관점에서 볼
때, 인간은 더 이상 자신이 마음의 절대적 지배자라고 할 수 없다.[211] "자
아는 자신의 집주인이 아니다. 와서 이 사실에 대해 배워라. 네 마음속
에 있는 것이 네가 의식하는 것과 일치하지 않는다. 사람은 자신의 마음
안에서 일어나는 것들을 모두 알고 있다고 확신한다. 사실상, 그는 자신
의 의식적 마음에 대해서만 알고 있을 뿐이다."[212] 사고하고 느끼고 행
동하고 말하는 주체는 스스로 자신의 경험을 의식하고 있다는 자기-명
증성으로부터 탈중심화되었다. 프로이트는 "어떤 생각들은 그것이 어

디서 나왔는지 알 수 없을 뿐만 아니라 그 생각들을 털어버릴 수도 없다. 이러한 낯선 손님들(생각들)은 자아가 지배할 수 있는 생각들보다 훨씬 더 힘이 세다"고 주장했다.²¹³ 정신분석학이 생겨난 이래로, 주체는 더 이상 의식적 자각과 동일한 것으로 여겨지지 않을 뿐만 아니라 더 이상 의식하고 말하고 행동하는 자아와 동일한 것으로 여겨지지 않게 되었다.

프로이트가 의식으로부터 주체를 탈중심화한 것은 단순히 주체의 위치를 억압장벽 아래로 이동시킨 것이 아니다. 정신분석학적 주체는 지형학적 모델의 의식에서 무의식적 마음 혹은 구조모델의 이드로 이동한 것이 아니다. 오히려 프로이트는 의식과 무의식을 신체 안에 있는 공존하는 성격들로 인식해야 한다고 강조했다.²¹⁴ 의식도 무의식도 그 자체로 정신분석학적 주체를 대표하지 않는다. 프로이트에게 주체는 의식과 무의식의 관계 안에서 일어나는 현상 안에서 발견되는 것이다. 여기서 프로이트의 주체와 관련된 변증법으로 첫째, 의식과 무의식의 변증법 둘째, 존재와 부재의 변증법을 알아보려 한다.

프로이트는 결코 무의식을 진리나 영혼이 머무는 곳으로 인식하지 않았다. 그는 의식하고 말하는 주체가 주체의 전체성을 알리고 구축하려는 무의식의 요구를 잘못 인식하고 있다는 사실을 발견했다. 프로이트는 의식과 무의식이 서로 의존적이고 서로를 규정하고 부정하며 서로에게 봉사한다고 보았다. 의식과 무의식은 상대와의 관계를 떠나서 존재하지 않으며, 상대 없이는 그 어떤 개념적 또는 현상학적 의미도 지니지 못한다. 의식과 무의식은 절대적 차이를 가지고 있는 것이 아니라 공통된 목적 안에서 상대적 차이를 갖는다. 의식과 무의식은 서로 상대

의 차이를 규정하는 관계 안에서 공존한다.[215]

　무의식적 경험과 의식적 경험을 의식과 무의식 사이의 담론 안에서 창조되어지는 것으로 인식해야 한다는 프로이트의 주장은 중요하다. 경험의 의식적 성격과 무의식적 성격 사이의 담론을 통해서, 경험의 통일성이라는 환상이 창조된다.[216] 의식과 무의식의 대화라는 것은 경험을 창조하는 두 개의 공존하는 양식들이 때로는 서로 동의하며 때로는 반대의견을 내세우며 대화하는 것이라 할 수 있다. 즉, 무의식과 의식은 서로 담론이 가능하다. 또한 그 둘은 존재하기 위해 서로를 필요로 한다. 그러나 의식과 무의식 자체로는 무의식의 과정이 인식되지 못하므로 무의식의 과정이 인식되기 위해서는 둘 사이의 특별한 형태의 담론이 필요하다.[217] 무의식과 의식은 서로 공통된 공집합이 없다. 바로 그러한 점 때문에 무의식과 의식은 변증법적 담론을 형성한다.[218]

　인간은 의식적 삶과 무의식적 삶을 동시에 살지 않는다. 개인경험의 의식적 측면과 무의식적 측면이 역동적으로 상호작용하면서 구축되는 하나의 삶을 살 뿐이다. 프로이트가 주장한 구조모델은 지형학적 모델(무의식, 전의식, 의식)을 대체하는 것이 아니라 지형학적 모델을 바탕으로 구축된 변증법적 시스템이다. 그래서 구조모델은 각각 변증법적으로 서로를 규정하는 것을 통해 이해될 수 있다. 지형학적 모델에서 주체가 의식과 동일한 것으로 취급되지 않듯이 구조모델에서 주체는 더 이상 자아와 동일한 것으로 취급되지 않는다. 구조모델에서 주체는 변증법적으로 구축된 경험의 단일성이라는 입체적 환상 안에 존재한다. 이러한 환상은 이드, 자아, 초자아의 담론이 부정되고 유지되는 과정에서 구축된다.

주체의 존재와 부재의 변증법을 살펴보면, 존재는 존재하지 않는 것과 대립 속에서 자신을 규정한다. 그런 식으로 자신 안에 부족한 것이 무엇인지를 넌지시 알려준다. 부재한 것은 항상 현존하는 것 안에서 결핍된 요소로서 존재한다. 프로이트는 자신의 논문 "부정"(negation)에서 억압된 이미지나 생각의 내용은 반증의 형태로 의식화될 수 있는 길을 찾는다고 한다. 부정한다는 것은 억압된 것을 인식하는 방식이다. 부정은 억압된 것을 수용한다는 뜻은 아니지만 억압을 들어올린다(aufhebung)는 의미를 갖는다. 그렇기 때문에, 부정을 통해서 비록 억압된 것은 수용되지 않지만, 억압은 해제된다. 의미를 승인하고 부정하는 변증법은 의식과 무의식의 동시적 형태 속에서 하나의 현상으로 드러난다. 억압된 것을 수용하지 않지만 억압을 들어올린다는 말은 존재하지 않는 형태로 자신의 존재를 드러낸다는 의미를 담고 있다. 달리 말하면, 내가 아닌 것을 통해서 자신을 규정하는 것이다.

프로이트는 의식 또는 무의식이라는 마음의 구조 안에 주체가 위치하는 특권적 자리가 없다고 한다. 다만 주체는 심리적 행위들에 의해서 구축된다는 것이다. 이러한 심리적 행위들은 의식적 성격을 갖기도 하고 의식이 부재한 성격을 갖기도 한다. 이 둘의 성격들은 각각 서로를 반영한다. 동시에 각각은 다른 것에 의해 부정된다. 의식이 되려는 모든 시도는 무의식에 의해서 방해를 받는다. 그럼에도 불구하고 의식은 무의식과 함께 공동암묵(co-implicit)하거나 공동의도(co-intended)를 갖는다.

위에서 논의한 프로이트의 주체에 관한 내용을 요약해보면, 주체가 구축되는 과정에 대한 그의 이론은 기본적으로 변증법적이다. 프로이트는 의식과 무의식의 변증법적 상호작용을 통해서 주체가 창조되고 유지되고 동시에 탈중심화 된다고 보았다. 정신분석에서 말하는 주체 개념은 주체 안에서 의식과 무의식 그 어떤 것도 특권적 위치를 가지지 않는다. 의식과 무의식은 서로를 창조하고 유지하며 부정하는 관계 안에서 공존할 뿐이다. 부재 속의 존재, 존재 속의 부재의 원리는 주체의 의식적 차원과 무의식적 차원의 변증법적 움직임에 대한 설명을 제공한다.[222]

2) 멜라니 클라인의 주체

주체에 대한 클라인의 공헌을 살펴보면, 첫째, 편집-분열자리, 우울자리에서 '자리'라는 그녀의 개념을 보아도 알 수 있듯이, 그녀는 심리구조와 심리발달에 대한 변증법적 개념을 세웠다. 둘째, 그녀는 심리공간에서 주체가 변증법적으로 탈중심화되는 것에 대해 설명했다. 셋째, 투사적 동일시라는 개념을 통해서 은연중에 상호주체성의 변증법이라는 개념을 제시했다. 클라인의 이론적 관심은 주체의 성격이 무엇인가에 있지 않았다. 그녀의 저서들을 해석하는 과정에서 우리는 그녀가 어떠한 관점에서 주체에 대한 정신분석학적 개념을 발달시켰는지 잘 이해할 수 있다.[223]

클라인의 이론을 좀 더 자세히 살펴보면, 클라인의 자리 개념은 발달단계, 발달국면이라는 개념과 다르다. 발달단계는 한 단계가 끝나면 다음 단계가 시작되고 전단계는 다음 단계에 통합되어 넘어가는 선형적 성격을 갖는다. 그러나 클라인의 자리 개념은 개인의 심리적 성숙을 위해 거쳐야하는 발달적 시기를 의미하지 않는다. 그녀는 자신이 자리개념을 선택한 이유에 대해서 편집-분열자리와 우울자리가 인생 가장 초기 발달단계들에서 일어나지만 두 자리의 불안들과 방어들은 인생의 초기 단계에서만 나타나는 것이 아니기 때문이라고 설명했다.[224] 자리들의 경우, 순차적으로 하나가 끝나면 다른 하나가 시작되지 않는다. 오히려 각각의 자리는 다른 자리와 변증법적 관계 안에서 공존한다.[225] 의식적 마음이라는 것이 무의식적 마음이라는 개념과 관계없이는 그 어떤 의미도 갖지 못하는 것처럼, 클라인의 자리들도 상대와 관계없이는 그 어떤 의미도 가지지 못한다. 클라인에게 주체란 특정한 자리 혹은 특정한 자리들의 층위에서 존재하는 것이 아니라 자리들 사이의 변증법적 긴장 안에서 존재한다.[226]

　클라인의 편집-분열자리와 우울자리의 경험은 서로가 변증법적 축이 되어 상대를 창조하고 부정하고 유지하는 존재방식이다. 각각의 자리는 그와 관련된 특별한 종류의 불안, 방어와 대상관계 형태, 상징화 양식과 주체를 갖는다. 클라인 학파의 관점에서 볼 때, 편집-분열자리와 우울자리는 주체를 구축하는 변증법적 과정의 두 축이라고 할 수 있다. 편집-분열자리에서는 우울자리와 달리 내가 존재한다는 느낌과 내가 경험하는 감각들을 중재해주는 해석하는 주체가 존재하지 않는다. 편집-분열자리는 부분대상들과 관계를 가지고 극단적 방어양식을 사용한다. 또한 경험을 조직할 때, 분열, 이상화, 부정, 투사적 동일시와 전능 사고를 사용한다. 우울자리는 자신과 자신의 삶에서 경험하는 감각정보들 사이를 중재하고 해석하는 나(I-ness)로 존재하며 역사 안에서 뿌리를 둔 자기감(sense of self)을 갖고 있다. 시간이 흐르거나 감정이 달라져도 이러한 자기감은 계속 유지된다. 우울자리에서는 다른 사람을 자신과 분리된 주체로, 다시 말해 전체대상으로 경험한다. 우울자리에서는 타자에게 해를 끼친 손상 죄의식을 갖고 마법적이지 않은 방식으로 보상하려 한다. 우울자리에서 일어나는 방어는 성숙한 억압과 동일시로 개인으로 하여금 상당한 시간 동안 심리적 고통을 견디게 해준다. 강조하면, 우울자리 양식은 다양한 상징적 의미를 부여하는 질적 경험을 창조한다.[227]

무의식은 시간에 영향을 받지 않는다는 프로이트의 견해와 클라인학파의 주체의 구조와 발달에 대한 변증법적 접근은 일맥상통한다. 경험의 무의식적 차원은 시간이 존재하지 않는다는 프로이트의 개념에 따르면, 개인은 두 가지 종류의 시간양식, 통시적 시간과 공시적 시간을 동시에 산다. 각각의 시간 양식은 의식과 전의식, 그리고 무의식에서 나름 타당성을 갖는다. 무의식에는 시간이 존재하지 않는다는 견해는 자폐-집촉자리, 편집-분열자리, 우울사리가 인생의 모든 시기 동안 동시에 존재할 수 있다는 해석을 가능케 한다. 따라서 우울자리가 다른 축의 자리 문제를 극복한 증거로 여겨서는 안 된다는 결론에 이른다.[228] 이처럼 두 자리 축의 선형적이지 않고 변증법적 특성은 인간발달이 단계를 거쳐 순차적으로 거친다는 믿음을 깨버렸다. 포크너의 말처럼 과거는 죽지도 않고 심지어 지나가지도 않는다는 의미다. 우울자리 역시 아무리 역사성과 상징을 창조하고 해석하는 능력에도 불구하고, 프로이트 이론에서 의식이나 자아에 주체가 머무는 곳이 아닌 것처럼 우울자리는 더 이상 주체가 머무는 곳이 아니다.[229]

클라인 학파에게 주체는 자기 자신으로부터 탈중심화된다. 수많은 자아와 내적 대상의 요소들 중 어느 것도 시간과 장소에 상관없이 주체로 여겨질 만한 것이 없기 때문이다. 판타지화된 다수의 내적 대상관계들에 의해서 주체가 구축된다는 이러한 개념은 주체는 의식과 무의식 모두에 흩어져있다는 프로이트의 이론을 좀 더 정교화한다. 다시 말해, 클라인 학파에서 주체는 판타지화된 내적 대상관계들의 전 영역에 분산되어 있다. 또한 클라인 학파의 주체는 그것을 구축하는 판타지화된 내적 대상관계들로 분산될 뿐만 아니라 분열과정은 그 자체로 주체가 분산되고 수렴되며, 파편화되고 분산되고, 끊어졌다 연결되는 변증법의 일부라고 할 수 있다. 이러한 변증법은 한 개인 안에서 일어나기도 하고 대상과의 관계 속에서 일어나기도 한다.[730]

3) 도널드 위니컷의 주체

위니컷은 아동발달을 아이가 절대적 의존을 시작으로 상대적 의존을 거쳐 독립을 향해 가는 과정으로 이해했다. 이 독립은 절대적이지 않고 개인적인 자발성을 크게 희생시키지 않으면서 사회적 감각을 가진 상호의존을 의미한다. 건강한 개인은 고립되지 않고 타자나 환경에 상호의존하는 방식으로 살아간다.[731] 이를 좀 더 구체적으로 살펴보면, 위니컷의 아동발달은 이드, 자아(ego), 자기(self)의 개념을 중심으로 발전하였다. 그는 유아의 초기 본능이 건강한 경우 자아를 지원하고, 자아는 본능을 지배하며, 본능-만족은 자아-지원자가 된다고 말했다. 위니컷은 생애 초기 유아의 인격상태인 자아(ego)가 촉진하는 환경과 유아의 타고난 잠재력을 통해 자아(ego)상태에서 자기(self)를 가진 독립적 존재로 옮겨가고, 점차 자기를 경험하는 존재로 발달한다고 말한다.[232] 위니컷의 주체는 자기를 경험한 존재로 독립을 향한 여정을 지속한다. 독립 여정에서 가장 중요한 것은 전능경험이 지속되는 것이 아니라 창조할 수 있는 능력이 지속되는 것이다. 자기의 발달과 성숙은 삶에서 창조성을 방해하는 것들로부터 얼마나 독립되어 있는가에 달렸다. 이는 라캉의 주체화와 상응한다고 볼 수 있다. 독립 여정이 실패할 때 나타나는 거짓 자기의 특성 중 하나가 순응이다. 순응은 라캉이 말한 타자의 욕망을 욕망하며 살아가는 거울단계의 자아의 특성으로 볼 수 있다.

위니컷의 주체개념은 처음부터 개인 심리와는 다른 것이다. 유아와 어머니 사이의 공간에서 주체가 창조된다는 위니컷의 개념은 하나됨과 분리됨, 내면세계와 외부세계라는 여러 가지 형태의 변증법적 긴장과 연결되어 있다. 이러한 변증법적 긴장을 통해서 주체는 구축되는 동시에 탈중심화된다. 이를 자세히 살펴보면 첫째, 일차적 모성몰두 안에서 유아가 어머니와 하나되고 분리되는 변증법, 둘째, 반영해주는 (mirroring) 어머니 역할 안에서 유아가 승인되고 부정되는 변증법, 셋째, 중간대상 관계에서 대상이 창조되고 발견되는 변증법, 넷째, 유아가 대상을 사용하는 과정에서 어머니를 창조적으로 파괴하는 변증법, 이러한 각각의 변증법은 주체성과 상호주체성의 상호의존성에 대한 다양한 측면들을 보여준다.[233]

- 일차적 모성몰두 안에서 하나됨과 분리됨의 변증법

위니컷은 모아관계를 설명하면서 일차적 모성몰두(primary maternal preoccupation)에 대해서 언급했다. 일차적 모성몰두는 거의 병적일 정도(almost an illness)로 어머니가 유아와 동일시하는 것을 말한다.[234] 어머니는 유아의 욕구를 자신의 욕구로 경험함으로써 자신의 주체성을 유아의 주체성에 양보하는 심리과정에 참여한다. 동시에 어머니는 유아의 경험을 해석해 주는 역할을 담당하기에 충분한 독립적 주체성을 유지한다. 일차적 모성몰두 안에 잠재되어 있는 상호주체성은 하나됨(oneness)과 둘됨(twoness)의 변증법의 초기 형태를 띠고 있다. 이때 어머니는 아이에게 보이지 않게 현존한다. 다시 말하면, 유아는 어머니가 보이지 않아도 어머니의 현존을 느낄 수 있다. 이러한 관계형태를 통해서 "계속되는 존재(going on being)" 상태가 창조된다. 위니컷은 계속되는 존재라는 용어를 통해서 모아관계의 하나됨과 분리됨이 동시에 일어나는 역설적 경험에 대해서 설명하고 있다.[235]

- 반영하는 주체로서 나(I)와 대상으로서의 나(Me)

유아가 반영해주는 어머니와 맺는 관계경험은 이차적 형태의 변증법적 긴장을 낳는다. 이러한 형태의 변증법적 긴장은 어머니와 유아의 공간 안에서 주체가 태어나는 데 꼭 필요하다. 위니컷이 말하길, 유아가 어머니 얼굴을 볼 때, 유아는 어머니 얼굴에서 자신의 얼굴을 보는 것이고, 어머니는 유아에게서 자신의 모습을 보는 것이라고 했다.[236]

위니컷에 따르면 어머니가 일차적 모성몰두 상태에 있을 때, 유아를 반영해 주는 어머니 역할은 일단 서로의 동일성을 확인하는 것이다. 위니컷은 그것을 어머니가 더 이상 독립적 대상으로 존재하지 않고 자기애적으로 확장된 아이의 일부로서 봉사한다고 표현했다. 반영해 주기는 서로가 상대적으로 동일하고 동시에 다른 관계라는 것을 가르쳐 준다. 어머니가 유아를 반영해 줄 때, 유아는 자기 자신을 타자로 볼 수 있게 된다. 다시 말하면, 유아는 자기 자신을 관찰하고 경험하는 자기, 주체로부터 거리를 둘 수 있게 된다. 반영해 주는 타자, 어머니 안에서 자기 자신 밖에서 자신을 보는 경험을 통해서 유아는 차이를 자각하게 된다. 그 차이는 나와 나 아닌 것의 차이가 아니라 경험의 주체인 나와 경험대상인 나의 차이로 보는 것이 더 적절해 보인다. 유아가 어머니의 반영해 주기 안에서 자기 자신을 타자로 관찰할 때, 자기를 의식할 수 있는 잠재력이 발휘된다. 다시 말해, 어머니는 반영하는 역할을 통해 유아에게 제3의 영역을 제공한다. 이 공간은 유아에게 관찰하는 주체와 관찰대상이 되는 주체 사이에 반영적 거리를 제공함으로써, 유아가 이 둘을 구별할 수 있도록 만든다.[237]

주체로서의 나는 내(I)가 존재하지만 그것이 경험대상인 나(me)와 다를 때만 경험될 수 있다. 주체로서의 나를 경험하기 위해서는 대상으로서의 나의 존재가 필요하다. 만약 대상으로서 나의 존재가 없다면 주체로서의 나의 존재는 형태를 갖지 못한다. 대상으로서의 나(me) 역시 자기를 관찰하는 주체로서의 나를 필요로 한다. 결국 주체로서의 나와 대상으로서의 나(me)는 서로 상대가 없으면 의미를 갖지 못한다. 한쪽에 대한 정의가 명확할 때만 다른 쪽의 정의 역시 명확해진다. 주체로서의 나와 대상으로서의 나는 완전히 서로에게 의존한다. 더 나아가, 유아는 어머니 없이는 주체로서의 나와 대상으로서의 나를 형성하지 못한다. 유아는 주체가 되어 타자로서 자신을 볼 수 있기 위해서 반영해 주는 어머니와의 관계가 필요하다. 이런 식으로, 주체로서 나와 대상으로서의 나라는 변증법적 축 사이에 반영적 거리가 창조된다.[238]

- 중간대상 관계 : 대상창조와 대상발견의 변증법

주체에 대한 이론 중 위니컷의 가장 큰 공헌으로 평가받고 있는 것이 중간대상에 대한 관념이다. 위니컷이 말하길, 유아는 대상을 창조한 것처럼 여기는 동시에 대상을 발견한 것처럼 경험한다. 그러나 그 대상이 창조된 것이냐 발견된 것이냐의 의문은 일어나지 않는다. 중간대상은 유아의 내적 세계가 확장된 것인 동시에 유아 밖에 있는 손으로 만질 수 있고 부정할 수 없는 독립적 존재다. 다시 말해, 중간대상은 주관적인 동시에 유아 내적인 것이 아닌 첫 번째 소유물이다. 중간대상의 본질적 모습은 역설 안에서만 드러나며 그러한 역설을 수용할 때만 이해된다. 아기는 중간대상을 창조한다. 하지만 중간대상은 그곳에서 창조되기만을 기다리지 않는다.[239]

중간현상은 어머니와 유아 사이에 있는 공간에서 창조되고, 이 공간에서 아기와 대상 사이에 존재한다. 그것은 어머니와 유아를 연결시켜 주는 동시에 분리시키는 공간이다. 어머니와 유아의 관계 안에서 일어나는 중간대상 경험은 일차적 모성몰두와 어머니의 반영해주는 관계에서 진화되어 나온 것이다. 중간대상 관계는 무엇보다 유아가 자신 밖에 있는 현실세계가 자신의 뜻대로 바꿀 수 없는 타자성을 지닌다는 것을 확실히 직면했다는 의미가 된다. 그러나 동시에 여전히 중간대상은 유아의 창조물이며 유아의 내면세계의 반영물이다.[240]

대상관계 안에는 내부세계와 외부세계의 변증법적 긴장이 존재하기 때문에, 변증법적 양축에 완전히 참여하면서 나와 내가 아닌 것 사이 그리고 현실과 판타지 사이의 또 다른 제3의 경험 영역이 형성된다. 변증법적 양 축이 형성한 제3의 영역 안에서 상징이 창조되고 상상력이라는 심리활동이 생겨난다. 만약 어머니가 이러한 역할을 수행하지 못하면, 유아는 장래에 주체로서 살아갈 수 있는 조건을 갖추지 못하게 된다. 유아는 어머니의 존재가 유아의 확장된 일부로 경험되는 동시에 자신과는 다른 타자로 경험되는 특별한 형태의 상호주관적 경험을 필요로 한다. 유아는 이러한 상호주체성을 경험한 후에야 혼자 있을 수 있는 능력을 발달시킬 수 있다.[241]

현재 주체에 대한 정신분석이론은 점점 더 주체성과 상호주체성에 상호 의존하는 이론이 되어가고 있다. 주체는 혼자서는 창조되지 않는다. 주체성이 발달하기 위해서는 특별한 형태의 상호주체성의 경험이 필요하다. 처음부터 주체성과 개인의 마음이 동시에 시작되지 않는다. 신생아는 어머니와 결합된 상태에서 주체성을 형성한다는 것이다. 신생아는 비록 경험하는 나, 주체를 가졌지만 타자(어머니)와 분리된 독립적 마음을 가질 수 없다는 뜻이다. 어머니와 아이 사이의 공간에 있는 주체는 투사적 동일시, 일차적 모성몰두, 반영해주는 관계, 중간대상관계, 대상사용과 연민의 경험과 같은 여러 상호주관적 사건을 경험하게 된다. 유아에게 상호주관적 공간을 확보하는 것은 주체를 구축하고 심리적 변증법이라는 정신역량을 생성하는데 결정적 요인이 된다.[242]

4) 자크 라캉의 주체

　주체(subject)라는 용어는 라캉의 저술에서 아주 초기부터 등장해서 1945년부터는 라캉의 정신분석이론에서 중심을 차지한다. 제2차 세계대전 이전에 쓰여진 라캉의 논문에서 주체는 단지 인간(human being) 또는 피분석가를 지칭하기 위해 쓰이기도 한다. 라캉은 1945년 이후로 주체를 다음 3가지 의미로 구분하여 사용한다. 첫째는 비인격적 주체로서 타자로부터 독립적이고 순수의식적 주체(noetic subject)다. 둘째는 익명적이고 상호적인 주체로서 다른 어떤 타자에 대해서도 완전하게 동등하고, 대체될 수 있고, 스스로를 타자와 동등하게 인식하는 그런 주체다. 셋째는 개인적 주체로서 그 특이성은 자기 확인적 행위로 구성되어 있는 주체다. 라캉의 저술의 초점은 언제나 이 세 번째 유형의 주체에 맞춰져 있다.[243]

　라캉의 이론에서 자아가 상상계에 속한다면, 주체는 상징계에 속한다. 자아가 상상적 동일시를 통해 구성되는 반면, 주체는 시니피앙(기표)에 의해 존재가 대체되고 상징계에서 구조화됨으로써 구성된다. 라캉은 주체의 본질이 '말하는 주체'이며 또한 '무의식의 주체'이자 '욕망하는 주체'다.[244] 라캉에 의하면, 인간의 주체는 태어날 때부터 이미 선천적으로 존재하는 것이 아니라 삶의 과정을 통해서 형성되는 후천적 구성물이다. 그 구성물의 형성은 상상계 또는 거울단계로부터 시작한다. 거울단계는 프로이트의 자기애 단계를 재구성한 것으로 유아가 자아라는 의식을 어떻게 갖게 되는가에 대한 이론이다. 유아가 태어날 때, 유아는 감각과 지각의 덩어리, 육체와 욕망의 집합체일 뿐이다. 그에게는 자아라는 통일된 의식이 존재하지 않는다. 그러던 유아가 6개월에서 18개월 사이 부모의 눈과 눈에 비친 이미지, 타자에 의해서 인정되는 이미지를 통하여 비로소 자아라는 의식을 갖기 시작한다. 라캉은 부모가 아이에게 "그래 아가야, 그게 바로 너야!(Yes, it's you!)"라는 식으로, 부모가 인정하고 승인하는 경우에만 자아에 대한 중요성을 갖는다고 하였다. 타자에 의해 승인된 나는 내가 동일시해야 할 나, 추구해야 할 이상적 자아가 된다. 요약하자면, 자아는 본질상 타자라는 거울을 매개로, 타자를 중심으로 형성되는 것이요, 거울이라는 타자에 투영된 이미지를 자아로 '오인(misrecognition or mconnaissance)'하는 '상상적 동일시'에 의해서 발생한다. 결국 자아는 환영적 이미지에 근거한 것이며, 자아는 이미 소외되어 있는 타자일 뿐이다. 결국 상상계는 상상적 이미지의 매력에 의해 오인과 속임수를 낳는다. 그것이 바로 상상계의 대표적 특징이다.[245]

상상계는 유아기 이후에 사라지는가? 그렇지 않다. 상상계는 계속 진행된다. 언어를 습득하면서 발달되는 상징계마저도 상상계라는 구조적 장애물을 통과하지 않을 수 없다. 비록 상상계적 자아가 이미지들의 효과 또는 이미지와의 동일시로부터 발생하는 소외와 오인의 자아라 할지라도 인간은 그것을 벗어버릴 수 없다. 흥미로운 것은 타자는 자아 정체성의 보증인이기도 하고 자아의 경쟁자가 되기도 한다는 사실이다. 프로이트는 선망의 대상에 대한 애증의 양가감정을 말했는데, 자아가 동일시하기를 원하는 타자는 나의 선망인 동시에 또한 나를 소외시키는 존재가 되기도 한다. 선망하는 타자의 눈으로 볼 때, 나는 미완성의 존재요, 소외된 존재며 불안전한 존재이기 때문이다.[246]

상상계는 나와 타자라는 동등한 대상 사이의 수평적 관계다. 상상계의 자아는 타자와의 상상적 동일시에 의해서 정체성을 부여받기 때문에, 안정적이고 지속적 정체성을 가질 수 없다. 그것은 언어적 재현의 장, 상징계에서나 가능한 일이다. 라캉의 상징계는 프로이트의 오이디푸스 콤플렉스의 단계에 해당한다.[247] 상상계의 유아는 타자의 눈에 비친 이미지를 자신의 것으로 수용하는 상상적 동일시에 의해서 자아라는 의식을 갖게 된다. 유아는 자기 욕망의 주체가 되지 못하고 어머니의 욕망에 의존하면서 어머니의 욕망을 충족시켜 주는 존재(상상적 남근)가 되려고 한다. 그러나 그러한 욕망은 성취될 수 없는데, 아버지가 유아와 어머니의 결속을 분리시키고 새로운 질서를 부여하기 때문이다. 유아가 상징계의 질서를 대표하는 아버지의 질서에 동일시할 때, 자신이 어머니로부터 분리되어 아버지의 법에 동화될 때, 오이디푸스 콤플렉스는 해소되고 주체가 탄생하기 시작한다.[248]

'아버지의 이름(le nom du pre)', '아버지의 금지(le non du pre)'로 대표되는 상징계는 수평적 상상계와 달리, 주체와 대타자, 지배자와 피지배자 사이의 수직적 관계로 나타난다. 아버지의 이름으로 표현되는 금지의 질서는 언어를 통해서 전달되고, 언어를 통해서 표현된다. 오이디푸스 시기가 상상적 세계에서 상징적 세계로 진입하는 것이라 간주할 때, 그것은 실상 언어적 세계로 진입하는 것이라고 볼 수 있다. 라캉이 무의식은 언어처럼 구성되어 있다고 하였듯이, 상징계의 비밀은 언어를 중심으로 한 세계를 해독하는 것이라고 표현할 수 있다. 그렇다면 여기서 언어의 본질을 이해할 필요가 있다. 헤겔이 말했듯이 언어란 사물을 죽이고 그 위에 존재하는 것이다. 즉, 언어는 사물이 아니라 사물을 가

리키는 기호일 뿐이다. 따라서 언어를 사용하는 상징계의 주체는 원칙상 사물로부터 소외된 존재다.[249]

라캉은 기의보다 기표의 우위성을 강조하면서 특별히 기의와 기표 사이에는 넘을 수 없는 단절된 장벽이 존재한다고 주장했다. 라캉에게 기의는 기표들이 연쇄적으로 조합되면서 발생하는 결과일 뿐이다. 재료 자체로는 아직 요리가 아니듯이 기표 자체가 의미는 아니다. 기표들의 결합 방식에 따라 의미가 발생하기 때문에 의미는 항구적인 것이 아니라 가변적이다. 이를 라캉은 기의는 언제나 기표 밑으로 미끄러져 들어간다고 말한다. 기표의 미끄러지는 연쇄를 통해 드러나는 결과가 의미고 그 의미를 통해 탄생하는 것이 주체다. 따라서 주체는 기표의 결과이지 원인이 아니다. 라캉의 상징계는 언어, 즉 기표가 그 기반이다. 인간이 상징계에 진입하는 것은 언어를 통해 전승되는 법과 질서를 내면화하는 것을 넘어서, 보다 근본적으로 사물의 살해 위에 기반하고 있는 언어 자체의 구조와 체계를 내면화하는 것이고 언어에 의해 말하고 언어에 의해 사유한다는 것을 의미한다. 주체가 언어의 주인이 아니라 언어가 주체의 주인이라는 말이다. 따라서 언어는 주체의 운명을 결정하는 대타자다. 언어가 있기에 상상계를 말할 수 있고, 사유를 말할 수 있으며 인간의 인간됨을 말할 수 있다. 이것이 언어에 기반을 둔 상징계가 매우 중요한 이유다.[250]

상징계는 실재의 세계가 아니라 기표의 세계를 통해서 실재계를 감싸고 의미화하고 있는 세계다. 하지만 상징계는 실재계를 감싸는 데 구조적 한계가 있다. 아무리 기표로 큰 원을 그릴지라도 그 원의 밖은 존재하기 때문이다. 실재계는 상징계로 완전히 감쌀 수 없고 언제나 여분으로 남아있는 세계다. 다시 말하면, 실재계는 상징화를 저항하는 것, 상징화할 수 없는 것, 상징계에 대해서 불가능성으로 존재하는 것, 상징계의 실패, 상징계의 균열과 틈을 가리킨다고 말할 수 있다. 예를 들자면, 트라우마는 언어로 완전히 표현될 수 없는 실재 세계, 상징계로 완전히 흡수될 수 없는 여분이 있기 때문에, 그 여분이 반복적으로 아픔과 고통을 일으키면서 나타나는 실재계의 침투증상이다. 실재계는 아무리 언어를 통하여 상징화하려해도 이에 저항하면서 나머지로 존재하는 것, X라고 부를 수 있는 초과분이요, 또는 물(Ding)이고 부를 수 있는 형용불가능성의 존재다. 상징계는 실재계를 완전히 감쌀 수 없기 때문에, 의미의 그물망은 언제나 찢어질 수 있는 구조적 조건을 갖고 있다. 상징계의 그물망이 찢어질 때, 찢어진 틈으로 드러나는 실재계의 X를 자신 안으로 흡수하기 위해서는, 끝없는 재상징화나 재의미화의 과정을 필요로 한다.[251]

정리하면, 라캉에게 주체란 말과 언어에 대한 복종, 다시 말해 상징계 혹은 상징적 질서에 의해 구성된다. 언어에 대한 이러한 복종은 무의식적이고 언어의 규범적 축인 은유축과 환유축에 따라 배열된 기입에 의해 지지된다. 주체는 그곳에 자신의 진실을 내보인다. 이런 의미에서 주체는 텍스트 같은 것이다. 그래서 그는 자신을 시인이 아니라 한 편의 시라고 말하며 그 시가 주체고, 주체는 쓰여지고 있는 시라고 말했다.[252] 라캉에게 주체는 자신의 생각과 행동의 주인으로서 사람이나 개인을 가리키지 않는다. 특히 임상에서 주체는 통일된 주체가 아니라 정신분석 경험에서 출현하는 그 무엇 같은 주체다. 주체는 완전하지 않고 분열되어 있고 불완전하게 나타나는 그 무엇이다. 라캉은 주체가 자신의 욕망을 자신이 원하지 않는 것으로 간주해 자신을 방어하기 위해 그 욕망을 곧잘 자아에게 전이하지만, 역설적으로 이 행동은 언제나 실패하게 된다고 말한다. 이런 점에서 주체는 불완전하고 변화한다. 그러함에도 라캉은 주체가 없이는 정신분석이 불가능하다고 주장했다. 왜냐하면 주체는 자기 자신의 구조, 다시 말해 자기 자신의 욕망에 대한 책임을 떠맡기 때문이다. 그래서 주체는 절대적으로 필요하다. 이것은 주체의 윤리이기도 하다.[253]

이상에서 살펴본 것처럼, 주체이론에 대한 정신분석학의 가장 큰 공헌은 주체는 의식과 무의식의 상호관계 안에서 형성되는 것뿐만 아니라 자기와 타자의 상호관계에서도 형성된다고 주장한 것이다. 의식과 무의식의 상호관계 그리고 자기와 타자와의 상호관계 과정에서 생겨나는 주체는 영원히 고정된 자기 등가성(self-equivalence)으로부터 탈중심화된다. 그 말은 주체는 영원히 한 상태에 존재하는 것이 아니라 그 자신을 창조적으로 부정하는 과정을 통해 항상 전과 다른 존재로 되어가는(becoming) 존재라는 의미다.[254]

본 장에서는 노래회상치료에서의 정신화와 주체화를 여러 학자들의 이론을 통해 살펴보았다. 이를 바탕으로 다음 장에서는 임상사례를 통해 정신화와 주체화 현상이 어떻게 표상되는지 고찰하고자 한다.

Chapter 3

노래회상치료를 통한 사례분석

노래회상치료는 내담자가 노래와 가사 그리고 상담사를 만나 정신분석적 노래회상치료의 원리와 방법에 기초한 적용을 통해 노래회상치료의 의미를 찾는 실제적 과정이다. 이 장에서는 정신분석적 노래회상치료 사례를 소개함으로써 임상적 적용가능성을 확인하려 한다.

필자는 내담자들에게 본 임상의 목적과 노래회상치료의 원리와 방법을 소개하고 연구참여 동의서를 받았으며 치료적 개입을 위한 만남을 가졌다. 임상을 시작하기 전 윤리적 고려를 위해 다시 한번 내담자들에게 본 연구참여는 처음부터 종결까지 자발적인 것임을 설명하고 언제든 참여를 철회하거나 중단할 수 있음을 안내하였다. 또한 사생활보호를 위해 연구내용은 연구목적 이외의 다른 목적으로 사용되지 않을 것이고 이름표기는 내담자 A, B, C로 익명표기할 것이며 면접내용은 개인적 특성이 드러나지 않도록 각색할 것을 공지하였다.[255]

본 연구에서는 노래회상치료 방법으로 음악감상과 노래토론(song discussion)이 주로 사용되었다. 음악감상은 주로 노래와 MI(music imagery)로 다루어졌다. 이 기법은 무의식에 접근하는데 효과적이다. 음악감상에서는 심신의 이완, 내면의 감정, 그리고 의식과의 만남을 시도하면서 일정부분의 음악을 감상한 후 떠오르는 이미지나 감정, 또는 연상에서 얻을 수 있는 심미적 반응을 다뤘다. 감상 후에는 떠오른 심상을 가지고 언어작업을 진행하였다. 내담자들은 언어작업을 통해서 심상에 나타난 상징에 관해서 상담자와 이야기할 수 있었다. 감상 중에 일어난 내담자의 음악경험을 통해 내담자는 자신의 내면세계를 보게 되고 내면세계와의 관계를 발전시켰다.[256]

노래토론은 상담사가 준비한 노래를 감상하고 개인의 생각이나 느낌을 상담사와 함께 나누는 방법으로 진행되었다. 노래는 우선 내담자의 문제와 관련된 주제의 대중가요 중에서 30대~60대 내담자들의 개인의 음악적 선호도와 사회문화적 배경을 고려하여 선별된 노래를 사용하였다. 여기서 노랫말의 분석은 심리치료에 핵심활동으로, 가사 속의 은유, 상징 등을 통해서 내담자 자신의 무의식 내면을 투사시키거나 동일시하여 인식하지 못했거나 회피했던 감정, 욕구, 생각 등을 명료화하는 치료작업을 수행하였다.

사례분석

"저는 사랑하는 막내 동생을 몇 달 전에 하늘나라로 떠나보내고 큰 슬픔에 빠져 외부와 차단하고 지내고 있었어요. 우연히 오래전부터 좋아했던 피아니스트가 연주회를 한다는 소식을 듣고 겨우겨우 그 연주회를 보러 갔었죠. 연주회장에 들어서자 무대에 있는 오케스트라의 악기 중 큰 북이 눈에 들어왔어요. 잠시 후 연주가 시작되고 그 큰 북이 "쿵"하는 순간 저의 심장이 멎는 듯하더니 두 눈에서 눈물이 주르륵 흘렸어요. 눈물샘이 터진 듯이 흘렸고 한 번 터진 눈물은 멈출 기미가 없었어요. 연주회 마칠 때까지 눈물이 났어요. 그 연주회에서의 경험으로 인해서 제 마음에 새로운 공간이 생기게 된 것 같고 그 힘으로 동생의 죽음에 매몰되었던 제 시선을 밖으로 돌릴 수 있게 된 거 같아요. 제가 오늘 이 상담자리에 올 수 있었던 것도 그 덕분이죠."

1) 그때 우리 부모는 많이 아팠어요.

　유아는 어느 시점에 자신의 안전과 평안을 좌우하는 절대적 존재가 엄마임을 지각하게 된다. 이에 따라 유아는 엄마의 정서상태를 파악하는데 유난히 민감하다. 양육자가 평안하면 자신도 평안하고 양육자가 불안하면 유아도 불안해진다. 유아는 자신의 안전을 위해 대상의 심리상태를 흡수해 상대와 같은 상태가 되려고 하는 능력은 자라면서 더욱 발달하게 된다. 유아는 여러 가지를 좌우할 수 있는 자신의 대상을 동경하면서 절대적 보호자 환상에 고착된다. 유아는 성인이 되어서도 힘 있는 대상과 동일시하거나 융합하려 든다. 그는 무의식적으로 힘이 있는 대상의 눈치를 살피고 따스한 보살핌을 그리워하면서도 버림받고 상처받았던 유년시절의 외상 때문에 유아성 인격에 머물곤 한다. 유아성 인격은 영원히 보호받고 융합된 완벽한 사랑을 갈구하는 특성을 보인다. 어린 시절 사랑이 잠시 충족되었다가 상실되었거나, 아예 사랑을 받지 못한 경우, 양육자가 자신을 버릴까봐 또는 양육자가 싫어 질끼봐 사랑을 달라고 표현조차 하지 못한 경우에 생애 초기 양육자에게 융합되지 못했던 근원적 결핍감과 불안을 갖게 된다. 개인은 이 결핍감과 불안을 해소할 요량으로 어떤 대상과의 완전한 융합을 갈망한다. 융합은 수많은 유형으로 나타나는데 그것이 어떤 유형의 융합이든 초점은 가치 있는 대상과의 충만한 융합이다.[257]
　인간의 마음에는 누구나 어떤 대상과 융합하려는 유아가 존재한다. 유아는 애틋한 융합환상에 고착돼 자신의 결핍을 채워주거나 불안을 해소시켜 줄 거라 믿는 대상을 찾아 헤맨다. 유아적 인격이 자라 타인과 융합되지 않고 자신이 욕망의 주체가 되기 위해서는 몇 가지 조건이 필요하다. 그중 하나가 대상에게 투사와 동일시를 제한하고 대상과 관계시 있는 그대로 대상을 향해 진술하게 최대한 말로 표현하는 것이다. 이때 말은 수다스런 일상의 의식 언어가 아니라 억압된 욕망을 드러내는 무의식적이고 상징적이며 은유적 언어여야 한다. 다른 하나는 신뢰할 수 있는 안정된 돌봄관계다. 무의식의 실망, 증오, 상처, 불안 등을 있는 그대로 말로 표현해도 외면당하거나 야단맞는 반응이 아니라 치료적 동맹관계가 그대로 존재하며 오히려 더 풍요롭게 엮이는 경험이 체험으로 확인되어야 한다. 이러한 체험은 결여된 대상항상성과 자아 정체성의 성장을 돕는다.[258]

　아이는 엄마의 뱃속에서 생명을 얻은 이후 발달과정에서 지속적으로 거세를 경험한다. 완전한 곳으로 여겨졌던 태에서 쫓겨나 탯줄거세(출생)를 당하고 엄마의 젖가슴에서 안정을 취하는 듯했지만 얼마 지나지 않아 구강거세(젖떼기)를 당하게 된다. 구강거세는 자신에게 독이나 해가 될 수 있는 것을 금하는 것이 되고 자신의 한 부분으로 오인된 어머니의 젖가슴과 분리되는 일이다. 이 일을 계기로 아이는 젖가슴이라는 혀를 거세함으로써 새로운 소통수단인 언어를 발견하게 된다. 뒤이어 아이는 항문거세(기저귀떼기)를 당한다. 이때 아이는 자기 마음대로 기저귀에 배변할 수가 없게 된다. 더 이상 아이는 쾌락을 위해서 멋대로 배변할 수가 없게 된 것이다. 항문거세는 배설욕구와 어머니 의존성을 분리시키고 아이에게 다른 사람을 공격하거나 해치는 일을 금하도록 한다. 이러한 거세 즉, 떼기는 아이에게 장애나 손상을 주려는 것이 아니라 더 큰 자율성을 주려는 것이다. 어느 발달단계에서든 거세는 아이

에게 매우 위협적이기 때문에 부모는 아이에게 부드럽고 안정적인 음성으로 이야기를 들려줘야 한다.259

오이디푸스 시기 아이는 남근거세에 직면하게 되는데 이 콤플렉스를 극복하지 못하면 오이디푸스 콤플렉스에 머문 자아가 되어 주체가 존재할 수 있는 터전을 마련할 수 없게 된다. 여기에서 아버지 목소리가 어떠한 목소리인가가 매우 중요하다. 아버지 목소리는 너무 약해도 문제고 너무 강해도 문제다. 아버지 또는 아버지 목소리는 생물학적 의미가 아니다. 아버지 목소리는 현실세계인 상징계로 들어가기 위해 어머니를 욕망하지 말라는 금지다. 이 목소리에 아이가 어머니와 한 쌍이 되려는 욕망, 즉 어머니와의 동일시를 포기하고 아버지와 동일시함으로 금지의 세계인 현실로 들어서게 된다. 남근거세를 포함한 그 이전의 모든 거세들은 세상에서 살아가야 하는 주체의 숙명이다.260

오이디푸스 콤플렉스를 극복한 아이에게 아버지의 이름은 자신만의 정체성을 지닌 주체의 이름이 된다. 상상적 자아가 상징적 주체를 가지고 살아가지 못하면 어머니의 성성적 욕망에 종속되거나, 아버지의 상징적 자아에 억압당한다. 또는 어머니와 한 몸이었던 유아기적 상태로 퇴행하여 어머니의 상상적 욕망의 그림자인 나르시시즘 환상에서 벗어나기 힘들다. 유아기적 자아에 머물게 되면 문제가 발생할 때마다 부모를 원망하여 자신은 피해자로, 부모는 가해자로 투사하고, 그 패턴을 타자들에게 적용시키면서 자신과 타자를 괴롭게 하는 불행한 삶을 살게 된다.261

내담자들은 자신의 부모, 배우자, 상사, 지인들이 변화되면 자신의 고통이나 문제가 해결될 거라는 강한 소망을 가지고 상담사를 찾는 경우가 많다. 이러한 내담자의 강한 소망은 의식적인 것도 있고 그렇지 못한 경우도 있다. 다른 사람을 변화시키려는 생각을 포기하는 일은 유아 또는 아동기의 소망을 포기하는 것이어서 긴 애도과정이 필요하다. 다른 사람을 변화시키려는 유아적 소망을 포기함으로써 결과적으로 내담자는 상담사의 말에 귀 기울이고 세상을 좀 더 객관적으로 이해하기 시작한다. 내담자는 상담에서 자신의 한계를 수용하는 것이 그러한 한계에 끊임없이 저항하는 것보다 자신을 더 자유롭게 만든다는 것을 배울 필요가 있다. 이러한 깨달음은 실망스런 현실을 받아들이는 애도과정만큼 중요하다. 내담자는 노래회상치료에서 대타자인 노랫말을 통해서 자신이 더 이상 유아나 아동이 아닌 어른임을 인식하게 되면, 어른 역시 약점을 지닌 사람일뿐이라는 사실을 이해하게 된다. 세상은 공정해야 한다는 유아적 기대를 버리는 대신, 인생은 공정하지 않더라도 여전히 성취하고 누릴 수 있는 많은 기회를 제공한다는 좀 더 편안한 관점을 획득하게 된다.[262]

상담사는 용서를 말하기 전에 잘못된 모든 행위에 대해서는 잘못된 것으로 선언해야 한다. 상담사는 내담자의 부모 역시 그들의 양육자가 있었고 그들 역시 잘못된 부모 밑에서 잘못된 양육을 받았다는 점과 그런 나쁜 양육으로 상처 입은 어른-아이로 성장할 수밖에 없었다는 점을 함께 나누는 것도 필요하다. 내담자가 자신을 실망시키고 상처를 준 부모를 용서하기 위해서는 사전 정리작업이 필요하다. 우선 양육자의 잘못된 행위로 내담자들이 얼마나 큰 피해를 입었는지를 탐색하고 그것을 인정하는 것이다. 그다음 내담자도 잘못 전수된 것 때문에 자신도 비슷한 잘못을 해왔거나 앞으로 그럴 가능성이 있음을 인식하는 것이다. 이런 작업이 이뤄지면 상담의 다음 방향은 용서와 연민이다. 이 과정을 거쳐 상담사는 우리의 과거를 변화시킬 수 없지만, 성장한 주체의식에 의해 스스로 미래를 만들어갈 수 있다는 현실을 받아들이도록 격려한다.[263]

노래회상치료를 통해서 내담자는 자신의 문제와 한계에 대해서 자신을 비난하지 않는 것을 배우게 된다. 다시 말해, 내담자는 치료를 통해 자신을 공격하는 대신, 변화될 수 있는 것을 변화시키도록 하고, 변화될 수 없는 것에 대해서는 자신을 공격하기보다 스스로 위로하는 능력을 발달시키게 된다. 폴리 영 아이젠드레스(Polly Young-Eisendrath, 1947-)는 치료를 통해서 내담자가 자신과 자신의 약점 또는 한계를 점점 수용하게 되면, 내담자는 타인에 대한 연민을 더 많이 느낄 수 있게 된다고 말했다.[264] 노래회상치료를 통해서 얻게 되는 두드러진 성과 중 하나는 자신과 타인 모두를 용서하는 능력을 갖게 되는 것이다.

엄마가 딸에게

노래:양희은 / 작사:양희은,김창기 / 작곡:김창기

난 잠시 눈을 붙인 줄만 알았는데 벌써 늙어 있었고
넌 항상 어린아이일 줄만 알았는데 벌써 어른이 다 되었고
난 삶에 대해 아직도 잘 모르기에 너에게 해줄 말이 없지만
네가 좀 더 행복해지기를 원하는 마음에 내 가슴 속을 뒤져 할 말을 찾지

공부해라, 아냐 그건 너무 교과서야
성실해라, 나도 그러지 못했잖아
사랑해라, 아냐 그건 너무 어려워
너의 삶을 살아라

난 한참 세상 살았는 줄만 알았는데 아직 열다섯이고
난 항상 예쁜 딸로 머물고 싶었지만 이미 미운털이 박혔고
난 삶에 대해 아직도 잘 모르기에 알고 픈 일들 정말 많지만
엄만 또 늘 같은 말만 되풀이하며 내 마음의 문을 더 굳게 닫지

공부해라, 그게 중요한 건 나도 알아
성실해라, 나도 애쓰고 있잖아요
사랑해라, 더는 상처받고 싶지 않아
나의 삶을 살게 해줘

공부해라, 아냐 그건 너무 교과서야
성실해라, 나도 그러지 못했잖아
사랑해라, 아냐 그건 너무 어려워
너의 삶을 살아라

내가 좀 더 좋은 엄마가 되지 못했던 걸 용서해줄 수 있겠니
넌 나보다는 좋은 엄마가 되겠다고 약속해주겠니

랄 라랄 라랄 라랄 라랄 라랄 라라 라랄 라라 라랄라
랄 라랄 라랄 라랄 라랄 라랄 라라 라랄 라라 라랄라

이 노래에서 엄마는 어느 순간 자신의 자녀가 항상 어린아이일 줄만 알았는데 벌써 어른이 다 되었고 자신은 늙었다는 것을 깨닫는다. 엄마는 자신이 나이가 먹으면 어떤 깨달음이 있을 거라고 생각했지만 삶에 대해 아직도 잘 모르고 있다고 고백한다. 자기 자신을 생각할 때 엄마는 우울자리에서 자신을 볼 수 있는 능력이 있다. 그래서 자녀에게 해 줄 말이 없다는 것도 안다. 그러나 자녀를 바라보면 편집-분열자리로 가서 불안에 빠지게 되고 자신의 가슴 속을 뒤져 할 말을 찾고 있다. 그것이 자녀의 행복을 위한 일이라고 생각한다. 이때 충분히 좋은 엄마라면 할 말을 찾지 말고 자녀를 처음 만난 아기 때를 생각하며 그저 사랑스런 눈빛을 보내면 된다. 부모는 아이에게 조언을 해야 아이가 변하고 훌륭한 사람이 될 거라고 믿기 때문에 부모는 자신들이 정답을 말해야 한다고 확신한다. 하지만 부모가 하는 말은 자녀들에게 결국 잔소리가 되어버린다. 어쩌면 어떤 말보다 부모의 사랑의 눈빛이 자녀에게 전달될 때 아이는 더 잘 자랄 수 있다.

이 노래에서 딸은 질풍노도시기에 있는 청소년이다. 딸은 자신이 부모에게 미운털이 박혔다고 생각한다. 엄마의 가슴속에서 찾고 찾은 말이 딸에게는 잔소리로 들린다. 딸은 엄마가 자신을 미워해서 그럴 거라고 생각하게 된다. 인간의 언어가 인간의 마음을 다 표현할 수 없기에 엄마의 사랑이 느껴지지 않는 말들이 딸을 폭격한다. 엄마의 표현이 모자라서 하는 같은 말이 이 딸에게는 마음의 문을 닫게 하고 있다.

내담자 G는 자신의 말이 받아들여지지 않으면 매우 화가 난다고 했다. G는 어린 시절 매우 병약해 어머니의 따뜻한 관심과 돌봄이 필요했지만, 어머니는 G에게 그러한 돌봄을 제공하지 못했을 뿐만 아니라 아이를 무속과 미신에 의지해 양육하였다. 이 과정에서 내담자 G는 어머니가 자신을 전혀 이해해 주지 못하고 정서적으로 반응해 주지 못한 것에 큰 억울함과 분노를 품게 되었다. G는 주위 사람들에게 자신이 화를 잘 낸다는 말을 듣는다고 했다. G는 매우 명석하고 사리판단이 분명하며 책임감이 강했다. 어머니의 잘못된 양육방식과 방치는 어머니를 더 이상 신뢰하지 못하게 만들었을 것이고, 자신을 스스로 돌보기 위해서는 강해져야 한다고 생각했을 것이다. 실제로 그녀는 자신이 무시 받거나 억울한 느낌을 받으면 바로 따지거나 불같이 화를 낸다고 했다. G는 이런 방식으로 자신을 보호하며 살아온 것이다. G는 노래회상 소감과 노랫말을 나누고 자신의 이야기를 하면서 자신의 분노와 억울함이 어머니로부터 시작되었을 거라는 것을 알게 되었다. 그 후 자신과 어머니에 대한 감정에 변화가 시작되었다.

'엄마가 딸에게'라는 노래를 들으며 그녀는 자신과 어머니의 관계뿐 아니라 자신과 딸의 관계를 돌아보기 시작했다. 자신이 무식하고 어리석은 엄마를 벗어나기 위해 노력했던 일들이 그나마 현재의 삶을 이루었다는 인지 재구성이 일어났다. 자신만은 자녀들에게 그런 엄마가 되지 않으려고 애쓰는 삶을 살아왔다고 했다. 어느 날 자신의 딸이 유학간다고 했을 때 그녀가 자녀에게 해줄 수 있는 것이 없다는 것을 알고 허무한 마음이 들었다고 했다. 자신의 딸과 이야기하며 어머니를 이해하기 시작했다. G는 어머니가 자신에게 했던 온갖 무속적 행동들과 잘못된 양육방식이 마음에 상처로 남아 괴로웠지만, 어머니가 무지해서 벌어진 일이라 생각하니 어머니에 대한 원망과 분노가 수그러드는 것 같다고 했다. 지금은 "어머니가 자신을 사랑은 했구나" 하는 생각이 든다고 말했다.

아 버 지

노래:인순이 / 작사:이현승 / 작곡:이현승

한 걸음도 다가설 수 없었던
내 마음을 알아주기를
얼마나 바라고 바래 왔는지
눈물이 말해 준다

점점 멀어져 가버린 쓸쓸했던 뒷모습에
내 가슴이 다시 아파온다

서로 사랑을 하고 서로 미워도 하고
누구보다 아껴주던 그대가 보고 싶다
가까이에 있어도 다가서지 못했던
그래 내가 미워했었다

제발 내 얘길 들어주세요
시간이 필요해요

서로 사랑을 하고 서로 미워도 하고
누구보다 아껴주던 그대가 보고 싶다
가슴 속 깊은 곳에 담아두기만 했던
그래 내가 사랑했었다

긴 시간이 지나도 말하지 못했었던
그래 내가 사랑했었다

　이 노래의 화자는 무섭고 어려워서 가까이 다가설 수 없었던 아버지, 그 아버지가 자신의 마음을 알아주기를 얼마나 바라고 바래왔는지 생각하면 너무 마음이 아파 눈물이 난다고 말한다. 화자는 등을 돌리고 가는 아버지의 모습이 쓸쓸해 보인다고 말하지만, 그것은 버려진 자기 자신의 쓸쓸함이 투사된 것으로 볼 수도 있다. 그 아버지 뒷모습을 바라보는 어린 자신의 슬프고 외로운 마음에 지금의 화자는 마음이 아프다고 말한다. 그러면서 화자는 아버지와 서로 사랑도 하고 미워도 했지만, 누구보다 서로 아껴주었다고 한다. 이것도 화자의 마음이 투사된 것으로 볼 수 있다. 그 미웠던 아버지, 책임감 없이 자신을 버리고 떠났던 아버지가 마음속으로는 누구보다 자신을 아껴주었기를 소망하는 마음을 표현할 수도 있다. 부모는 기다려주지 않는다는 말처럼 화자는 지금은 볼 수 없는 아버지가 그립다. 아버지와 가까이하고 싶지 않았고 더 나아가 아버지를 미워했었기에 이것이 화자에게는 죄책감으로 남아있다. 성인이 되어 결혼하고 이제 부모가 돼 보니, 아버지가 조금은 이해된다. 그 이해를 바탕으로 우울자리로 들어간 화자는 아빠에게 감사와 사랑을 전하고 있다. 그 감사와 사랑이 아버지를 용서할 수 있게 만들고 있다.
　내담자 C는 12살 때 부모가 이혼했고 엄마와 성장했다. 어느 날 아빠집에 놀러갔는데 다른 여자의 옷들이 걸려있는 것을 보고 배신감을 느꼈다. 그래서 아빠를 안보고 살았다. 그 후 아빠는 갑자기 돌아가셨는데 그래서 아빠를 더 용서할 수 없었다. 이 노래를 들으며 C는 아빠에 대한 미움과 함께 절절한 그리움을 쏟아 놓았다. C가 결혼하고 아이를 낳은 지금이라면 어쩌면 조금은 아빠를 이해할 수 있었을 것이라고 말했다. C는 상담 후에도 이 노래의 화자가 되어 몇 번을 반복해 들었다고 한다. 한 달 정도의 시간이 지난 후 다시 만난 C는 자기가 까마득하게 잊어버렸던 아빠와의 즐거운 기억이 떠올랐다고 했다. C는 이제는 아빠를 용서할 수 있을 것 같다고 했다. C는 아버지를 사랑하는 마음과 미워하는 마음이 공존하는 것을 용납할 수 있는 힘을 얻은 것으로 보인다. C는 아버지에 대한 증오심을 오랫동안 마음에 품어오면서 그것 때문에 줄곧 죄책감을 느껴야 했다. 하지만 C는 과거 자신과 아버지 사이에 있던 묵은 감정들을 풀어내기 시작하면서 죄책감에서 조금씩 벗어나게 되었다.

돼지토끼

노래:장윤정 / 작사:장윤정 / 작곡:이유진

넌 돼끼돼끼해 또 말랑말랑해

니 냄새까지 너무나 사랑스러워

눈이 안보이게 웃으면 심장이 아프잖아

넌 토끼시끼해 또 뽀실뽀실해

니 뱃살까지 너무나 사랑스러워

젤리 같은 너 마냥 소중해 영원히 안아줄게

비 맞지마 두피 멍들라 내가 구름도 가려줄게
제발 밤에는 집에만 있어 번쩍번쩍 빛이 나니까
바람 불면 나가지도 마 날아갈리 없겠지만은
혹시나 고운 피부 바람에 아파할까 봐
넌 돼끼돼끼해 또 말랑말랑해
니 냄새까지 너무나 사랑스러워
눈이 안보이게 웃으면 심장이 아프잖아
넌 토끼시끼해 또 뽀실뽀실해
니 뱃살까지 너무나 사랑스러워
젤리 같은 너 마냥 소중해 영원히 안아줄게
늙어지면 지리산 가자 때론 많이 외롭겠지만
흑염소 키우면서 우리 둘이서 살까 봐
넌 돼끼돼끼해 또 말랑말랑해
니 냄새까지 너무나 사랑스러워
눈이 안보이게 웃으면 심장이 아프잖아
넌 토끼시끼해 또 뽀실뽀실해
니 뱃살까지 너무나 사랑스러워
젤리 같은 너 마냥 소중해 영원히 안아줄게
넌 그대로면 돼 또 있어주면 돼
내 목숨까지 다해서 사랑해 줄게
너를 만난 건 신의 한수야 하늘에 감사할게

가수 장윤정이 딸을 낳은 후 너무나도 사랑스러운 딸을 위해 만든 곡이라서 그런지 이 노래를 들으면 귀여운 아기를 바라보는 엄마의 미소가 떠오른다. 이 노래의 화자는 항상 자녀가 걱정된다. 그런 자신의 걱정을 자녀를 둘러싼 모든 것에 투사하여 자녀가 비를 맞으면 빗방울에 두피가 멍들까 봐 걱정이고, 구름도 걱정이고, 밤도 걱정이다. 밖에 나가는 것 조차 걱정되어 엄마가 보기에 빛이 나는 자녀에게 어두운 집을 밝히도록 밤에는 집에만 있으라고 하고 바람이 불어도 나가지 말라고 얘기한다. 이 노래의 화자는 세파에 자녀가 아파할까 봐 걱정이 된다. 자신이 늙고 자녀가 성인이 되면 둘이 산에 가서 흑염소 키우며 함께 살았으면 좋겠다는 마음을 비추며 자신의 목숨까지 다해서 사랑하고 지켜줄 것이라고 말하고 있다. 많은 부모들의 마음을 대변한 노래라 많은 사람들이 이 노래를 좋아하는 것 같다.

    그러나 예전 전통적인 유교문화에서는 우리의 부모들은 자녀에게 너무 사랑을 표현하면 자녀들이 버릇이 없어질까 봐 다 표현하지 않았다. 그들도 그들의 부모에게 그렇게 교육받았기에 자녀에게 표현을 그렇게 밖에 할 수 없었을 것이다. 유교문화에서 부모들은 자녀 중 딸을 더 엄격하게 양육하면서 딸들이 오이디푸스적 갈등을 더 많이 겪게 되었다.

    내담자 Z는 맏딸이고 남동생이 있다. 그런데 부모님은 남동생은 무엇을 하던 응원을 했고 자신에게는 잘못한다는 이야기를 많이 했다고 한다. Z는 부모가 자신을 미워한다며 부모에 대한 원망이 크게 자리잡고 있었다. 처음 이 노래를 들으며 내담자 Z는 눈물을 흘렸다. 자신도 어렸을 때는 귀엽고 사랑스러운 아이였을 것을 생각하며 이렇게 사랑스러운 눈으로 아기를 바라보는 부모도 있는데 왜 자신의 부모는 자신을 미워했을까 하는 생각이 들었다고 한다. 하지만 노래회상을 하면서 Z는 엄마가 자신을 예뻐했던 일화들이 떠올랐고 엄마의 마음을 조금 이해할 수 있었다고 했다.

2) 당신은 저에게 큰 산이었어요.

| | | | | 테 | 스 | 형 | | | |

노래:나훈아 / 작사:나훈아 / 작곡:나훈아

어쩌다가 한바탕 턱 빠지게 웃는다
그리고는 아픔을 그 웃음에 묻는다
그저 와준 오늘이 고맙기는 하여도
죽어도 오고 마는 또 내일이 두렵다
아! 테스형 세상이 왜 이래 왜 이렇게 힘들어
아! 테스형 소크라테스형 사랑은 또 왜 이래
너 자신을 알라며 툭 내뱉고 간 말을
내가 어찌 알겠소 모르겠소 테스형
울 아버지 산소에 제비꽃이 피었다
들국화도 수줍어 샛노랗게 웃는다
그저 피는 꽃들이 예쁘기는 하여도
자주 오지 못하는 날 꾸짖는 것만 같다
아! 테스형 아프다 세상이 눈물 많은 나에게
아! 테스형 소크라테스형 세월은 또 왜 저래
먼저 가본 저세상 어떤 가요 테스형
가보니까 천국은 있던 가요 테스형
아 테스형 아 테스형 아 테스형 아 테스형
아 테스형 아 테스형 아 테스형 아 테스형

앎이란 무엇인가에 몰두했던 그리스 철학자 소크라테스는 "너 자신을 알라!"는 경구로 우리가 확실하게 알고 있다고 생각하는 것이 사실은 얼마나 불완전한 앎인지 환기시키기 위해 자신과 당대 아테네 귀족들, 시민들에게 진지하게 질문을 던졌다. 당시 아테네 사람들은 자신들이 누군가에 들었던 것을 한 치의 의심 없이 그것이 확실한 불변의 진리라고 믿었다. 그래서 그들은 진리를 이미 안다고 확신했다. 진리란 무엇이고 그 진리를 안다는 것이 무엇인가라는 소크라테스의 집요한 질문에 진리와 앎을 주체적으로 반성해 오지 못한 사람들은 당황하기 시작했다. 자신들이 진리를 알지 못하는 상태에 있음을 지각하게 되자 자신의 무지가 대중들에게 노출된 것에 아테네 지식인과 시민들은 엄청난 불편감과 수치심을 느끼게 된다. 타인들에게 자신의 결함이 드러나면 분개하는 자기애성 인격처럼 자존감이 상한 귀족들과 철학자들 그리고 시민들은 소크라테스가 신들을 모욕하고 젊은이들에게 나쁜 사상을 유포시켜 그들의 영혼을 타락시킨다는 죄목으로 그를 고발하게 되고, 소크라테스는 결국 두 번의 재판 끝에 유죄판결을 받고 죽게 된다.[265]

아테네 시민들처럼 사람은 자신의 앎이 앎이 아니라 무지이고, 그 무지가 드러날 때 수치심을 느껴 적대적 공격성을 보인다. 이처럼 사람은 무언가에 심리적 압박감을 받게 되면 자신을 심리적으로 방어하려 한다. 이 방어로 인해 자신의 경험을 열린 마음으로 지켜보는 능력이 떨어지게 된다. 위니컷과 옥덴은 이러한 능력과 관련된 공간을 각각 '놀이공간'(play space), '잠재공간'(potential space)이라고 명명하였다. 사람은 이 공간이 없으면 감정이 충동으로 전환되는 것을 억제할 수 없고, 상대로부터 투사되고 내면화된 것을 견디고 변형시키는 힘을 가질 수 없다.[266]

"너 자신을 알라!"는 경구 때문에 소크라테스를 앎에 대한 불가지론자나 회의주의자로 보는 것은 적절하지 않다. 오히려 그는 인간이 좀 더 객관적이고 보편적인 더 나은 앎을 추구해야 한다고 역설한 철학자다.[267] 이것은 심리치료에서 상담자가 가져야하는 중요한 마음가짐 중 하나다. 또 다른 하나는 궁극적으로 상담자 자신도 치유가 반드시 필요했던 사람이라는 것을 깨닫는 것이다.

이 노래의 화자는 테스형에게 답하기 어려운 인생질문을 계속해서 던진다. 화자는 인생을 살아가다가 도저히 해석되지 않는 일을 겪게 되면서 마음이 혼란스러운 사람을 대신해 질문하고 있다. 테스형은 화자에게 대타자인 것이다. 라캉에게 대타자는 언어가 기원하는 장소로 시니피앙(기표)의 보고로 정의된다. 대타자는 욕망을 규정하고 욕망에 답을 주는 상징계의 의인화된 심급으로, 상상적 타자인 소타자와 구별된다. 소타자는 거울에서 주체가 마주하는 이미지라 할 수 있다. 대타자는 주체가 부정하거나 전치할 수 없는 타자의 근원적 차원으로 상징계에 위치한다. 이는 상징계가 주체를 초월해 있는 선험적 영역이기 때문이다. 라캉에 의하면, 대타자는 언어가 기원하는 선험적 공간이자 주체가 자신을 표현해 줄 기표를 찾는 장소다. 대타자는 한마디로 상징계의 초월성과 법을 대표하는 심급에 붙여진 이름이다. 그러나 대타자가 장소로 정의된 것에서 알 수 있듯이 대타자의 장소는 잠시 동안만 점유될 뿐이다. 오이디푸스 시기 어머니의 말을 통해 상징계의 법을 대표하고 남근을 소유한 사람처럼 소개되는 아버지는 대타자의 전형이다. 그리고 아이가 최초로 말을 배우면서 원초적 욕구를 기호화하는 것을 배울 때 아이에게 응대하는 어머니도 대타자 역할을 수행한다. 대타자는 주체의 요구에 답을 주고 욕망을 충족시켜주면서 팔루스(phallus)의 비밀에 대해 알고 있다고 가정된 존재다.[268] 그래서 테스형 화자는 대타자 테스형에게 세상과 사랑이 왜 이렇게 힘든 건지 그리고 사후세계가 어떠한지에 대해서 묻고 있는 것이다.

주체는 언제나 말을 하고 있지만, 그것이 자신의 욕망과 관계될 때 자신이 무슨 말을 하고 있는지 알지 못한다. 주체의 욕망은 대타자의 인정을 통해서만 의미가 부여되기 때문에, 욕망의 진실은 주체에게 그 자체로 자명하게 전달되지 않는다. 따라서 욕망은 진정으로 원하는 바를 왜곡시키거나 소외시키기 쉽다. 주체는 한편으로는 대타자의 욕망을 나의 욕망인 것처럼 받아들이면서도, 다른 한편으로는 그것의 진정한 의미를 계속해서 캐묻는다. 다시 말해 주체는 시니피앙에 의해 상징계에 드러나는 '담론의 주체'와, 말의 의미 속으로 사라지는 '무의식의 주체'로 분열되기에 의미의 분열이 생기게 된다. 앞에서 살펴보았듯이, 주체는 분열된 주체이기도 하다. 의식의 주체는 상징계의 질서 속에 편입되는 주체라면 무의식적 주체는 상징계에서 배제되는 것을 통해 자신의 존재를 표현한다.[269]

화자는 노래 마지막에 계속해서 "아~ 테스형! 아~ 테스형!"을 반복적으로 소리쳐 부른다. "울 아버지 산소에 제비꽃이 피었다"에서 알 수 있듯이, 테스형은 화자의 아버지를 가리킨다고 한다. 아버지는 아이가 상징계에 편입하기 위해서 어머니의 상상적 팔루스 되기를 포기하고 그 대신 받아야 하는 시니피앙(기표)이다. 일단 아버지의 이름이 수용되면, 그것을 출발점으로 해서 시니피앙의 연쇄가 일어나고 이러한 과정을 통해 주체의 삶에 상징계가 자리잡게 된다. 하지만 아버지의 이름에 의해 채워진 최초 욕망의 자리는 절대로 시니피앙에 의해 채워질 수 없으며 영원히 결여로 남게 된다.[270] 그래서 화자가 "아~ 테스형!, 아~ 테스형!" 애타게 불러도 테스형은 대답이 없다. 욕망의 자리는 사실 상징계 이전의 질서에 속하는 영역이기 때문이다.

내담자 B는 어떤 일에 안착하지 못하고 늘 표류하는 문제가 있다고 한다. 그는 어린 시절 아버지의 잦은 외도로 부모가 이혼하고 여러 명의 새어머니를 거치며 살아왔다. 현재 아버지는 6번째 아내와 살고 있다. 어린 시절 B는 새어머니들에게 언어적 학대에서 정서적 학대, 신체적 학대에 이르기까지 다양한 학대를 받았다고 한다. 그는 아버지처럼 살기 싫어서 신학을 공부하고 목사가 되었다. 그러나 수년 전부터 목사의 삶이 자신과 맞지 않는다는 생각에 고민해 오다가 현재는 새로운 길을 모색하는 중이다. 내담자 B는 삶의 기준이 되는 아버지 이름과 그 이름의 누빔점이 명확하지 않다 보니 매사 자신이 없고 정착하는 것이 어려워 보였다.[271] 내담자 B는 '테스형' 노래를 회상한 후 아버지 이야기를 진지하게 나누면서 자신이 미워했던 아버지에 대해 깊이 생각하게 되었다. 그는 자신이 목사가 되려했던 이유를 복기하면서 숨겨진 동기 중 하나를 발견하게 되었다. 그는 법과 기준 없이 살았던 아버지의 모습을 증오하면서 무법자를 벌하시는 하나님의 대리자가 되고 싶었던 것 같다고 했다. 이후에 내담자 B는 노래의 화자처럼 자신도 아버지에게 인생의 궁극적 질문을 하고 싶다고 했다. 이 말에서 그가 아버지와 얽힌 깊은 감정을 어느 정도 소화하게 되면서 아버지를 자신의 대타자로 받아들인 것으로 보였다.

비 상

노래:임재범 / 작사:채정은 / 작곡:최준영

누구나 한 번쯤은

자기만의 세계로

빠져들게 되는 순간이 있지

그렇지만 나는 제자리로

오지 못했어

되돌아 나오는 길을 모르니

너무 많은 생각과

너무 많은 걱정에

온통 내 자신을 가둬두었지

이젠 이런 내 모습

나조차 불안해 보여

어디부터 시작할지 몰라서

나도 세상에 나가고 싶어

당당히 내 꿈들을 보여줘야 해

그토록 오랫동안 움츠렸던 날개

하늘로 더 넓게

펼쳐 보이며 날고 싶어

감당할 수 없어서 버려둔 그 모든 건

나를 기다리지 않고 떠났지

그렇게 많은 걸 잃었지만

후회는 없어

그래서 더 멀리 갈 수 있다면
상처받는 것보단
혼자를 택한 거지
고독이 꼭 나쁜 것은 아니야
외로움은 나에게 누구도 말하지
않을 소중한 걸
깨닫게 했으니까
이젠 세상에 나갈 수 있어
당당히 내 꿈들을 보여 줄 거야
그토록 오랫동안 움츠렸던 날개
하늘로 더 넓게 펼쳐 보이며
다시 새롭게 시작할거야
더 이상 아무것도 피하지 않아
이 세상 견뎌낼 그 힘이 돼줄 거야
힘겨웠던 방황은

사람은 자라면서 유아전능감의 시기를 거친다. 이 시기 유아는 자신의 욕구를 채워주는 양육자의 돌봄을 자신이 창조했다는 전능감에 빠지게 된다. 유아는 적절한 돌봄을 받으면서 좌절과 어려움을 이겨 나갈 힘을 기르게 된다. 그러나 이 시기에 적절한 돌봄을 받지 못했다면 좌절이 올 때 어려움을 겪게 된다. 자신만의 세계에서 제자리로 오지 못했다고 고백하고 있는 이 노래의 화자는 어쩌면 영유아시기에 적절한 돌봄을 못 받았을 것으로 보인다. 적절하지 않은 돌봄으로 열등감에 빠져있었을 수도 있다. 그래서 화자는 너무 많은 생각과 걱정에 자신조차 자신이 불안하다. 그러나 오랜 방황 끝에 그는 밖으로 나가 비상하고 싶어 한다. 이제 화자는 당당히 자신의 꿈을 펼쳐 날아가고 싶어 한다. 화자는 더 이상 피하지 않고 세상과 맞서겠다고 선포한다. 그는 지금 그동안의 방황과 시련이 자신에게 견디어내는 힘이 되었다고 말하고 있다.

내담자 E는 무능하고 폭력을 일삼는 아버지와 사업에 몰두하는 어머니 사이에서 적절한 돌봄을 받지 못하고 성장했다. 8살 때 부모님이 이혼하면서 E는 어머니와 함께 살게 되었다. 어머니는 사업으로 늘 바빴기 때문에 E를 제대로 돌보지 못하고 방치하였다. 그래서 E는 어린 시절 많이 외로웠다고 했다. 이러한 성장배경 때문에 E는 화목한 가정을 동경하고 그런 가정을 꿈꾸었다. 하지만 결혼 후 자식을 키우면서 폭력적인 아버지 모습이 자신에게 있다는 것을 알게 되면서 자괴감에 빠졌다. 상담을 통해 자신이 미워했던 아버지의 모습이 자신에게서 나오고 있다는 것을 깨달았다. 이것을 알고 그는 매우 슬퍼했다. 아버지를 싫어하고 미워했지만 그런 아비지의 모습을 내면화하면서 자신이 아버지의 욕망으로 살아온 것을 깨달았다. 이제 아버지의 욕망에서 벗어나 존재의 주체로 좋은 아버지가 되고 싶은 소원에 대해 말했다.

내담자 E는 이 노래를 소리 내어 따라 부르며 심리적 변화를 경험하고 자신이 찬송가가 아닌 대중가요를 통해서 감응되는 것에 놀라워했다. E는 과거 자신에게도 좋은 만남이 있었음을 기억하게 되었다. E는 청소년기에 만났던 몇몇 선생님과 친구들에 대해서 이야기하면서 생각해보니, 그 사람들이 자신에게 보이지 않는 좋은 것들을 많이 주었다고 했다. 현재 자신의 주위에도 좋은 사람들이 있다며 직장 상사 이야기를 했다. E는 다시 힘을 내 높이 날아보고 싶다고 말했다.

			꿈	의		거	처			

노래:이승윤 / 작사:이승윤 / 작곡:이승윤

내겐 멀쩡한 나침반이 없어
따라가 봐도 북극성은 없어
어디쯤인지 대체 알 수가 없어
희한한 것은 이젠 걱정이 없어
바늘 끝엔 항상 네가 있어 있어
이제 와 영혼의 방황 같은 건 됐어 됐어
난 오직 너에게로부터 쏟아지는 햇살을 굳혀
나침반 위에다 눈보란 너에게서 그쳐
파묻힌 내 꿈의 거처는 아무래도 너여야
아무래도 너여야만 해
내겐 멀쩡한 진리들이 없어
따라가 봐도 삶은 거기 없어
박제된 정답 중 살아 있는 건 없어
희한한 것은 이젠 상관이 없어
울음 끝엔 항상 네가 있어 있어
삶을 공허에게 바치는 건 이젠 됐어 됐어
난 오직 너에게로부터 쏟아지는 햇살을 굳혀

나침반 위에다 눈보란 너에게서 그쳐
파묻힌 내 꿈의 거처는 아무래도 너여야
아무래도 너여야만 해 이제 더 이상
그래 더 이상 잃지 않아
길 같은 건 아니 잃어도
이젠 상관없어 결국에 내 꿈에 거처는
난 오직 너에게로부터 쏟아지는 햇살을 굳혀
나침반 위에다 눈보란 너에게서 그쳐
파묻힌 내 꿈의 거처는
아무래도 너여야
아무래도 너여야만 해
아무래도 너여야만 해
아무래도 너여야만 해

　이승윤은 자신의 앨범에서 꿈의 거처에 대한 곡 해석을 다음과 같이 하고 있다. "불안해. 여전히 불안하고 어려운데 내가 가진 고장난 나침반이 어딜 가리키더라도 결국 그 끝에 너가 있을 것을 알아. 그래서 불안하지만 불안하지 않아. 걱정되지만 걱정되지 않아. 상관있는 것들이 상관없어. 나 이제 알아. 내 꿈의 거처는 너야."

　이 노래의 화자는 멀쩡한 나침반이 없고 그 나침반이 가리키는 곳에 북극성도 없다고 한다. 그러나 화자는 나침반 바늘 끝엔 '너'가 있다고 한다. 여기에서 '너'는 대타자로 볼 수 있다. 대타자는 유아기에는 어머니이고 아버지가 될 수도 있다. 청소년기에는 친구나 선생님이 대타자가 될 수 있고 성인기에는 애인이나 배우자가 대타자가 될 수 있다. 더 나아가 초월자일 수 있다.

　화자는 어려운 삶 속에서 멀쩡한 나침반이 없어 가고 있는 방향이 맞는지도 몰라서 불안해하고 있다. 그럼에도 계속 나갈 수 있는 것은 화자의 마음에 있는 어머니의 자장가와 상징계의 법을 대표하는 아버지의 목소리가 내적대상인 대타자로 존재하기 때문이다. 그 대타자는 그를 지지하고 지표가 되어준다. 자신이 가고 있는 곳이 어디쯤인지 알 수가 없지만 걱정이 없는 것은 바늘 끝엔 항상 대타자가 있기 때문이다. 그래서 자신의 영혼이 방황하고 있지만 괜찮다고 말한다. 여기서 화자는 자신의 영혼을 창조한 대타자인 초월자를 만나고 있다. 화자는 오직 그 초월자의 빛으로 삶의 방향을 세우고 그 초월자가 자신의 꿈의 거처가 될 때 가장 편안하고 안정된다는 것을 알게 된다. 그래서 자신이 슬프거나 공허해도 그것에 그치는 것이 아니고 초월자가 보여주고 있는 깊은 진리로 나갈 수 있다고 노래하고 있다. 이제 화자는 대타자인 초월자를 만났기에 주체가 되어 더 이상 길을 잃지 않고 혹시 길을 잃어도 다시 올 수 있기에 상관없다고 이야기한다.

　내담자 P는 아들 셋을 키우며 직장을 다니는 워킹맘이다. 세 아들을 뒷바라지하는 것도 벅차고 직장일도 많아 스트레스가 많다. 자신이 아이들을 제대로 양육하고 있는 지도 불안하고 자녀들 뒷바라지로 많은 재정이 필요해 자신의 노후대책을 세울 수 없는 것도 불안하다. 노래회상을 하며 노래 속의 화자와 대상공감과 자기공감을 하며 대타자를 만나 자신과 자녀들을 위해 노력하고 그 노력이 조금씩 결실을 맺을 수 있다는 꿈을 꾸기 시작했다.

3) 자녀라면 그래야 하는 줄 알았어요.

효 녀 심 청

노래:김용만 / 작사:세고천 / 작곡:전오승

공양미 삼백석에 제물이 되어
앞 못보는 부친님과 하직을 하고서
사공 따라 효녀 심청 떠나갈 때에
산천도 울었다네 초목도 울었다네

임당수 푸른 물결 넘실거릴 때
만고 효녀 심청이는 뱃전에 올라서
두 손 모아 신령님께 우러러 빌 때
물새도 울었다네 사공도 울었다네

효녀 심청이 같은 자녀들이 있다. 이런 사람은 양육자의 욕망과 요구를 충족시키는 것에 일차적 관심을 두게끔 정신이 길들여졌다. 심청이 같은 자녀는 양육자에게 절대의존을 하여 개인의 생리적, 심리적 만족을 누리고 불안을 해소하려 한다. 이런 사람들은 성인이 되어도 최초 중요한 대상이었던 엄마와의 유아관계가 정신내부에 구조화되어 나이가 들어도 이 패턴은 계속 반복되고 만다. 이유는 아이가 다수의 대상들과 엄마를 동일시하여 내면화하고 욕망의 에너지인 리비도를 그 대상에 투입하고 고착시키기 때문이다. 결국, 아이는 내면화된 욕망의 관점으로 대상을 판단하고 평가하며 살아갈 수밖에 없다.[272]

심청이 같은 자녀의 심리에는 엄마의 말과 욕망이 무의식적으로 강하게 역동한다. 주체적 사유능력이 형성되기 전에 아이는 이미 엄마의 결핍과 욕망을 충족시키는 충성스런 하인으로 자신을 엄마에게 바친 것이다. 이는 엄마에게 버림받지 않기 위한 아이의 고육지책이다. 그런데 안타깝게도 수수께끼처럼 모호한 엄마의 욕망과 요구는 자녀의 신체, 정신 에너지 모두를 소진시킨다. 자아 에너지가 새로운 대상들에게 투입되지 못하면서 자아성장이 멈추고 주체성이 결여되기 때문에 삶이 공허해진다.[273] 모아관계는 처음부터 한 몸이었다가 신체적으로 분리된 각별한 공생적 융합관계이기에 진정한 타자관계는 아니다. 모아관계는 세상의 그 누구도 대체할 수 없는 존재 공존성을 갖는다. 그럼에도 불구하고 아이는 어머니로부터 분리-개별화하려고 노력해야 한다. 만약 분리-개별화되지 못하면 모아일체 관계에 고착되어 상징적 의미 소통 관계들로 구성된 상징계에 진입하기 어렵고 개성 있는 주체적 적응도 어려워진다.[274]

내담자 H는 현재 어머니와 함께 살고 있다. H는 두 자매 중 큰딸로 H는 자신이 큰딸이기에 나이든 엄마와 함께 사는 것이 당연하다고 생각했다. 엄마는 학교 선생님이었고 할 말을 다하는 성격이다. H는 아빠가 일찍 사망하였고 교사로 자녀들을 키워 준 엄마이기에 더 잘해야 한다는 생각을 가지고 있다. 빚진 마음은 H에게 엄마에 대한 과도한 충성심을 만들었다. 여기에는 엄마의 암시도 컸다. H의 엄마는 자신의 희생을 자녀들에게 보상받기를 원했고 이를 큰 딸인 H에게 요구해 온 것이다. H가 엄마에 대한 짐을 짊어지게 되었고 그 짐은 어른이 되어, 무슨 일을 해도 갚을 수 없는 마음의 빚이 되었다. 결국 H는 자율적 주체로 살 수가 없었다.

노래감상을 나누면서 H는 과도한 책임을 혼자 떠안거나 자신의 필요나 요구를 계속 무시하면서 자신에 대한 불신, 낮은 자존감, 우울감, 무력함을 키울 수 있음을 알게 되었다. H는 이 노래를 들으며 자신이 심청이처럼 살아왔노라고 했다. 이제 자신을 끝없이 희생하는 심청이가 아니라 독립된 성인으로 엄마를 바라보며 주체와 주체로 살고 싶다고 했다.

애 모 (愛 慕)

노래:김수희 / 작사:유영건 / 작곡:유영건

그대 가슴에 얼굴을 묻고 오늘은 울고 싶어라
세월의 강 넘어 우리 사랑은 눈물 속에 흔들리는데

얼만큼 나 더 살아야 그대를 잊을 수 있나
한마디 말이 모자라서 다가설 수 없는 사람아

그대 앞에만 서면 는 왜 작아지는가
그대 등 뒤에 서면 내 눈은 젖어드는데

사랑 때문에 침묵해야할 나는 당신의 여자

그리고 추억이 있는 한 당신은 나의 남자요

그대 앞에만 서면 나는 왜 작아지는가

그대 등 뒤에 서면 내 눈은 젖어드는데

그대 앞에만 서면 나는 왜 작아지는가

그대 등 뒤에 서면 내 눈은 젖어드는데

사랑 때문에 침묵해야할 나는 당신의 여자

그리고 추억이 있는 한 당신은 나의 남자요

'애모'는 사랑하는 사람에게 다가가지 못하는 애절함을 노래하고 있다. 오늘 마음이 힘든 일이 있는 노래의 화자는 자신이 사랑하는 대상의 가슴에 묻혀 하소연하고 울고 싶다. 그러나 오랜 시절을 함께 해 온 사랑하는 대상이지만 대상에게 자신의 마음 깊이 있는 서러움의 말을 할 수가 없다. 그리고 대상도 화자가 듣고 싶은 그 한마디를 해주지 않는다. 노래에서 화자는 대상에게 그 한마디를 듣고 싶다는 갈망을 표현하고 있지만, 그것은 어쩌면 어릴 적 부모의 한 마디일 수도 있다. 부모에게 듣고 싶었던 사랑한다는 말일 수도 있고, 따뜻한 눈빛일 수도 있다. 아니면 품에 안고 토닥여주는 손길일 수도 있다. 하인즈 코헛(Heinz Kohut, 1923-1981)이 말하는 자기대상(selfobject)이 필요한 것이다. 부모의 목소리는 자기대상의 목소리가 되어 지금 사랑하는 대상의 목소리를 규정짓게 된다. 영유아는 부모의 사랑의 눈빛을 먹고 자란다. 그 눈빛은 유아가 자신의 무의식에 있는 자기대상이 되어 자신감을 갖고 세상을 살아가게 한다. 사랑의 눈빛은 살리는 시선이 되어 거울 자기대상을 형성한다. 반면, 어린 시절 아이가 해맑게 웃어주는 부모의 얼굴과 사랑이 가득한 부모의 눈동자를 충분히 경험하지 못하면, 아이는 끝없는 반응과 공감에 대한 굶주림에 시달리게 된다. '애모'는 무의식이 채우고 싶은 사랑의 눈빛, 사랑의 목소리, 사랑의 손길에 대한 노래이기에 많은 사람들의 공감을 불러일으켜 즐겨 부르는 노래가 되었다.[275]

 내담자 L은 평소 좋아했던 노래, 애모를 들으면 아버지 앞에 주눅이 든 자신이 생각난다고 했다. 내담자 L은 아버지 앞에서는 항상 어린아이가 되는 자신이 의아했다. 많은 외도로 가족들에게 상처를 준 아버지인데도 그 아버지 앞에서는 주눅이 들었다. 부모의 이혼으로 새엄마에게 구박을 받으며 살아온 L은 아버지마저 자신을 떠날까 봐 아버지에게 착한 아이로 남기로 한 것을 상담을 통해 알게 되었다. 정말 자신은 아버지 앞에서 작아지고 등 뒤에 시시 눈물을 훔쳤다고 말하며 자신과 아버지의 관계에 대해 인지 재구조화를 하게 되었다고 한다. L은 자신이 주체로 살아가기로 결정하며 자신의 삶에 깊은 이해를 갖고 싶다고 했다.

이별해 예쁘게

노래:영탁 / 작사:영탁, 지광민 / 작곡:영탁, 지광민

넌 아직 사랑해

다시 거짓말을 했지 나는 인정해

따스한 척하는 뻔한 그런 것들

애써 더 원하지 않게 됐어

이제 와 나는 너에게

누군가는 먼저 해야 할 말을 꺼내네

우리 여기서 그만할까 봐

이별해, 예쁘게

나도 알아 우리 매일매일

다른 하루를 살고 있던걸

돌아보면 우리 매일매일

조금씩

붙어있었던 우릴 이제 떼어내

서로가 서로에게 더 늦기 전에

진짜 여기서 그만할까 봐

이별해, 예쁘게

나도 알아 우리 매일매일

다른 하루를 살고 있던걸

돌아보면 우리 매일매일

조금씩

따뜻하게 잘 지내란 말은 이상해

이별해, 예쁘게
다정하지 않게
우리 내일 내일
어딘가 좀 허전하겠지
그래도 꼭 우리 내일 내일
찾지 않길

이 노래의 화자는 전에 사랑했던 연인과 이제 서로의 다름을 인정하고 하나라고 생각했던 부분들을 조금씩 분리하여 너무 아프지 않게 이별하자고 말하고 있다. 부모와 자녀 관계 역시 화자가 말하듯 예쁘게 분리되어 독립된 주체로 살아갈 수 있도록 서로를 지지하는 관계가 되어야 한다. 사람은 자라면서 양육자의 많은 면을 내면화하고 동일시하게 된다. 충분히 좋은 양육을 받는다면 점점 내적 대상인 부모와 자신을 구별하게 되고 서로 주체로 바라보게 된다. 그러나 건강한 양육을 받지 못한다면 양육자와 동일시되어 양육자의 정서·심리적 착취에서 벗어나기 어렵고 결국 양육자와 많은 부분이 융합되어 버린다. 융합되면 자신의 감정과 욕구, 자신의 가치를 인식하지 못하게 되므로 자기 식별에 어려움을 겪는다. 또한 정서적, 사회적, 경제적 측면에서 독립적인 생활이 힘들게 된다. 그래서 주체로 살아가기 위해서는 분리 개별화가 이루어져야 한다.

내담자 V는 어렸을 때 엄마가 집을 나가 외롭게 자랐지만 자신의 길을 잘 찾아가고 있었다. 그러다 3년 전 엄마가 V를 찾아왔다. 엄마는 힘든 삶을 살고 있었고 V가 잘 산다는 소문을 듣고 찾아왔다. 자신을 버린 엄마지만 자녀이기에 엄마를 돕고 이제라도 엄마의 사랑을 느끼고 싶었다. 그런 V의 마음을 알게 된 엄마는 점점 과한 요구를 했고 V는 과한 요구에 지쳐갔다. 그렇지만 오랜만에 만난 엄마이기에 거절이 어려웠다. 상담을 통해 지금 받고 싶은 사랑은 사실 어릴 적 받아야 했던 사랑이었다는 것을 알게 되었다. 또한, 어릴 적 그리웠던 그 엄마가 자신의 마음속 내적 대상일 뿐 현재의 엄마와는 다르다는 것을 깨닫게 되었다. 그리고 자신이 이제는 엄마와 분리 개별화가 필요하다는 것을 알게 되었다. 이제 V는 엄마의 과한 요구를 거절하는 것이 불효가 아니라고 생각하게 되었고, 지금은 둘 다 건강한 마음으로 예쁘게 살아가는 길을 모색하고 있다.

4) 당신의 시선과 목소리는 따뜻했어요.

인간의 자기 혹은 정체성은 두 개의 기원, 두 개의 지향을 갖는다. 하나는 신체경계의 정신내적 경험과 정신내적 자기 핵이다. 이 핵은 영유아의 내적 감각과 정서에서 파생되고 그것은 그 주위에 정체감이 형성될 자기감의 중심적 결정 지점으로 남게 된다.[276] 다른 하나는 대상세계와 경계설정을 통한 것이다. 위니컷은 유아와 양육자 사이의 좋은 관계는 유아가 분리된 자기감을 발달시키고 동시에 기본적 관계성을 발달시킨다고 했다.[277] 여기서 좋은 관계의 시작은 바로 양육자의 사랑의 시선과 목소리다.

홍 시

노래:나훈아 / 작사:나훈아 / 작곡:나훈아

생각이 난다 홍시가 열리면 울 엄마가 생각이 난다
자장가 대신 젖가슴을 내주던 울 엄마가 생각이 난다

눈이 오면 눈 맞을세라 비가 오면 비 젖을세라
험한 세상 넘어질세라 사랑 땜에 울먹일세라

그리워진다 홍시가 열리면 울 엄마가 그리워진다
눈에 넣어도 아프지도 않겠다던 울 엄마가 그리워진다

생각이 난다 홍시가 열리면 울 엄마가 생각이 난다
회초리치고 돌아앉아 우시던 울 엄마가 생각이 난다

바람 불면 감기 들세라 안 먹어서 약해질세라
힘든 세상 뒤쳐질세라 사랑 땜에 아파할세라

그리워진다 홍시가 열리면 울 엄마가 그리워진다
생각만 해도 눈물이 핑 도는 울 엄마가 그리워진다

생각만 해도 가슴이 찡하는 울 엄마가 그리워진다
울 엄마가 생각이 난다 울 엄마가 보고파진다

이 노래의 화자는 홍시가 열리면 엄마를 그리워한다. 화자에게 상징계의 홍시는 상상계의 엄마이고 사랑이고 '라랑그'다.[278] 화자는 홍시를 통해 젖가슴을 내주던 엄마를 생각하고 있다.

프로이트는 영유아의 대표적 부분대상으로 젖가슴을 이야기한다.[279] 영유아가 엄마의 젖가슴을 요구하는 것은 일차적 자기애와 일차적 구강성 때문이라고 설명한다.[280] 실제 젖가슴의 돌출된 모습은 그것을 손으로 잡거나 입안에 넣거나 깨물도록 유도한다. 젖 빨기에서 아이가 주체로서 자율성을 갖는 방법은 바로 울음이다. 이 파롤(울음)을 통해서 자신을 확인하고 엄마의 몸으로부터 자신을 구별하면서 젖가슴을 소유한다. 이러한 과정에 영유아는 엄마의 신체적 젖가슴을 정신적 젖가슴으로 변형시키게 된다. 그러나 아이의 울음소리는 기표의 단절을 가져온다. 아이가 배고파서 우는데 엄마는 다른 이유에서 운다고 생각할 수도 있다. 결국, 아이의 요구가 그 대상을 놓치게 만들면서 실질적 대상이 추상적 개념, 즉 환각된 이미지로 변형된다. 유아는 자신이 무엇인가를 강렬히 요구했지만 그것을 얻지 못한 경우 젖가슴을 환각하게 된다. 환각된 젖가슴은 욕망의 젖가슴이 되고 결국 유아가 욕망하는 젖가슴은 그 젖가슴을 주려는 어머니의 욕망에 의존하게 된다.[281]

지금까지 강조하려는 젖가슴은 신체기관으로서의 젖가슴이 아니라 파롤의 작용에 의해 상징적으로 분리되고, 상실될 때 만들어지는 정신적 젖가슴이다. 신체적 젖가슴을 통해 배고픔은 충족되지만 유아의 욕구는 충족되지 않는다. 왜냐하면 젖가슴이 환각된 것이기 때문이다. 정확히 말하면 유아가 욕망의 대상을 환각하기 때문이다. 요구는 모아관계에서 유아는 "나는 배고파요"라고 하고 엄마는 "너에게 젖을 먹이게끔

해다오" 식의 이중구조다. 대상 a는 이 고리에서 떨어져나가고 유아는 젖가슴을 환각하고, 또한 환각하는 동안 자신을 젖가슴과 동일시한다. 즉, 유아는 자신이 환각하는 젖가슴이 된다. 이는 프로이트가 죽기 전 써 놓은 메모와도 비슷하다.[282]

프로이트는 이 메모장에서 유아가 엄마와 맺는 관계를 네 시기로 구분하고 있다. 첫 번째 시기 유아는 젖가슴은 나의 일부분이라고 생각한다. 두 번째 시기 유아는 나는 젖가슴을 상실했다고 생각한다. 세 번째 시기 유아는 나는 내가 잃어버린 그 젖가슴이라고 생각한다. 이것은 주체와 대상의 동일시 과정이다. 네 번째 시기 유아는 나는 젖가슴을 가지고 있다고 생각한다. 다시 말해, 나는 더 이상 젖가슴이 아니라고 생각한다는 것이다.[283]

홍시가 열리면 어머니가 생각나는 이유는 어린 시절 아끼며 선반에 감추어 두었던 홍시를 아무도 모르게 슬며시 주셨던 엄마에 대한 기억일 수도 있다. 혹은 늦은 가을, 비바람을 견디며 나뭇가지에 매달려 있는 홍시에 지금 쓸쓸하고 외로운 자신이 투시되어 비 맞고 다니지 말리던 엄마가 생각났을 수도 있다. 눈이 오는 초겨울까지 어린 나뭇가지에 매달려 추위에 떨고 있는 홍시를 보면서 힘들게 살아가는 자신의 모습과 동일시되면서 엄마라는 안전기지가 그리웠을 수도 있다. 아마도 화자는 어린 시절 충분히 좋은 엄마라는 안전기지가 있었기에 지금까지 잘 견뎌왔을 것이다.

내담자 F가 10살 때 엄마가 병환으로, 아버지는 고등학생이었을 때 사망하셨다. 동생 한 명과 어렵게 자랐는데, 성인이 된 후 동생이 조울증 진단을 받았다. F는 동생을 잘 돌보지 못했다는 죄책감이 마음에 크게 자리 잡고 있다고 했다. 그러나 한편으로는 동생의 정신건강이 좋지 않은 것은 동생이 마음이 약한 탓이라는 생각도 있다고 했다. F는 이런 양가감정으로 힘들어했다. 상담을 받으며 F는 자신 안에는 엄마의 사랑의 시선과 목소리가 있고 그것이 자신이 세상을 헤쳐나갈 수 있는 내적 대상으로 자리 잡고 있다는 것을 알았다. 이 노래를 부르며 자신의 마음 깊이 달콤하고 따뜻한 엄마의 목소리가 자신에게 힘내라고 하는 마음을 느낄 수 있다고 했다. 자신보다 더 어렸던 동생은 엄마가 병중이라서 제대로 돌봄을 받지 못했기에 동생의 내적 대상에는 그런 엄마가 없었을 거라고 이해가 되었다. 그러면서 F는 자신의 죄책감과 동생에 대한 원망을 벗고 주체로 주체(동생)를 바라볼 수 있게 되었다.

노래:정여진,최불암 / 작사:지명길 / 작곡:unknown

아빠 언제 어른이 되나요
나는 정말 꿈이 커요 빨리 어른이 돼야지
(그래 아가 아주 큰 꿈을 가져라)
(안 된다는 생각은 하지 말아요)
(암 되고말고 넌 지금 막 시작하는 거니까)
빨리 어른이 돼야지
나는 누가 이끌어주나요

그냥 어른이 되나요? 나는 어쩌면 되나요

(음 그래 정직하게 열심히 살아야 돼)

(그러면 착한 엄마가 되고 훌륭한 아빠가 되는 거야)

내가 쓰러지면 그냥 놔두세요

나도 내 힘으로 일어서야죠

(그래 아가 용기를 가져라)

(누구나 어른은 쉽게 되지만)

(혼자 일어서는 사람들은 그리 많지 않아요)

나는 희망이 있어요

(자 아빠를 봐 올바르게 열심히 살았지)

(이제 이 아름다운 세상은 네 것이야)

(넌 지금 막 시작하는 거란다)

내가 쓰러지면 그냥 놔두세요

나도 내 힘으로 일어서야죠

나는 지금 시작이니까요 아빠 내 곁에 있어줘요

빨리 어른이 될 거야

(그리고 기억해다오 너를 사랑하는 이 아빠를)

나는 지금 시작이니까요. 아빠 내 곁에 있어줘요

빨리 어른이 될 거야

이 노래는 빨리 어른이 되고 싶은 자녀가 아빠에게 자문을 구하는 질문으로 시작한다. 여기서 아버지는 자녀에게 대타자로 답을 하면서도 더 큰 대타자인 인생에게 자녀를 인도하고 있다.[284] 아버지가 가지고 있는 가장 중요한 기능은 프로이트의 초자아와 자아 이상에 관련되어 있다. 그 두 가지는 모두 오이디푸스 콤플렉스의 상속자가 되라고 요구한다. 그 과정에서 핵심기제는 동일시다. 라캉의 경우, 이 동일시를 상상적 동일시와 상징적 동일시로 구분하여 설명하는데, 상상적 동일시는 거울단계 문맥에서, 상상적 동일시는 자아형성 문맥에서 설명한다. 아이는 오이디푸스기에 들어서면 원초적 대상인 어머니로부터 멀어져 아버지에게로 향하게 된다. 아버지에게로 향하는 이런 전환과 동일시는 훗날 신경증적 형성물들에서 인과론적 역할을 하게 된다.[285] 아이에게 그 시기의 아버지는 자신을 사랑해주고 뭐든지 다 해줄 수 있는 힘을 지닌 매우 매력적 대상이다. 그런 아버지에게 전환하는 것은 모든 아이의 보편적 소망이자 태도다.[286]

　라캉은 아버지를 상상적 아버지, 상징적 아버지, 실재적 아버지로 구분하여 설명한다. 상징적 아버지는 원시종족의 죽은 아버지로 은유하고 그 아버지는 흔히 강박신경증의 환상 속에 구현된다. 상징적 아버지는 아버지 이름으로 사용되기 때문에 아무런 표상도 없다. 그런 의미에서 상징적 아버지는 순수한 시니피앙이다. 아버지의 이름은 상징적 체계 전반을 유지시켜 준다. 즉, 상징적 아버지 이름은 체계의 고정점 또는 누빔점이 되는 것이다. 상상적 아버지는 아버지의 형상들로 다양하게 나타난다. 이는 아버지의 상징적 역할과 실재적 아버지 사이에서 생겨나는 부조화나 불일치의 결과로 출현한 것이다.[287] 신경증과 관련 있는 초자아는 상징적 아버지와의 관계로부터 나오는 것이 아니라 박탈의 상상적 아버지와의 관계로부터 나온다고 주장한다.[288]

　이 노래에서 아빠는 어린 자녀에게 큰 꿈을 가지라고, 용기를 가지라고, 아빠를 기억하라고 말하고 있다. 이러한 아버지다움의 격려와 지지는 자녀가 성장하고 세상을 헤쳐나가는데 큰 힘이 된다.[289] 아빠는 자녀에게 이제 이 아름다운 세상은 네 것이라고 축복해 주는데, 이런 아버지 목소리는 자녀 정신의 핵을 이루고 자녀가 세상을 주체적으로 살아갈 수 있도록 격려한다. 이처럼 아버지 목소리는 세상의 금기만 내면화시키는 것이 아니라 세상을 헤쳐나갈 수 있는 힘도 내면화시킨다는 사실이다.

내담자 N은 막내딸로 아버지의 사랑을 듬뿍 받고 자랐다. N은 결혼 후 시어머니와 줄곧 함께 살게 되었다. 모든 부모가 자신의 부모 같은 줄 알았는데 시어머니 때문에 피곤하고 힘든 삶을 살아왔다. 시어머니는 모진 말과 비상식적 행동으로 이해할 수 없는 모습을 보였다. 그런 시어머니라도 자신을 사랑으로 키워주신 아버지를 생각하면 참고 넘어갈 수가 있었다. N은 힘들 때면 자신에게 잘한다고 응원해 주는 아버지 목소리를 기억한다고 했다. 이 노래를 들으며 어린아이가 되어 편안히 아빠 무릎을 베고 누워있는 상상을 하게 된다고 했다.

그 대 라 는 　 바 다

노래:박정현 / 작사:어깨깡패1 / 작곡:주선율

난 너야 네가 무슨 말을 해도
네게서 멀어질 수 없는 걸
널 안으면 파도처럼 날 덮치는

그대라는 깊은 바다

가장 아름다운 모습으로

낮과 밤을 함께 채워갈게

가본 적도 없는 그 낯선 여정에

그대만 곁에 있어준다면

눈 감으면 물감이 번져가듯

모든 날이 또렷해지는 걸

난 알았지 그대 없는 하루의 시작과 끝

시든 꽃 같단 걸

가장 아름다운 모습으로

낮과 밤을 함께 채워갈게

가본 적도 없는 그 낯선 여정에

그대만 곁에 있어 준다면

굽이쳐오는 그대라는 물결

헤메이더라도 손 놓지 않을게

가늠할 수 없는 깊은 바다

한줄기 빛과 해와 달이 있다면

우리의 내일엔 어둠이 걷히고

맑게 개인 무지개를 만나리

이 노래는 우리의 내적 대상에 대해 노래하고 있다. 이 노래의 화자가 '난 너야'라고 선언하는 것처럼 양육과정의 주요한 대상은 나의 심리 안에 내적 대상으로 내가 되어있다. 그래서 대상이 밉고 싫어도 그 대상과 동일시하며 동행하는 삶을 살게 된다. 대상이 무슨 말을 해도 대상에게서 멀어질 수 없다는 걸 화자는 알고 있다. 이 노래의 화자는 그대라는 깊은 바다가 자신을 덮치고 있기에 피할 수 없다는 매우 깊은 통찰을 갖게 된 것이다. 인간은 부모나 양육자의 성품이 내적대상으로 자신 안에 물감처럼 번져있기에 그 성품이 마음에 안 든다고 그 부분을 도려낼 수는 없다. 세익스피어의 소설 '베니스의 상인'에서 피 없이 살만 도려낼 수 없듯이 말이다. 그 싫은 성품과 좋아하는 성품이 내 안에서 나를 만들어가고 있는 것이다. 우리의 마음에서 아버지와 어머니를 떼어낸다면 우리 자신도 없다. 내적 대상이 없는 하루의 시작과 끝은 이 노래의 화자가 말하듯이 시든 꽃 같을 수 있다. 이 노래의 화자는 그 대상과 가장 아름다운 모습으로 낮과 밤을 함께 채워 갈 거라고 말한다. 내적대상의 한마디 아름다운 말과 사랑의 눈빛이 있었다면 우리는 힘든 시간을 이겨낼 힘이 생기게 된다. 이 노래의 화자가 '내일엔 어둠이 걷히고 맑게 개인 무지개를 만나리'라고 노래하는 것처럼 말이다.

내담자 T는 여러 가지 스트레스로 어느 날 호흡기에 문제가 생겼다. 여러 가지 검사결과 공황장애를 진단을 받았다. T는 자신이 감당할 수 없는 시댁의 여러 상황들을 그동안은 당연히 해야 할 일이라고 생각하며 살아왔다. 그러다가 남편의 회사문제가 겹치자 공황장애 진단을 받게 되었다. 그렇지만 원가족에서의 부모의 지지적 양육태도가 있었기에 든든한 정신구조를 갖고 있었고, 남편의 아내를 신뢰하는 태도와 자녀들의 그동안 엄마의 희생에 대한 인정으로 심리적 안정을 빨리 찾게 되었다.

5) 내 인생을 사랑하자

아 모 르 파 티 amor fati

노래:김연자 / 작사:이건우 / 작곡:윤일상

산다는 게 다 그런 거지 누구나 빈손으로 와
소설 같은 한 편의 얘기들을 세상에 뿌리며 살지
자신에게 실망하지마 모든 걸 잘할 순 없어
오늘보다 더 나은 내일이면 돼
인생은 지금이야
아모르 파티
아모르 파티
인생이란 붓을 들고서 무엇을 그려야 할지
고민하고 방황하던 시간이 없다면 거짓말이지
말해 뭐해 쏜 화살처럼 사랑도 지나갔지만
그 추억들 눈이 부시면서도 슬펐던 행복이여
나이는 숫자, 마음이 진짜
가슴이 뛰는 대로 가면 돼
이제는 더 이상 슬픔이여 안녕
왔다 갈 한 번의 인생아
연애는 필수 결혼은 선택
가슴이 뛰는대로 하면 돼
눈물은 이별의 거품일 뿐이야

다가올 사랑은 두렵지 않아
아모르 파티
아모르 파티

아모르 파티(amor fati)는 '운명의 사랑', '운명에 대한 사랑'이라는 의미의 라틴어구다. 아모르 파티의 개념은 에픽테토스(Epictetus, AD. 55~135)와 관련 있고 마르쿠스 아우렐리우스와도 관련 있다.[290] 인생을 살아가며 겪게 되는 기쁨과 슬픔, 행복과 불행을 포함하여 자신의 삶에서 일어나는 모든 것이 운명이며 그 운명을 받아들이고 그것을 사랑해야한다는 주장이다. 아모르 파티는 자신의 삶에서 일어나는 사건이나 상황을 받아들인다는 것이 특징으로 이러한 태도를 기술하기 위해 사용된 것으로 보인다.

아모르 파티는 독일 철학자 니체의 사상 중 하나다. 인간에게 필연적으로 다가오는 운명을 감수하는 것으로 그치는 것이 아니라, 그것을 오히려 긍정하고 자신의 것으로 받아들여 사랑하는 것이 인간 본래의 창조성을 키울 수 있다는 사상이다. 자신의 운명은 회피하거나 감수하는 것이 아니라, 오히려 개척해나가야 한다는 것이 이 사상의 외침이다.[291]

성경에도 이런 논조의 전도서가 있다. 전도서는 인생에 대하여 매우 복잡하고 난해하게 진술한다. 중세시대 신학자들은 구약에서 위험한 성경으로 아가서와 전도서를 뽑았다. 아가서는 과도한 성적 묘사를 담고 있기 때문이고 전도서는 성경의 위대한 이야기와 전혀 어울리지 않는 듯한 냉소주의와 심지어 죽음의 절망으로 가득 차 있기 때문이다.[292] 전도서의 화자인 모으는 자, 코헬레트(Qoheleth)는 어떠한 사람이라도 세상 질서를 파악하려고 노력하지만 불가능한 것으로 결론 내린다. 그의 결론에는 죽음은 누구에게나 평등하고 삶은 너무나 자주 불공평하며 인간은 미래에 어떠한 일들이 발생할지 알 수 없다는 것이다. 그럼에도 코헬레트는 인생을 가르켜 창조주로부터 받은 선물이라고 한다. 비록 인생에 모순이 있을지라도 그 자체로 즐겨달라고 요청한다. 전도서가 어려운 것은 절망과 소망을 함께 성찰하는 것이 말이 안 되는 것 같지만 역사와 삶의 경험을 통해서 어느 정도는 이해하게 된다.

코헬레트는 인생을 통제하거나 결정할 수 없다고 말한다. 재물과 지혜, 쾌락을 얻고자 하는 인생의 수고가 아무런 의미가 없다. 왜냐하면 결국 우리는 모두 죽기 때문이다. 더구나 인생은 너무 자주 도덕과 상관없이 돌아가고 인생의 목적은 여전히 신비로 남는다. 인생이 한 모든 일은 잊힐 것이고 앞으로 무슨 일이 발생할지도 알지 못한다. 그럼에도 불구하고 코헬레트는 인생을 하나님의 선물로 받아들이라고 말한다. 코헬레트는 인생의 가능성에 대해 한탄할 수도 있고 축하할 수도 있다며 역설적인 것을 동시에 주장한다. 독자들은 코헬레트가 모든 인생이 헤벨(헛됨)이지만 여전히 인생은 기쁨과 좋은 것이 될 수 있다는 상반된 두 가지 주장을 끈질기게 고집하고 있다는 사실에 곤란해 한다. 이 두 주장 가운데 하나만을 이 책의 유일한 메시지로 간주하며 다른 하나를 불협화음 또는 억지적인 것으로 치부해버리는 것은 삼가야 한다. 코헬레트도 이 두 가지 사실을 단락별로 계속 반복한다. 따라서 이 두 가지 주장을 나누거나 다른 하나를 배제하려는 해석은 왜곡된 것이다.

코헬레트가 말하고자 하는 것은 인생을 살펴보면 일관성이 결여되어 있지만 그럼에도 불구하고 일반은총으로 주어지는 기쁨(simhah)은 매우 가치 있는 것으로 간주되어야 한다는 것이다. 그는 인생이 모두 죽을 운명이지만 인생에게 사는 날 동안 창조주가 수많은 은총을 허락하신다는 사실을 역설한다. 코헬레트는 독자들에게 엄연한 두 가지 사실, '헤벨'(hebel; 허무)과 '심하'(simhah; 기쁨) 어느 하나 간과하지 말고 모두 진지하게 대화하라고 도전한다. 로버트 존스톤은 전도서 화자의 목적(intention)과 의도(intentionality)를 나누어 설명한다. 먼저 코헬레트의 저술목적은 인생을 의미 있게 하려는 인생의 헛된 노력에 대해 정면으로 공격하는 것이고, 저술 의도는 힘겨운 인생에 담긴 하나님의 선물이 있으니 그것을 기쁨으로 즐겨야 한다는 것이다.[294] 엘사 타마즈(Elsa Tamaz)도 이와 유사한 해석을 내놓았다. 코헬레트의 의도는 분명하다. 첫째, 해 아래 힘겨운 노동 가운데서도 기쁨을 누리라는 것이고 둘째, 사람이 인생을 헤벨과 어리석음 가운데서 살아가지만 헤벨과 어리석음에 따라 살아가지 말라는 것이다.[295]

아모르 파티의 화자가 "소설 같은 한 편의 얘기들을 세상에 뿌리며 살지"라고 말하는 것처럼, 우리는 각자의 이야기 속에서 살아가고 있다. 개인은 하나의 이야기를 써 내려가다가 결혼하게 되면, 두 사람의 이야기를 하나의 이야기로 엮어내야 하는 복잡한 문제가 발생한다. 결혼이란 두 개의 개별적 이야기들을 하나의 독특한 이야기로 빚어가는 과정이다.[296]

화자는 "인생이란 붓을 들고서 무엇을 그려야 할지 고민하고 방황하던 시간이 없다면 거짓말이지"라고 말한다. 인생에서 가장 큰 고민과 어려운 결정 중 하나는 결혼일 것이다. 이성을 마비시키는 사랑의 열병이 없었다면 결혼은 쉽게 성사되지 못했을 것이다. 어쨌든 사랑 덕분에 결혼이 성사되고 다음 세대로 삶은 계속 이어진다. 내담자 D는 "말해 뭐해 쏜 화살처럼, 사랑도 지나갔지만, 그 추억들 눈이 부시면서도, 슬펐던 행복이여"라는 가사가 자신의 과거와 지금을 정확하게 말해주는 것 같아 마음에 크게 와 닿는다고 했다.

내담자 D는 중년의 나이에 이혼하면서 환경을 새롭게 조직해야 하고 적응해야하는 과제가 생기게 되었다. 이혼은 당사자들에게 여러 부분에 큰 충격을 주는데, 그 충격으로 인해 당사자들이 현실을 직시하게 된다. 말하자면, 기혼자는 배우자에 대한 콩깍지가 벗겨지면서 자신에 대해 크게 실망하게 된다. 동시에 자신의 삶에 대한 새로운 고찰이 일어나기도 한다. 그러면 화자가 "나이는 숫자, 마음이 진짜, 가슴이 뛰는 대로 가면 돼, 이제는 더 이상 슬픔이여 안녕, 왔다 갈 한 번의 인생아"라고 노래하는 것처럼 새로운 삶의 돌파구를 찾아내려고 용기를 내는 모습을 보이게 된다.

"눈물은 이별의 거품일 뿐이야, 다가올 사랑은 두렵지 않아"라고 말하는 화자는 거듭된 회상과 성찰을 통해 자신에 대한 분석이 많이 이루어지면서 자신의 사고와 관점의 재구조화가 이뤄진 모습이다. 그렇게 되면 다가올 사랑도 두렵지 않은 강하고 건강한 주체를 형성하게 된다. 내담자 D는 화자가 과거 양육자에게 받은 상처이든, 아니면 배우자에게 받은 상처이든 모든 과거의 운명을 자신의 운명으로 받아들이고 현재 운명을 사랑하며 살라고 외치는 노랫말에 큰 감응을 받았다고 말했다.

정신분석은 분석가와 분석주체인 내담자를 이어주는 말(본 연구에서는 노랫말)이라는 매개수단을 통해 두 사람의 지성과 몸을 동원하는 수고다. 내담자 D는 노랫말을 통해서 프로이트가 정신분석의 원리에 대해 말한 바 있는 '우리의 신(神) 로고스'를 경험한 것 같았다.[297] 내담자는 자신이 노래회상에서 경험한 것을 상담사에게 전이시키는 관계를 통해서 자기 신뢰감과 자기 인생을 사랑할 수 있는 능력을 회복하게 된 것으로 보인다.[298] 이 장면에서 필자는 노랫말이 새로운 정신분석적 전이담론 매체로서의 잠재력이 있음을 확인할 수 있었다.

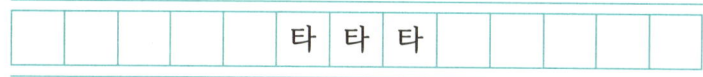

노래:김국환 / 작사:양인자 / 작곡:김희갑

네가 나를 모르는데 난들 너를 알겠느냐
한치 앞도 모두 몰라 다 안다면 재미없지
바람이 부는 날은 바람으로
비 오면 비에 젖어 사는 거지 그런 거지
음~~ 아 허허
산다는 건 좋은 거지 수지맞는 장사잖소
알몸으로 태어나서 옷 한 벌은 건졌잖소
우리네 헛짚은 인생살이
한 세상 걱정조차 없이 살면 무슨 재미
그런 게 덤이잖소

네가 나를 모르는데 난들 너를 알겠느냐
한 치 앞도 모두 몰라 다 안다면 재미없지
바람이 부는 날은 바람으로

비 오면 비에 젖어 사는 거지 그런 거지
음~~ 아 허허
산다는 건 좋은 거지 수지맞는 장사잖소
알몸으로 태어나서 옷 한 벌은 건졌잖소
우리네 헛짚은 인생살이
한 세상 걱정조차 없이 살면 무슨 재미
그런 게 덤이잖소

이 노래의 제목 '타타타'는 산스크리트어로 '있는 그대로의 것', '꼭 그러한 것'을 의미한다. 인생은 있는 그대로의 것이다. 라캉에 의하면 언어는 '있는 그대로의 것' 즉, 실재계와 상상계를 표현할 수 없다고 한다. 인생도 언어로 다 표현되지 않는다. 인생을 말할 때 언어가 상상계를 죽이고 상징계로 오기 때문이다. "네가 나를 모르는데 난들 너를 알겠느냐"라는 것은 라캉의 "나는 존재하지 않는 곳에서 생각한다"라는 것과 통한다고 할 수 있다.[299]

죽어야 할 운명은 인간의 마음에 공포를 일으킨다. 그래서 곧잘 인간은 죽음을 부인한 채 살아간다. 물론 죽음이 인생에 의문을 던져 흔들어 대기는 하지만 동시에 인생의 소중함을 상기시킨다. 청자와 독자는 화자의 노래를 회상하면서 인생의 소중함을 경험하게 된다. 타타타의 화자는 인생을 헤아릴 수 없고 불가사의해 혼란스러워 한다. 인생은 마치 그냥 되는 대로 흘러가는 것처럼 보이기도 한다. 하지만 화자는 "비 오면 비에 젖어 사는 거지 그런 거지"라며 인생에 벌어지는 일들을 주어진 모습 그대로 받아들이는 것을 제안한다.

타타타의 화자는 전도서의 코헬레트처럼 청자와 독자들에게 인생을 더욱 깊이 보라고 권면한다. 화자는 인생을 다 알면 재미없다고 말하며 청자와 독자들은 인생을 역설적으로 받아보도록 계속 권유받는다. 이러한 역설적 보기는 청자와 독자들이 가지고 있던 지혜를 수정하고 그 중심을 바꿔 놓는 계기가 된다.[300] 코헬레트가 인생을 하나님의 선물이라고 예찬하는 것처럼 타타타의 화자도 산다는 건 좋은 것이고 수지맞는 장사라고 노래한다. 화자의 이 같은 깨달음은 원시적 편집-분열자리나 우울자리에서 고뇌하는 청자들을 초월자리로 안내한다. 화자의 감미로운 목소리와 말은 청자들의 내면에 인생에 대한 존경의 자리를 찾아내게 하고 인생의 고상함 이상의 경의를 갖게 한다.[301]

내담자 M은 남편이 병환으로 사망하고 두 자녀가 있다. 남편의 무능으로 삶이 힘들고 어려웠다. 힘든 삶으로 인해 M은 안 아픈 곳이 없다. 공황장애까지 와서 정신과약을 먹으며 자신처럼 기구한 운명을 가지고 산 사람도 없을 거라고 한탄을 했다. 이 노래를 들으며 어려운 가운데서도 반듯하게 자란 자녀들이 고맙고 이제까지 버틸 수 있었던 자신에게도 감사했다. 그리고 이제는 지나온 과거는 과거대로 인정하고, 앞으로는 노후를 행복하게 보내기로 마음먹었다.

건 물 사 이 에 피 어 난 장 미

노래:H1-KEY / 작사:YOUNG K / 작곡:홍지상

건물 사이에 피어난 장미 제발 살아남아 줬으면
꺾이지 마 잘 자라줘

온몸을 덮고 있는 가시 얼마나 힘이 들었으면
견뎌내줘서 고마워

예쁘지 않은 꽃은 다들 골라내고 잘라내
예쁘면 또 예쁜 대로 꺾어 언젠가는 시들고

왜 내버려 두지를 못해 그냥 가던 길 좀 가
어렵게 나왔잖아 악착같이 살잖아 hey

나는 건물 사이에 피어난 장미
삭막한 이 도시가 아름답게 물들 때까지

고갤 들고 버틸게 끝까지
모두가 내 향길 맡고 취해 웃을 때까지
Oh oh oh oh

No I'm not goin' down I'll be alright
Yeh I'm only goin' up and Imma be alright Hey

내가 원해서 여기서 나왔냐고 원망해 봐도 안 달라져 하나도
지나고 돌아보면 앞만 보던 내가 보여
그때그때 잘 견뎌냈다고 생각 안 해 그냥 날 믿었다고

거센 바람이 불어와 내 살을 베려 해도
자꾸 벌레들이 나를 괴롭히고 파고들어도

No 언제나 굴하지 않고 쓰러지지 않아 난
어렵게 나왔잖아 악착같이 살잖아

나는 건물 사이에 피어난 장미
삭막한 이 도시가 아름답게 물들 때까지

고갤 들고 버틸게 끝까지 모두가 내 향길 맡고 취해 웃을 때까지
Keep it up Oh oh oh oh

It's a song for you and I
Say that we're alive
Celebrate it now

나는 건물 사이에 피어난 장미
삭막한 이 도시가 아름답게 물들 때까지

고갤 들고 버틸게 끝까지
모두가 내 향길 맡고 취해 웃을 때까지

Keep it up Oh oh oh oh

No I'm not goin' down I'll be alright
Yeh I'm only goin' up and Imma be alright Hey

Keep it up Oh oh oh oh

No I'm not goin' down I'll be alright
Yeh I'm growin' up and Imma be alright Hey

멜처는 인간의 본성은 아름다움의 경외감과 우리가 자연이라고 부르는 것의 미묘한 작용들에 대한 놀라움을 일으키도록 설계되어 있다고 한다.[302] 이 노래는 인간이 갖고 있는 아름다움에 대한 경외감과 자연의 위대함에 대해 이야기하고 있다. 인위적으로 만들어진 큰 빌딩 사이 좁은 공간에서 자연적으로 자란 장미에 대한 경외감으로 이 노래는 시작된다. 좁고 햇볕도 잘 들지 않는 곳에서 자라고 있는 장미를 보며 이 노래의 화자는 자신을 그 장미에 투사한다. 큰 빌딩 사이에는 빌딩풍이 있어서 다른 곳보다 바람이 세다. 그 바람에 흔들리고 있지만 그 바람을 견디며 애써 꽃을 피우고 있는 장미가 있다는 것이 힘든 현실을 살아가고 있는 자신과 동일시하며 위안을 얻고 있다. 누가 언제 심었는지 아니면 우연히 떨어진 씨앗이 발아했는지 모르지만 장미는 기댈 곳 없고 햇볕도 잘 들지 않는 빌딩 사이에서 자랐고 드디어 꽃을 피웠다. 누군가 자신을 꺾지 않을까 벌레가 자신을 괴롭힐까 자신의 몸을 더 많은 가시로 덮어보지만 벌레들은 자신의 몸을 파고 들고, 바람은 여전히 장미를 흔들어댄다. 화자는 자신이 잘 견뎌온 것이 아니라 자신을 믿어서 꽃을 피울 수 있었다고 한다. 그는 자신이 어떤 역경도 이겨낼 수 있는 믿음이 있다고 확신한다. 그리고 어렵게 빌딩 사이를 뚫고 나온 만큼 쓰러지지 않고 악착같이 살아야겠다고 다짐한다. 더 나아가 아름다운 자신의 모습으로 삭막한 도시를 아름답게 물들이고 모두가 자신의 향기를 맡으며 행복해하길 바라고 있다.

멜처는 원-미적(proto-aethetic) 경험들이 자궁 안에서 시작된다고 한다. 엄마의 발걸음의 리듬에서 발생한 요람 안에서 느껴졌던 우아하고 깊은 흔들림과 엄마의 자장가로 들리는 아기의 심장박동과 조화로운 엄마의 심장박동의 당김음(syncopation)들이 아름다움의 경험이 된다.[303] 이렇게 인간 안에 있는 아름다움에 대한 경외감은 힘든 현실을 헤치고 나갈 수 있는 힘이 되어준다. 이 노래를 듣는 사람들에게 자신을 힘겹게 자란 장미와 동일시하며 자신도 아름다운 장미를 피우고 더 나아가 더 힘든 이들에게 향기 나는 주체가 되려는 결심을 할 수 있도록 용기를 주고 있다.

6) 자아를 초월하여

킬리만자로의 표범

노래:조용필 / 작사:양인자 / 작곡:김희갑

먹이를 찾아 산기슭을 어슬렁거리는
하이에나를 본 일이 있는가
짐승의 썩은 고기만을 찾아다니는
산기슭의 하이에나
나는 하이에나가 아니라 표범이고 싶다
산정 높이 올라가 굶어서 얼어 죽는
눈 덮인 킬리만자로의
그 표범이고 싶다

자고 나면 위대해지고
자고 나면 초라해지는 나는 지금
지구의 어두운 모퉁이에서 잠시 쉬고 있다
야망에 찬 도시의 그 불빛 어디에도 나는 없다
이 큰 도시의 복판에
이렇듯 철저히 혼자 버려진들
무슨 상관이랴
나보다 더 불행하게 살다 간
고호란 사나이도 있었는데

바람처럼 왔다가 이슬처럼 갈 순 없잖아
내가 산 흔적일랑 남겨둬야지
한 줄기 연기처럼 가뭇없이 사라져도
빛나는 불꽃으로 타올라야지
묻지 마라 왜냐고 왜 그렇게 높은 곳까지
오르려 애쓰는지 묻지를 마라
고독한 남자의 불타는 영혼을
아는 이 없으면 또 어떠리

살아가는 일이 허전하고 등이 시릴 때
그것을 위안해줄 아무것도 없는 보잘것없는 세상을
그런 세상을 새삼스레 아름답게 보이게 하는 건
사랑 때문이라구?
사랑이 사람을 얼마나 고독하게 만드는지
모르고 하는 소리지
사랑만큼 고독해진다는 걸
모르고 하는 소리지

너는 귀뚜라미를 사랑한다고 했다
나도 귀뚜라미를 사랑한다
너는 라일락을 사랑한다고 했다
나도 라일락을 사랑한다
너는 밤을 사랑한다고 했다
나도 밤을 사랑한다
그리고 또 나는 사랑한다
화려하면서도 쓸쓸하고

가득 찬 것 같으면서도 텅 비어 있는
내 청춘에 건배

사랑이 외로운 건 운명을 걸기 때문이지
모든 것을 거니까 외로운 거야
사랑도 이상도 모두를 요구하는 것
모두를 건다는 건 외로운 거야
사랑이란 이별이 보이는 가슴 아픈 정열
정열의 마지막엔 무엇이 있나
모두를 잃어도 사랑은 후회 않는 것
그래야 사랑했다 할 수 있겠지

아무리 깊은 밤일지라도
한 가닥 불빛으로 나는 남으리
메마르고 타버린 땅일 지라도
한줄기 맑은 물소리로 나는 남으리
거센 폭풍우 초목을 휩쓸어도
꺾이지 않는 한 그루 나무 되리
내가 지금 이 세상을 살고 있는 것은
21세기가 간절히 나를 원했기 때문이야

구름인가 눈인가 저 높은 곳 킬리만자로
오늘도 나는 가리 배낭을 메고
산에서 만나는 고독과 악수하면
그대로 산이 된들 또 어떠리

초월은 오랜 인식론의 전통을 가지고 있다. 소크라테스 이전부터 근대에 이르기까지 다양한 형태로 계승되어왔다. 초월은 계몽주의 이후 잠시 빛바랜 후에, 20세기 들어 치유와 관련하여 다시 주목받고 있는 인식론의 주제다. 초월과 관련된 주제로 신비주의가 있고 그것과 관련하여 공히 영적 관심(spritualism)이 주가 되었다. 영적 관심을 가진 많은 사람들이 신과 친밀한 관계를 유지하고, 그 관계를 자애로운 모성 혹은 부성으로 경험한다. 신과의 관계는 불안을 덜어주는 안전기지를 제공하여 활기, 자신감, 유능감을 느끼게 한다. 또한 신앙은 부모 애착의 연장선이 아니라 오히려 불안정 애착을 보완하는 역할을 할 수 있다. 신은 부모와 달리 무조건적 사랑을 제공하기 때문이다. 신과의 친밀한 관계는 더 많은 사람과 안정애착 관계를 맺을 수 있는 징검다리를 제공할 수 있다.[304]

현대 정신분석가로 널리 알려진 라캉은 신비주의에 깊은 존경심을 가졌고 그의 정신세계와 생활에서도 관련 인식론을 찾아볼 수 있다. 비온 역시 인간의 도덕성과 종교성에 존성심을 가졌던 정신분석가다.[305] 제임스 그롯슈타인(James Grotstein, 1925-2015)의 초월자리 개념은 분석심리학에서 사용하는 종교적이고 영적이고 신비적 개념은 아니다. 그에게 초월은 정신분석적이고 인식론적 개념이다.[306] 그러함에도 초월자리와 관련된 개념이 노래회상치료에서 초월을 이야기할 때 도움이 되는 부분이 있어 설명하려 한다. 그롯슈타인의 초월자리는 모든 정신의 발달자리에 앞서 있고, 모든 차원과 관점에서 동시에 그리고 이후에 있으며, 맴돌고, 둘러싸고, 껴안고, 넘어서는 자리다. 초월자리는 비온의 O와 관련 있는 개념으로 비온은 자기-부정(자아의 포기)를 통해서

O가 된다고 하였는데 그때에 초월자리의 일시적 성취가 된다. 초월은 우리가 있는 곳, '바로 그 위에', '그 안에', '그 주위에' 있는 말 없는 타자이고 인간존재의 핵이다.[307]

인간은 유아기 이후 계속해서 좌절을 참아내는 역량을 점진적으로 발달시킴으로써 모든 것의 궁극적 실재인 O와 공명하는 능력을 갖게 된다. 개인이 자신의 운명을 부인하지 않고 수용하는 것은 초월성을 성취한 것이다. 이는 더 성화된 자기가 된 것이고 더 나아가 신비가가 된 것이다.[308] 이러한 자리의 발달이나 발달의 특성은 노래회상에서 치료적 개입에 중요한 이슈가 된다.

'킬리만자로의 표범'의 작사자 양인자에 따르면, 그녀가 헤밍웨이의 소설 '킬리만자로의 눈' 첫 장에 기술된 내용을 모티브로 노랫말을 썼다고 한다. 킬리만자로의 표범은 표면적으로는 정상에 오르고 싶은 남자의 욕망을 이야기하고 있는 것처럼 보인다. 그러나 이 노래를 초월적 세계를 추구하는 인간의 궁극적 갈망으로 해석하고 싶다. 인간은 하이에나처럼 원시적 욕구를 해결하는 자폐-접촉자리에 있기도 하고 편집-분열자리에서 자신의 불편한 감정들을 물어뜯는 공격성으로 표현하기도 한다. 그러다가 자기가 공격한 그 대상이 자신이 사랑하는 대상임을 깨닫게 되는 순간 죄책감에서 우울자리로 이동하는 표범이 된다. 우울자리에서 인간은 양심과 감사를 느끼며 통합을 한다. 그리고 더 나아가 주체적 자기를 찾고 초월자리로 들어가고 싶은 열망이 더 커지며 산이 되고 싶어진다. 사람들의 가슴에는 하이에나와 표범이 함께 공존하고 있다.

이 노래에서 표범은 우리가 갖고 있는 그 마음의 별을 찾아 킬리만자로를 오른다. 초원에서 멀리 킬리만자로 봉우리의 눈이 빛나는 것을 보며 그곳에 자신이 원하는 그 무언가가 있을 거라는 꿈을 꾼다. 하지만 어느 날은 위대해지고 어느 날은 초라해지는 표범은 찬란한 도시에서 어느 어두운 모퉁이에 철저히 버려져 있다. 그러다 밤하늘을 바라보고 별이 빛나는 밤을 그린 고호를 떠올린다. 불행한 삶이었지만 아름다운 많은 작품을 남긴 고호를 생각하며 자기 자신에게 축배를 들고 그는 용기를 낸다.

표범은 드디어 킬리만자로를 향해 오르기 시작한다. 그곳을 향해 가다가 사냥하고 힘을 비축하며 다시 산을 향해 오른다. 표범이 먹다 남은 남겨진 사냥감을 하이에나들이 몰려와 먹는다. 그러나 표범은 그들이 자신이 남긴 짐승의 고기를 먹는 것에 아랑곳하지 않는다. 그는 이미 그곳이 자신이 있어야 할 곳이 아니라는 것을 알기 때문이다. 그는 깊은 호흡을 하며 산을 오른다. 자신의 모든 것을 걸고 외로이 산을 오르며, 모든 것을 잃을 거라는 것을 알지만 그는 산에 오른다. 그동안 타자의 욕망으로 살았던 자신을 벗어버리고 주체로 자신의 욕망을 찾아가고 있다. 고도가 높아질수록 점점 호흡이 가빠지지만 그것도 그에게 방해가 되지 않는다. 그의 몸이 눈에 파묻혀 감각을 잃고 있지만, 그의 마음엔 기쁨이 넘치고 있다. 타인의 욕망이 아닌 자기 자신의 주체가 되었기 때문이다. 드디어 표범은 산이 된다.

내담자 K는 전문직 싱글여성이다. 결혼하라는 언니들의 성화에 스트레스를 받고 있었다. 그러나 K는 예전의 남자친구에게 받은 상처 때문에 결혼을 회피하고 있다. 혼자인 삶이 외롭고 외부 시선으로 힘들 때도 있지만 남자에게 매인 삶보다는 독립된 주체로 살아가고 싶어 했다. 상담을 하며 회피가 아닌 자신의 주체로 살아가는 것에 대해 생각하게 되었고 이제는 좋은 남자와 함께 하는 것도 좋겠다는 생각을 하게 되었다. 결혼에 대해서 타인의 욕망이 아닌 주체로서 보는 시각이 생긴 것이다. 그러면서 주체로서 자신의 욕망에 대해 생각하게 되었다. K는 걷는 것을 너무 좋아해서 세계 곳곳으로 트레킹을 다니며 자신도 킬리만자로의 표범이 되었으면 좋겠다고 했다.

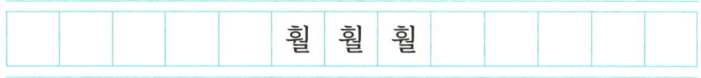

노래:김용임 / 작사:나옹선사 / 작곡:정의송

사랑도 부질없어 미움도 부질없어
청산은 나를 보고 말없이 살라하네
버려라 훨훨 벗어버려라 훨훨
사랑도 미움도 버려라 벗어라 훨훨훨
아~ 아~ 물같이 바람같이 살라하네

탐욕도 벗어 놓고 성냄도 벗어 놓고
창공은 나를 보고 티 없이 살라하네
훨훨훨 훨훨 벗어 버려라 훨훨
탐욕도 성냄도 버려라 벗어라 훨훨훨
아~ 아~ 물같이 바람같이 살라하네
물같이 바람같이 살라하네

이 노래의 화자는 사랑과 미움이 부질없다고 말한다. 그의 말에서 그가 얼마나 큰 상처를 받았는지 느낄 수 있다. 마치 편집-분열자리에서 사랑과 미움 사이를 수도 없이 오가는 유아처럼 말이다. 화자는 사랑과 미움을 오가며 지친 나머지 사랑과 미움이 부질없다고 체념하게 된다. 그러나 놀랍게도 화자는 체념에 머무는 것이 아니라, 자연의 이치를 내면화하며 순리(巡吏) 즉, 초월자리로 들어가게 된다. 이처럼 자연은 사람을 치유하기도 하고 동시에 사람을 구도자로 이끈다. 이 노래의 화자도 청산을 바라보며 자신의 욕망과 집착을 모두 털어버린다. 화자가 자신의 마음에 청산을 내면화할 때, 청산은 화자에게 말없이 살라고 한다. 그것은 아마도 화자의 무의식이 독립된 주체로서 자기 자신에게 하는 내적 대화였을 것이다. 이것은 자연이 화자의 모든 것을 품어주고 지지해주는 자기대상으로 거기 있었기 때문이다. 자연은 자기를 찾아온 사람들에게 언제나 지지적 자기대상이 되어주었다.

　양육과 성장과정에서 부모에게 받은 충분한 사랑과 지지는 아이에게 좋은 자기대상으로 내면화되어 좋은 정신의 핵이 된다. 이런 자기대상을 가진 사람은 힘든 일이 있을 때 편집-분열자리에 머물지 않고 우울자리를 지나 또 다른 자리로 나갈 수 있다. 이제 화자는 자신의 고뇌가 자신의 탐욕 때문에 생긴 일이라는 것을 알아차리고 그 탐욕이 다시 성냄을 이끈다는 것도 알아차린다. 이것은 화자가 자신의 감정과 자신 안에 있는 깊은 욕망을 알아차렸다고 볼 수 있다. 이는 정신화와 주체화가 일어난 것으로 해석된다.

　내담자 J는 이혼 후 아들 둘을 힘겹게 키웠다. 아들들을 모두 출가시키고 생활이 넉넉하지는 않지만, 이제는 모아둔 얼마의 재산과 연금으로 행복하게 살리라 생각했다. 하지만 첫째 아들이 이혼한다는 얘기를 듣고 J는 자신이 좋은 가정의 모습을 보여주지 못해서 아들에게 부정적 영향을 끼친 것은 아닌지 자책하고 있었다. 상담을 통해 아들의 행동에 대한 책임은 아들 몫이라는 자각이 생겼다. 이 노래를 들은 소감으로 J는 자신이 좋아하는 등산을 하며 자연을 만끽하고 걱정 근심을 훌훌 털어버려야겠다고 말했다.

밥 한 번 먹자

노래:이찬원 / 작사:박종근 / 작곡:오승은

얼굴 보고 밥 한 번 먹자
잘 살고 못 사는 게 답이 있더냐
하루하루가 선물인 것을
가지 말라고 붙잡아 봐도
세월 앞에 장사 있더냐
서운했던 일 속상했던 일
모두 잊어버리고
도담도담 살아온 인생
사는 게 뭐 별거 있더냐

밥 한 번 먹자 밥 한 번 먹자
시간 내서 얼굴 좀 보자

보고 싶구나 나의 친구야
얼굴 보고 밥 한 번 먹자

잘나고 못난 사람 따로 있더냐
함께 사는 게 인생인 것을
가지 말라고 붙잡아 봐도
시간은 저만치 가더라
사랑 때문에 가슴 아파도
모두 잊어버리고
도란도란 정을 나누면
밤이 새도 모르는 것을

밥 한 번 먹자 밥 한 번 먹자
시간 내서 얼굴 좀 보자
보고 싶구나 나의 친구야
얼굴 보고 밥 한 번 먹자

보고 싶구나 나의 친구야
얼굴 보고 밥 한 번 먹자

'얼굴 보고 밥 한 번 먹자'는 한국인들이 흔히 쉽게 하는 말이다. 가족을 식구라고 부를 만큼 함께 밥을 함께 먹는 것을 중요하게 생각하는 것이 한국인의 심리이다. 아마도 밥은 엄마의 사랑으로 한국인의 마음 깊이 새겨져 있는 것으로 보인다. 권석만은 한국인을 이해하는 여러 가지 개념 중 가족의 화목, 가족 중심을 가장 중요하게 생각한다고 말한다.[309] 차재호에 따르면 한국인이 중요시하는 가치는 효도, 자손의 번창, 조상 등 가족과 연관된 것들과 대식(大食)과 대음(大飮)으로 먹는 것과 관련이 있으며 후한 손님 대접을 하는 것이다. 이처럼 한국인은 가족과 음식을 중시하기에 한국인은 함께 밥을 먹고 식구가 되는 것이 소속감을 갖게 하여 마음의 안정을 주며, 더 나아가 따뜻한 정을 나누는 행동이기도 하다.[310]

    이 노래의 화자는 얼굴 보고 밥 먹자며 대상을 초대한다. 화자의 식탁으로의 초대는 자신과 대상의 소통에 대한 기본적인 바람을 채우며 교류를 갖게 하고 서로에 대한 친밀감, 유대감을 증진시킨다. 이렇듯 이 노래는 현대인의 고독감과 소외를 덜어주는 매개물로서 밥의 역할을 이야기하며 밥이 사람들에게 주는 따뜻함을 표현하고 있다. 화자는 답이 없는 삶을 살고 있는 사람들에게 주어진 하루를 선물이라고 하며 감사로 들어갈 수 있도록 초대한다. 또 화자는 세월 앞에 장사가 없다고 시간의 유한성, 시간의 가속화를 인식하면서 순간을 소중히 여기는 삶을 권유하며, 인생의 행복은 피할 수 없었던 상처는 잊어버리고 정을 나누며 서로의 상처를 보듬어주는 것에 있다고 말한다. 그러면서 인생이 별거냐며 초월자리로 사람들을 이끈다. 흘러가는 세월의 강물에 서운했던 일, 속상했던 일 모두 잊어버리고, 얼굴 보고 밥 먹으며 기운 내자고 격려하는 이 노래가 사람들의 마음을 따뜻하게 한다.

    내담자 W는 가족에게 집착이 심했는데 특히 가족의 식사에 집착하는 모습을 보였다. 자신이 힘들어도 가족을 위해 음식을 장만했고 혹시라도 가족들이 연락 없이 밖에서 식사를 하고 오면 불같이 화를 냈다.

W는 어린 시절 부모의 이혼으로 계모와 살게 되었는데, 밥을 먹을 때 계모의 많은 눈치를 보았고 맛있는 반찬을 먹으려면 더 눈치를 보았다고 한다. 그래서 자신은 자신의 가족에게 눈치 안 보며 먹을 수 있는 맛있는 음식을 마음껏 해주고 싶었다. W는 상담과 노래회상을 진행하다가 과거에 친구 집에서 밥을 먹었을 때 맛있는 반찬을 수저에 얹어주던 친구 엄마가 너무 좋았던 것이 떠올랐고, 그것이 외롭던 W에게는 사랑과 정으로 마음에 새겨진 것을 알게 되었다. 그 정을 보여주고 싶어 식사에 집착하고 있는 자신을 알게 되었다. 밥이 W에게는 소통이고 용납이고 사랑이고 정이었다. 가족뿐 아니라 주변 사람들에게도 뭔가 먹여야 마음이 편했던 이유를 알게 되면서 집착이 아니라 마음의 정으로 나누는 편안한 식사를 가족, 주변인들과 할 수 있게 되었다.

7) 상실과 애도, 과거와 작별하기

상실과 애도는 심리학 및 정신의학 분야에서 광범위한 연구와 탐구의 대상이 되어온 인간의 보편적인 경험이다. 수년에 걸쳐 개인이 애도 과정을 탐색하고 중대한 상실 후 치유하고 회복하는 데 도움이 되는 다양한 치료적 방법이 연구되었다. 그 중 대표적인 애도이론과 애도상담 방법을 소개하고자 한다.

1969년 정신과의사 엘리자베스 퀴블러 로스(Elisabeth Kbler-Ross)가 제안한 퀴블러-로스모델은 임박한 죽음에 직면하거나 상실을 슬퍼할 때 개인이 부정, 분노, 협상, 우울, 수용의 다섯 단계를 거치게 된다고 설명한다.[311] 이러한 단계는 선형적이지 않으며 어떤 순서로든 발생할 수 있으며, 개인은 애도과정을 탐색하면서 이전 단계를 다시 방문할 수 있다는 점에 유의하는 것이 중요하다. 이 모델은 상실과 관련된 정서적, 심리적 경험을 이해할 수 있는 틀을 제공하며 애도를 경험하는 개인에게 상실과 애도에 관한 이해를 제공한다.

1999년 마가렛 스트로베(Margaret Stroebe)와 헹크 슈트(Henk Schut)가 제안한 이중과정 모델(dual process model)은 상실 지향적 대처 전략과 회복 지향적 대처 전략 사이를 오가는 것의 중요성을 강조한다.[312] 상실 지향적 대처는 상실과 관련된 감정을 직면하고 경험하는 것을 요구한다. 회복 지향적 대처는 자신의 삶을 재건하는 데 도움이 되는 활동에 참여하는 데 중점을 둔다. 이 모델은 중요하고 의미있는 무엇인가를 상실한 내담자가 애도할 시간이 필요하지만 상실 후 점차 일상생활을 재개하고 삶의 새로운 의미를 찾아야 한다는 점을 강조한다. 이러한 과정의 균형을 맞추는 것은 효과적인 애도를 위해 필수적이다.

1996년 클라스(Klass), 실버만(Silverman), 닉먼(Nickman)이 소개한 지속적 유대이론(continuing bonds theory)은 개인이 상실대상과의 정서적 유대를 끊어야 한다는 관념에 도전하고 새로운 형태로 고인과의 관계를 유지하도록 제안하였다.[313] 이 이론은 개인이 전과는 다른 새로운 형태의 기억, 의식, 내면화된 대화를 통해 상실대상과의 관계를 지속함으로써 위로와 치유를 찾을 수 있다고 주장한다. 이 이론은 애도에는 분리가 아니라 관계의 재구성이 필요하다는 것을 역설하는 것이다.

로버트 네이메이어(Robert Neimeyer)가 개발한 의미 재구성 모델(meaning reconstruction model)은 상실 후 의미를 구성하고 재구성하는 과정에 초점을 맞춘다.[314] 이 모델은 개인이 슬픔에 적응하고 이해하는 방법으로 상실감에서 의미를 찾으려고 노력할 것을 제안한다. 이 모델은 개인이 자신과 상실대상 그리고 미래에 대한 새로운 내러티브를 창조하기 때문에 애도과정에서 내러티브와 스토리텔링의 중요성을 강조한다. 의미 재구성을 통해 개인은 상실을 자신의 삶에 통합하고 일관성과 목적의식을 찾을 수 있다고 한다.

애도상담은 슬픔과 상실을 경험하는 개인에게 지원과 안내를 제공하는 상담이다. 상담사와 치료사는 개인이 자신의 감정을 표현하고, 슬픔을 처리하고, 상실과 관련된 생각과 감정을 탐색할 수 있는 안전하고 공감할 수 있는 공간을 만든다. 애도상담은 애도과정을 정상화하고, 애도과정을 검증하며, 상실의 어려움을 헤쳐 나갈 수 있는 대처전략을 제공하는 데 도움을 준다.

캐서린 시어(Katherine Shear)가 개발한 복합애도치료(complicated grief therapy)는 강렬하고 장기간 지속된 애도반응으로 인해 기능이 크게 손상되는 복합애도를 해결하기 위해 특별히 고안된 상담기법이다.[315] 복합애도치료는 감정표현을 촉진하고, 도움이 되지 않는 생각에 도전하며, 새로운 삶의 목표 개발을 촉진함으로써 개인이 상실에 적응할 수 있도록 돕는 것을 목표로 한다. 이 치료법은 상실을 자신의 인생이야기에 통합하고 의미 있는 방식으로 세상과 다시 교류하는 데 중점을 둔다.

이상의 상실과 애도에 대한 이론과 치료적 접근법은 개인이 애도과정을 탐색하는 데 도움이 되는 해석틀와 개입을 제공한다. 또한 이러한 치료적 접근법은 모두 애도의 복잡성을 인정하고 개인의 고유한 상실 경험을 이해하고 지원하는 것이 중요하다는 점을 강조하고 있다.

아 직 도 　기 억 하 고 　있 어 요

노래:정미조 / 작사:이주엽,손성제 / 작곡:손성제

아직도 기억하고 있어요
라일락 피던 오월을
그 향기처럼 떨려오던 그대의 손길
아직도 기억하고 있어요
수국이 피던 유월을
그 물빛처럼 번져오던 그대의 미소
가슴엔 알 수 없는 온갖 꽃이 피고
그 화원 안에 그대와 나
우리들은 어디론가 떠가고
아무도 가지 않은 낯선 길을 따라
그 부서지던 환한 빛을 따라
꿈을 꾸듯 걸어갔네

온종일 웃음만이 피어나던 그곳
그 처음 같던 여린 시간
말없이도 들려오던 밀어들
이제는 기억 속에 숨을 쉬는 그곳
그 노래들은 모두 사라져도
내 가슴에 고여 있는 그대 향기

이 노래는 연인에 대한 사랑의 감정을 잘 표현하고 있다. 그러나 이 노래가 처음 아기를 맞이하는 부모의 사랑 표현으로 너무 적절하여 모아관계로 해석하려고 한다. 이 노래는 우리의 무의식에 있는 부모와 자녀 사이의 사랑을 잘 표현하고 있다. 사람은 태어나 처음 만난 자신의 부모의 손길과 눈빛을 기억하진 못하지만 자신의 무의식에 그것이 기록되어 있다. 이 노래의 화자가 말하듯이 코끝을 간질이는 라일락의 향기처럼 떨리던 사랑의 손길이 영아를 안고 어를 때 사람은 피부접촉자아를 형성하게 된다. 이 시기에 피부접촉자아의 형성이 잘되면 사람은 자신과 대상과의 경계를 잘 알고 자신을 지킬 수 있게 된다. 그리고 대상도 존중하게 된다. 이 시기에 부모의 많은 피부접촉이 필요한 이유이다. 아마도 대부분의 산모는 자신의 아기를 바라볼 때 경외감을 갖게 될 것이다. 사랑의 미소로 자신을 바라보는 엄마의 눈빛이 아가의 마음에 물빛처럼 번져가면 아가는 자신이 괜찮은 사람이라는 자아가 형성되기 시작한다. 양육자의 사랑으로 아기 마음의 화원 안에 알 수 없는 온갖 꽃이 피듯이 사랑과 따스함을 가지고 세상을 이겨낼 수 있는 용기가 피어난다. 대상은 내적대상이 되어 아기와 세상이라는 낯선 길로 나아가게 된다. 온종일 웃음으로 바라봐주고 마음의 여린 시간들을 함께 버티어 주는 좋은 양육은 우리 안의 빛을 따라 주체로 나아갈 수 있는 힘이 되어 준다.
　충분히 좋은 양육자라면 멜라니 클라인의 환상, 비온의 몽상을 통해 말없이도 아가의 밀어들을 알아들을 수 있다. 아가에 대한 충분한 양육자의 사랑과 경외심은 아가의 무의식에 자리잡게 되고 의식에 없다 해도 그것들은 자신을 지탱할 수 있는 노래와 향기로 남는다.

내담자 Y는 최근 엄마의 소천으로 힘든 시간을 보내고 있다. Y의 엄마는 자녀들에게 헌신적인 엄마였기에 슬픔이 더욱 컸다. 엄마와의 이별이 실제 같지 않았고 그 슬픔을 느끼는 것조차 엄마를 버리는 것 같아 죄책감에 빠졌다. 상담을 통해 자신이 엄마를 과도하게 이상화한 것을 알게 되었다. 자신이 이상화한 엄마는 실제 엄마가 아닌 자신이 만든 내적 대상이라는 것을 알게 되었다. 엄마의 상실을 인정하고 애도를 하더라도 이 노래의 표현대로 자신이 사랑했던 엄마는 노래와 향기로 자신 안에 남아있다는 것을 알게 되었다.

| | | 자 | 네! | 8자 | 는 | | 뒤집 | 어도 | | 8자 | | |

노래:나훈아 / 작사:나훈아 / 작곡:나훈아

사랑이 떠나거든 그냥 두시게
마음이 떠나면 몸도 가야하네
누가 울거든 그냥 두시게
실컷 울고 나면 후련해질 거야
아 살다가보면 하나씩 잊혀지다가
아 살다가보면 까맣게 잊어버리지
지나간 사랑은 지워버리게
그래야 또 다른 사랑을 만나지
자네는 아직도 이별이 아픈가
망각은 신이 주신 최고의 선물이지

사랑을 묻거들랑 말해주시게
후회 하더라도 한번 해보라고
이별을 묻거들랑 거짓말하시게
아프긴 하여도 참을 만 하다고
아 살다가보면 세상을 원망도 하고
아 살다가보면 세상을 고마워하지
지나간 상처는 잊어버리게
그래야 또 다른 행복을 맛보지
자네는 아직도 가끔씩 우는가
눈물은 아픔 씻는 최고의 샘물이지
아 살다가보면 운명은 어쩔 수 없지
아 살다가보면 인연은 따로 있다네
노을이 진다고 슬퍼마시게
그래야 또 다른 내일이 온다네
자네는 아는 가 진정 아는가
팔자는 뒤집어도 팔자인 것을

나훈아는 '테스형'이라는 노래를 통해 소크라테스에게 질문을 하고 있다. 그런데 그의 노래 '자네!'를 들어보면 그는 어쩌면 비온에게 질문하고 싶었던 것은 아닐까 생각해본다. 나훈아는 소크라테스의 동생을 자처하지만, 비온이 대중에게 소크라테스만큼 알려진 인물이라면 비온에게 질문을 했을 것이다. '자네!'라는 노래는 '8자는 뒤집어도 8자'라는 부제를 가지고 있다. 비온이 의식과 무의식의 연결을 설명하기 위해 사용하고 있는 뫼비우스의 띠와 한국인이 생각하고 있는 8자는 유비되는 부분이 있다.³¹⁶ 이 노래에서도 '8자는 뒤집어도 8자'라고 표현한다. 이것은 대부분의 한국인의 8자에 대한 생각이다. 팔자에 대한 우리나라의 속담이 이렇게 많은 것을 보아도 그렇다. '독 안에 들어가도 팔자 도망은 못한다.', '뒤로 오는 호랑이는 속여도 앞으로 오는 팔자는 못 속인다.', '제 팔자 개 못 준다.', '타고난 팔자', '사나운 팔자는 불에 타지도 않는다.', '산천 도망은 해도 팔자 도망은 못한다'. 이렇게 다양한 팔자에 관한 속담처럼 8자라는 피할 수 없는 타고난 운명에 대한 이야기이다.

비온은 의식과 무의식 사이의 연결되어 있다는 것을 뫼비우스의 띠로 설명한다. 그리고 숫자 8이라는 구조를 가진 정신적-정서적 면역체계의 접촉면과 같다는 비온 자신의 견해를 뒷받침해 준다고 말하고 있다.³¹⁷ 이것은 무의식과 의식이 연결되어 있기에 무의식이 변하지 않으면 의식의 변화가 올 수 없다는 것을 이야기 한다. 아마도 그래서 '작심삼일'이라는 속담도 있는 것 같다. 우리가 무언가를 알게 되고 그것을 실천하려고 노력을 하더라도 그것이 잘 안 되는 이유 중 가장 큰 이유라고 할 수 있다. 팔자는 타고나는 것이 아니다. 하지만 개인의 성격이 그 사람의 팔자를 만들어 간다고 할 수 있다. 개인의 성격은 많은 부분 부모(주 양육자)에 의해 영향을 받아 형성된다. 우리 자신의 성격은 타고난 기질(nature)과 양육과정에서 만들어지는 후천적 성격(nurture)의 합성물이다. 후천적 기질은 부모의 사랑스럽고 따뜻한 눈빛을 받은 아이의 정신 속에 핵 자기(nuclear self)가 만들어지고 그 안에 과대적 자기와 이상화된 부모원상이라는 두 축에서 형성된다. 달리 말하면, 후천적 기질은 양육과정에서 만들어진 애착의 파생물이다. 사람은 초기 양육과정에서의 경험을 통해 개인의 무의식의 형태와 질이 다르게 형성되고 다양한 방어기제를 갖추게 된다. 같은 상황에서도 각자의 선택이 다른 것은 개인마다 타고난 기질과 후천적 성격이 독특(unique)하기 때문이다.

'자네!'라는 노래에서 사랑이 떠나면 그냥 두라고 말한다. 마음이 떠난 사람과 함께 하는 관계는 무의미하다고 말하고 있다. '몸이 멀어지면 마음도 멀어진다.'고 한다. 이런 물리적 거리보다 마음이 멀어진 거리는 우리의 눈으로 측정을 할 수도 없다. 그렇기에 이미 멀리 떠난 대상의 마음을 붙잡으려고 노력하는 것보다는 우선 자신 안에 있는 내적 대상과 작별하는 것이 낫다는 이야기를 하고 있다. 내적 대상과의 상처와 원망을 애도하고 씻어내면 외부 대상과의 상처와 원망을 망각할 수 있게 된다. 이것은 상실과 애도에 대한 이야기이다. 그래서 누군가 울 때 실컷 울게 놔두라고, 충분히 애통할 수 있도록 놔두어야 한다고 말한다. 상처난 마음은 애도 후에 잠재적 창조 공간이 생긴다. 그 공간에서 개인은 새로운 사랑을 하고 다른 행복을 느낄 수 있다.

노래의 화자는 인생과 운명의 수용력에 관한 이야기를 한다. 먼저 자신이 만난 대상이 자신의 역량에 따라 만나지는 인연임을 인정하고 그 인연과의 만남을 수용하라고 말한다. 그리고 오늘이 가고 내일이 오는 자연의 이치를 수용하라고 한다. 이러한 수용을 한다면 바뀌지 않는 8자라도 세상을 감사로 살아갈 수 있다고 노래하고 있다. 자신과 자신의 운명을 수용하는 노력은 과거의 비망록을 미래의 소망록으로 바꿀 수 있는 계기가 되고 그 가운데 비온이 말한 O를 경험할 수도 있다. 그러면 팔자를 벗어나 감사하는 삶을 살게 되고, 그 감사가 감사할 수 있는 삶을 끌어오게 된다. 감사는 의식과 무의식 사이의 접촉면(접촉-장벽)의 장벽의 높이를 낮추고 마찰력을 완화시킨다. 그리고 정신적-정서적 면역체계의 접촉면이 좀 더 유연해지게 된다. 이렇게 자신도 알지 못하는 사이에 자신의 O를 확장시키는 노래이기 때문에 많은 사람들이 이 노래를 좋아하는 것 같다.

내담자 R은 갑자기 질병으로 하반신마비가 되었다. 재활을 하면 일상생활을 할 수 있다고 하여 재활하고 있는데 회복이 더디어지자 마음의 실망이 커졌다. 그동안 자신이 마음먹은 대로 잘 살아왔다고 자부했던 마음이 무너진 것이다. R은 상담과 노래회상을 통해 바꿀 수 없는 상황에 대해 인식하고 수용하게 되면서 마음이 좀 편해지고 몸도 가벼워진 것 같다고 했다.

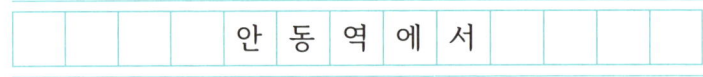

노래:진성 / 작사:김병걸 / 작곡:최강산

바람에 날려버린 허무한 맹세였나
첫눈이 내리는 날 안동역 앞에서
만나자고 약속한 사람
새벽부터 오는 눈이 무릎까지 덮는데
안 오는 건지 못 오는 건지
오지 않는 사람아
안타까운 내 마음만 녹고 녹는다
기적 소리 끊어진 밤에

어차피 지워야 할 사랑은 꿈이었나
첫눈이 내리는 날 안동역 앞에서
만나자고 약속한 사람
새벽부터 오는 눈이 무릎까지 덮는데
안 오는 건지 못 오는 건지
대답 없는 사람아
기다리는 내 마음만 녹고 녹는다
밤이 깊은 안동역에서
기다리는 내 마음만 녹고 녹는다
밤이 깊은 안동역에서

비온은 인간이 O를 연결하는 두 방식이 있다고 말한다. 두 가지 방식 중 하나는 O가 외부세계와 그 안에 있는 자극과 대상에서 온다고 말한다.[318] 안동역이라는 노래에서 외부세계와 자극, 대상은 어떻게 오고 있을까. '첫눈 오는 날 만나자'고 하는 이런 약속은 60대 이상의 사람들이라면 한 번쯤 해봤던 약속이다. 핸드폰을 갖고 다니는 요즘 세대에서는 이해할 수 없는 약속일 것이다. 이 노래의 화자는 지금 안동역 앞에 서 있다. 안동역에는 첫눈이 내리고 있다. 새벽부터 첫눈이 오자 첫눈 오는 날 만나자고 했던 그리운 대상이 떠올랐다. 그래서 그는 부푼 가슴으로 그 대상에게 잘 보이기 위해 거울 앞에 선다. 더 멋져 보이는 옷을 선택하고 매무새를 다듬으며 가벼운 발걸음으로 안동역으로 향한다. 어쩌면 대상이 먼저 왔을지도 모른다며 초조한 마음으로 간다. 그러나 대상은 다행히 아직 안 왔다. 대상을 맞이하려는 기대로 대합실로 들어가서 개찰구를 바라본다. 첫눈치고는 많이 온 눈…… 정말 무릎까지 왔는지는 모르지만 화자의 마음에는 그것이 무릎까지 온 것으로 기억되고 있다. 조금 흩날리는 정도의 눈이 아니었기에 약속한 대상도 첫눈의 약속을 기억하리라고 기대한다. 그리고 기다린다. 만나는 순간 뭐라고 말해야 할까 여러 가지 인사말을 생각한다. 그중 가장 대상에게 멋져 보일 멘트도 연습한다. 기차가 도착할 때마다 그는 일어나서 출구를 바라본다. 비슷한 사람이라도 보이면 가슴은 콩닥거린다. 그는 하루종일 오는 눈을 바라보며 오리라고 기대한 대상과의 좋았던 기억들을 떠올렸을 것이다. 어쩌면 그때 해주지 못했던 것들에 대한 미안함이 더 많이 생각났을 지도 모르겠다. 이런 대상에 대한 기억들이 기차역 대합실에서 느끼는 추위도 참을 수 있게 했을 것이다. 밤이 깊을 때까지…….. 이제 안동역을 지나는 마지막 기차가 지나가고 기적소리도 끊어졌다. 마지막 기차시간까지 약속한 대상이 오지 않는다. 그는 대상이 자신과 약속을 잊어서 안 오는 건지, 기억하고 오고 싶지만 형편 때문에 오지 못하는 건지 걱정이 된다. 이것은 비온이 말하고 있는 화자의 외부세계의 감각과 대상의 이야기이다.

'어차피 지워야 할 사랑은 꿈이었나'라며 이제 오지 않은 대상을 잊어야 한다는 것을 알게 된다. 이것은 자기 안에 있는 내적 대상의 상실에 대한 이야기이다. 자신안의 내적 대상에 대한 상실과 애도를 하고 있다. 이것은 그가 대상에 대한 미안함과 죄책감에 대한 충분한 기다림의 시간이 있었기에 가능하다. 그리고 기다리는 시간동안 자신의 감각으로 느낀 추위와 초조함도 대상에게 갖고 있던 어떤 감정들에 대한 정리를 가능하게 한다.

비온은 O의 또 다른 하나는 주인공의 전-관념들, 그의 무의식이라고 한다.[319] 안동역에서 화자의 무의식의 '미래에 대한 비망록'이 쓰여지고 있다. 화자에게 첫눈과 대상에 대한 환상이 있었을 것이다. 자신이 사랑해서 기다리고 있다고 생각한 대상은 아마 자신 안에 있는 내적 대상일 것이다. 그 내적 대상은 어릴 적 모든 것을 희생하며 추위를 막아준 엄마의 사랑이었고, 그 엄마에 대한 그리움이었을 것이다. 기차가 도착하고 다시 출발하는 기차역은 주인공의 무의식에 있었던 삶과 죽음에 대한 어떤 은유를 보여주고 있는 것으로 보인다. 안동역이라는 외부세계에서 첫눈, 사랑, 순수함, 그리움, 기다림, 맹세, 마음, 꿈, 이런 것들이 화자 안에 있던 전-관념, 무의식이 확장되는 시간을 갖게 된 것이리라. 그래서 이 노래는 듣고 부르는 사람들에게도 같은 작업을 하고 있다. 그들에게도 외부세계와 대상에 대한 감각을 깨워주고 그들 안의 전-관념들, 그의 무의식,'미래에 대한 비망록'을 대변하고 확장시키고 있는 것이다. 그래서 '첫눈 오는 날 만나자'는 약속이 이해되는 세대와 그런 약속이 이해되지 않는 세대까지 많은 사람들이 즐겨 부르는 노래가 되었다.

8) 재애착~ 불안정애착에서 안정애착으로

애착이론과 대상관계이론의 틀 안에서 재애착은 개인 간의 건강한 애착유대(attachment bonds)를 회복하는 과정으로 이해할 수 있다. 애착이론은 애착유대의 형성과 영향력에 초점을 맞추는 반면, 대상관계이론은 대상이라고 하는 중요한 타인의 내면화된 표상과의 관계 역학에 대해 탐구한다.

애착이론은 존 보울비가 창안한 것으로, 개인의 내적 관계모델을 형성하는 데 있어 초기애착 경험의 중요성을 강조한다. 이러한 작업모델은 개인이 평생동안 관계를 인식하고 해석하고 개입하는 방식에 대한 청사진 역할을 한다. 애착유대가 파괴되거나 불안정하게 형성된 경우, 안전하고 건강한 관계를 구축하기 위해서는 재애착이 꼭 필요하다.

애착이론에서 재애착(reattachment)에는 다음과 같은 핵심요소를 포함한다. 첫째, 안전기지(secure base)다. 재애착은 일반적으로 신뢰할 수 있는 개인이 제공하는 안전기지가 있을 때 촉진된다. 이 안전기지는 지원, 안전, 보호감을 제공하여 개인이 새로운 경험을 탐색하고 참여할 수 있도록 돕는다.

둘째, 애착 상처회복(repairing attachment wounds)이다. 재애착은 초기관계에서 발생했을 수 있는 애착상처를 회복하는 것을 목표로 한다. 나중에 안전하고 신뢰하는 관계를 형성함으로써 개인은 관계에 대한 내적 작업모델을 수정하고 더 긍정적인 기대와 행동을 개발할 수 있다.

셋째, 정서적 가용성(emotional availability)이다. 재애착에는 돌보는 양육자의 정서적 가용성과 반응이 필수적이다. 여기에는 조율, 공감, 일관된 지원이 포함되며, 이를 통해 개인은 관계에 대한 신뢰와 안정감을 발전시킬 수 있다.[320]

멜라니 클라인과 같은 정신분석학자가 개발한 대상관계이론은 개인의 자기 및 타인 경험을 형성하는 중요한 타인(대상)에 대한 내면화된 표상을 강조한다. 클라인은 유아기에 형성된 이러한 내면화된 대상관계는 개인의 관계와 친밀감 및 정서적 연결능력에 영향을 미친다고 보았다.[321] 대상관계이론에서 재애착은 내적 대상관계의 탐색하고 그것을 변화시키는 것이다. 재애착과정은 왜곡되었거나 초기애착 경험에 기반할 수 있는 중요한 타인에 대한 내면화된 표상을 이해하고 수정하는 데 중점을 둔다. 대상관계이론에서 재애착은 치료관계 내에서 회복적 경험이나 새로운 의미 있는 관계를 형성하는가에 달렸다. 이러한 보상적 경험을 통해 개인은 초기애착상처를 해결하고 치유할 수 있는 기회를 갖게 되고 보다 긍정적인 내적 대상관계 발달을 촉진할 수 있게 된다.

이제 나만 믿어요

노래:임영웅 / 작사:김이나 / 작곡:조영수

무얼 믿은 걸까 부족했던 내게서
나조차 못 믿던 내게 여태 머문 사람
무얼 봤던 걸까 가진 것도 없던 내게
무작정 내 손을 잡아 날 이끈 사람
최고였어
그대 눈 속에 비친 내 모습
이제는 내게서 그댈 비춰줄게
궂은비가 오면
세상 가장 큰 그대 우산이 될게

그댄 편히 걸어가요

걷다가 지치면

내가 그대를 안고 어디든 갈게

이제 나만 믿어요

나만 두고 가던 나만 스쳐 간 행운이 모여

그대가 되어서 내게 와준 거야

궂은비가 오면

세상 가장 큰 그대 우산이 될게

그댄 편히 걸어가요

걷다가 지치면

내가 그대를 안고 어디든 갈게

이제 나만 믿어요

나의 마지막 주인공이 되어

다신 누구 앞에서도

그대는 고개 숙이지 마요

내가 보지 못했던 홀로 고단했던 시간

고맙고 미안해요 사랑해요

이 세상은

우리를 두고 오랜 장난을 했고

우린 속지 않은 거야

이제 울지 마요

좋을 땐 밤새도록 맘껏 웃어요

전부 그대 꺼니까

그대는 걱정 말아요

이제 나만 믿어요

이 노래의 화자는 자신이 부족하고 자신도 자신을 믿을 수 없다고 고백한다. 대부분의 부모는 자녀양육에 최선을 다한다. 그러나 이런저런 사정으로 그 양육이 아이에게 최선이 아니었을 수도 있다. 이럴 때 아이가 느끼는 불안으로 불안정애착이 형성되고 아이는 자신이 살아가기 위해 여러 가지 방어기제를 사용하게 된다. 이 노래에서 화자의 모습을 보면 영유아기 부모의 따뜻한 돌봄과 적절한 양육을 받지 못한 것으로 보인다. 그런 이유로 화자는 불안정애착으로 대상에 대한 불안을 갖게 되었고 더 나아가 자기 자신을 믿지 못하게 되었을 것이다. 대상이 언제 자신을 실망시킬지 모르기 때문에 대상을 사랑하고 좋아하더라도 대상에게 마음을 다 줄 수도 없다. 그러나 화자가 새로운 대상과 진실한 만남을 경험하면서 재애착을 할 수 있게 됐다. 자신을 믿고 자신을 바라보며 자신의 옆을 지켜주고 기다려준 새로운 자기대상, 특별히 쌍둥이(분신) 자기대상을 경험할 수 있었기에 안정적인 재애착이 가능했다.

자신 안에 생긴 대상을 향한 믿음을 보며 화자 자신도 놀라고 있다. 주인공은 자신의 옆을 끝까지 지키며 바라보는 쌍둥이 자기대상의 눈빛에 비친 자신의 모습을 보며 주체로 자신을 바라볼 수 있게 된 것이다. 자기대상의 순수하고 끝없는 사랑은 그것을 가능하게 하고 한다. 이제 화자는 대상에게 자신이 대상을 그런 사랑의 눈빛, 신뢰의 눈빛으로 바라보겠다고 다짐한다. 그동안 힘들었던 삶의 대가로 대상이 자신에게 왔다고 생각한다. 그동안 자신을 비켜간 행운들이 모여 큰 행운으로 현재 대상이 자신에게 왔다고 생각한다. 이제 화자는 자신을 믿고 기다려준 대상에게 모든 것을 해주고 싶은 마음으로 가득 차있다. 커다란 우산이 되어 대상의 어려움을 막아주고 싶고, 대상이 지칠 땐 기꺼이 안고

가고 싶다. 그리고 화자는 자신이 외롭고 슬펐던 시간을 지내왔듯이 대상도 홀로 고단했던 시간이 있었을 것을 공감한다. 이 세상이 두 사람을 두고 여러 가지 어려움으로 장난을 했지만 이제 둘이 서로 믿고 헤쳐나가자고 이야기한다. 주인공은 안정적인 재애착을 하며 감사로 들어가고 있다. 멜라니 클라인은 편집-분열 자리에서 파생되는 부정적 감정을 극복할 수 있는 것은 감사라고 한다. 이제 화자는 자신이 대상을 믿지 못하고 애태웠던 일에 대해 미안한 마음과 감사를 표현하고 있다.

우리가 어떤 대상을 만날 때 우리의 무의식의 소망은 그 대상이 자신의 부족함을 채워 자신이 완벽해지길 추구한다고 한다. 이 노래는 그런 우리의 무의식의 소망을 대변하고 있는 노래이기에 많은 사람들이 좋아하는 노래가 되었을 것이다.

내담자 I는 누군가 자신을 좋아한다고 하면 불안해서 그를 떠나게 된다고 했다. 그러다 자신을 너무 좋아해 준 지금의 남편과 결혼을 했다. I는 자녀를 낳고 키우면서도 마음을 다 열지 못했다. 처음에 I는 자녀와의 문제로 상담실을 찾았다. 상담을 받으면서 자녀와의 문제가 불안정한 애착이라는 것을 알게 되었다. 자신이 부모와 불안정한 애착 관계였기 때문에 남편과 자녀에게 자신의 부정적 감정과 사고를 투사했다는 것을 알았다. 이제 I는 재애착을 통해 남편의 사랑을 편하게 받아들이게 되었고 자녀와 정서적 교감이 잘 되면서 갈등도 많이 해소되었다.

나의 목소리로

노래:김호중 / 작사:황정기 / 작곡:황정기

그대 나를 많이 기다렸나요

그대 나를 많이 생각했나요

내가 그대에게 오기까지 긴 시간을 버티며

말없이 안아준 그대

내가 아플 때 눈물이 돼줘서

내가 지칠 때 웃음이 돼줘서

내가 그대를 만나기까지 수없이 넘어져도

곁에서 지켜준 그대

들리십니까 나의 간절한 목소리가

그대 가슴에 들리십니까

내 마음을 담아 내 사랑을 담아

그대에게 들려 드릴게요 나의 목소리로

버틸 수 있는 이유 그대라서

기대고 싶은 사람 그대라서

이젠 그대가 힘들 때마다 따뜻한 햇살처럼

곁에서 안아줄게요

들리십니까 나의 간절한 목소리가

그대 가슴에 들리십니까

내 마음을 담아 내 사랑을 담아

그대에게 들려 드릴게요

사랑한다고 사랑한다고 내겐 너무 소중하다고

외치는 말이 들리십니까

내 두 팔을 벌려 그대를 안고서

그대에게 들려 드릴게요 나의 목소리로

"그대 나를 많이 기다렸나요. 그대 나를 많이 생각했나요."로 시작되는 이 노래의 화자는 자신의 마음을 대상에게 투사하고 있다. 자신이 기다렸던 그 대상-자신을 이해해주고 사랑해줄 대상을 기다리고 있었던 그 마음을 대상이 자신을 기다렸을 것이라고 생각하고 있다. 아프고 지친 긴 시간을 버티며 힘든 시간을 버텨온 화자는 드디어 자신의 마음을 알아주는 대상을 만났다. 이제 그는 자신의 목소리로 위로의 노래를 대상에게 불러주려 한다. 이것은 어려운 시간들을 '꺾이지 않는 마음'으로 버텨온 자신에 대한 위로의 노래다. 화자는 자신이 힘든 시간을 버티기 위해 자신의 아픔과 슬픔을 이해하고 자신을 안아줄 대상이 필요했다. 그리고 그런 대상이 올 거라는 믿음으로 그 시간들을 버틸 수 있었다. 이제 그 대상을 안아주고 사랑한다고 말하고 싶어 한다. 이것은 자기 자신에게 들려주고 싶은 말이었을 것이다. 그동안 힘든 시간들을 잘 버텨왔다고, 이제 행복해도 된다고 스스로에게 말하고 싶었을 것이다.

내담자 Q는 다른 사람들과 잘 어울리지 못한다. 그는 어렸을 때 식당을 경영하는 부모가 바빠서 할머니의 손에서 자랐다. 자신이 다른 아이들과 다르다고 생각됐고 자신감이 없었다. 그래서인지 Q는 사람들과 어울리기 위해선 자신이 그들에게 무언가를 제공해야 한다고 생각했다. 좋아하는 대상이 생겨도 좋아한다는 말을 할 수 없었다. 상담을 통해 자신이 부모와의 불안정한 애착이 다른 대상과도 잘 어울릴 수 없게 한다는 것을 알게 되었다. 요즘 자신이 애청하는 이 노래가 좋은 사람을 만나고 싶은 자기 마음을 대변해주고 있다는 것을 알았다. 이제 이 노래처럼 자신의 목소리를 들어 줄 대상을 만나 재애착을 할 수 있으면 좋겠다는 희망을 이야기했다.

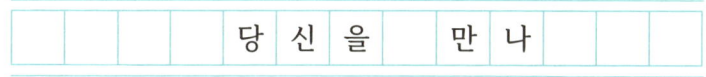

당신을 만나

노래:김호중, 송가인 / 작사:조영수, 김이나 / 작곡:조영수

당신을 만나 힘겨운 하룰 또 버티고
보잘 것 없던 내 삶도 이제 빛나고
당신을 만나 사랑에 아팠던 상처도 이젠
아물어 다시 웃을 수 있죠

음~ 감히 나 그대에게 음~ 영원을 약속해요

당신을 만나 꿈 같은 사랑을 하고
당신을 만나 그리움에 눈물도 흘리고
사랑한다 그 한마디 그걸로 모자라서
미안한 내 사랑이죠

나나나나나 나나나나나
당신을 만나

당신을 만나 조금 더 나은 날 만나고
매일 똑같은 하루가 표정을 짓고
당신을 만나 사랑을 또다시 믿게 되었고
잠들 때 편히 웃을 수 있죠

음~ 감히 나 그대에게 음~ 영원을 부탁해요

당신을 만나 겁없이 꿈을 또 꾸고
당신을 만나 시간이 흐르는게 아쉬워
사랑한다 그 한마디 그걸로 모자라서
미안해요

당신을 만나 당신을 만나
언제나 내곁에 이대로 머물러요
사랑한다 그 한마디 그걸로 모자라서
미안한 내 사랑이죠

나나나나나 나나나나나 사랑합니다
오 난 다시 태어나도 할 수만 있다면 당신을 만나

    이 노래의 화자인 두 남녀(M,F)는 서로의 사랑으로 현재 삶의 힘듦도 이겨내고 예전의 아픔과 슬픔을 회복하고 있다. 화자M은 사랑하는 대상과의 재애착으로 회복이 되고 있다. 그는 재애착을 통해 힘겹고 보잘 것 없다고 생각했던 자신의 삶이라는 편집분열자리에서 벗어나 우울자리로 가고 있다. 이제 자신을 바라볼 때 자신감이 생겨 자신이 빛나고,

사랑의 상처가 아물었다고 한다. 그래서 M은 웃음을 찾았고 그 웃음은 M에게 더 많은 여유를 갖게 하여 대상과의 영원히 행복한 시간을 소망하고 있다. 그리고 그리움과 눈물 등 자신의 감정을 수용한다. 이제 M은 사랑을 넘어 대상에게 미안함을 표현하며 감사로 가려 한다. 대상에 대한 안정애착으로 M은 우울자리를 넘어 초월자리로 가고 있는 것이다.

화자F는 그동안 별로 즐거운 일이 없이 무덤덤한 삶을 살고 있었다. 아마도 F는 불안정애착 중에 회피애착으로 보인다. 무표정으로 하루하루를 살아가다가 M을 만나면서 즐거움과 행복이 마음에 피어오른다. 힘든 일을 하다가도 M을 생각하면 피식하고 입가에 미소가 떠오른다. M에 대한 믿음과 사랑으로 재애착이 되었다. F는 M과의 안정애착으로 평안함을 갖고 살아갈 수 있게 되었다. 그래서 이제는 꿈이 생겼고 하고 싶은 일들이 생기니 시간이 너무 빨리 가는 것처럼 느껴진다. F는 M과 영원한 행복을 갖고 싶다. 대상에 대한 안정애착은 안정감을 주며 그것을 넘어 사랑과 감사로 나갈 수 있게 한다.

내담자 O와 U는 부부이다. O, U는 둘 나 이혼가정에서 자랐다. 서로의 아픔을 안아줄 수 있다고 생각하고 결혼했으나 현실은 달랐다. 결혼 전에는 장점으로 보였던 것이 단점이 되었다. 상담을 하며 서로가 단점이라고 생각했던 것이 결혼 전에는 매력으로 여겼다는 것을 알게 되었고 자신들의 부모에게 받지 못했던 사랑과 인정의 부족으로 생긴 오래된 상처의 회복을 원하고 있다는 것도 알게 되었다. 서로 다름을 이해하게 되었고 서로의 다름을 수용한다면 더 좋은 미래를 꿈꿀 수 있다는 것도 통찰하게 되었다. 서로의 다름을 담아주면서 신뢰와 안정감을 갖게 되었고 서로에게 애착을 느끼며 재애착을 경험하고 있다.

I
사례분석 함의

노래회상치료는 내담자들에게 정신화된 정서경험을 제공한다. 정신화된 정서는 정교한 정서조절 양상으로, 어떻게 자기반영의 렌즈를 통해 정서가 경험되는지를 의미한다. 흔히 성인이면 이러한 정서능력을 획득했을 거라고 가정하는데 그것은 틀린 가정이다. 정서는 주관적으로, 무의식적으로 경험할 수 있는 심적 상태다. 정서조절은 주체감에 상응하는 심적 상태를 만들어가는 과정이다. 이것은 인식 없이 발생하는 항상성 조절과 같은 것에서부터 타인과의 관계를 통한 자기조절에 이르기까지 다양한 수준에서 발생한다. 정서조절은 신뢰할만한 사람과 함께 하거나 정서가 발달한 사람과 함께할 때 용이하게 이뤄진다. 정신화된 정서는 상태 또는 과정을 초월한다. 궁극적 형태에서 정서성은 성격양상과 근접한 관계를 갖고 있다.[322]

정신화된 정서성은 친숙함뿐만 아니라 자기 자신의 주관적 경험에 대한 편안한 감각에 근거를 둔다. 실제로 이러한 정서성은 자기 반영적 주체를 가정한다. 정신화된 정서를 다른 관점과 구별해주는 것은 주체가 정서상태 내에 머무르거나 그것을 되찾는 것이다. 이것은 추상적 자기이해와 정서적 경험을 매개로 한 통찰과는 큰 차이가 있다. 먼저 정신화된 정서는 자신의 정서경험에 대한 보다 복잡한 이해를 획득하도록 돕는다. 그렇다고 해서 정서본질의 변형을 요구하지는 않는다. 정신화된 정서는 단순히 새로운 정서를 창출하는 것이 아니라 동일한 정서에서 새로운 의미를 인식하도록 안내한다고 볼 수 있다. 이러한 정서성은 긍정적 정서를 증진시키는 것을 목표로 하지만, 더 큰 목표는 부정적 정서를 수용하고 다루는 것이다.[323]

정신화된 정서에는 '정서의 인식', '조정', '표현'이라는 세 가지 요소가 있다. 첫 번째, 정서의 인식은 느끼는 감정을 명명하는 것을 의미한다. 치료 중 내담자는 자신의 정서를 명명하는 것을 회피하거나 생략하는 것에 주목할 필요가 있다. 정서 명명하기를 피하거나 생략하는 내담자의 행위는 그 정서가 불편하거나 혼합된 정서로 파악이 어려워서 그럴 수 있다. 또한 정서파악이 어려운 이유 중 하나는 정서의 이동 내지 전환 때문이다. 예를 들면, 화가 났을 때 불안으로 전환되는 경우도 있고, 사랑에 실망했을 때 분노와 슬픔 사이를 오가게 되는 경우도 있다.

두 번째, 정서조정은 정서의 강도나 지속시간을 수정하기도 하고 정서의 정제보다는 보다 미묘한 적응을 의미한다. 어떤 경우는 정서가 지속되거나 상향으로 또는 하향으로 조절되는 것을 의미한다.[324]

내담자 A는 노래를 회상했을 때, 기분이 특별히 시원했다고 했다. 추가적 탐색을 통해 내담자 A는 처음에 깊은 슬픔에 순간 당황스러웠으며 그 슬픔에 매몰되는 것이 아닌지 두려웠다고 했다. 그 순간 자신이 느꼈던 슬픔이 사라지는 것처럼 느껴졌다고 했다. 이런 경우, 슬픔의 정서를 감소시키기보다 내담자 A가 슬픔을 경험할 수 있도록 정서를 유지하는 것이 필요해 보였다. 만약 내담자 A가 노래를 회상하면서 자신의 경험을 슬픔으로 모두 채색한다면 당연히 부정적 정서를 하향할 필요가 있다. 그러나 그 정도는 아니었다. 정서조정에는 새로운 정서에 적응하기보다는 동일한 정서에 대한 의미를 재평가하는 것이 필요하다. 정서의 재평가는 개인이 자신의 정서적 경험의 복잡성에 대한 큰 감각을 갖도록 돕는다. 재평가를 통한 정서 조정은 자신의 경험과 역사를 고려해야 한다. 내담자 A는 부모의 이혼이 자신의 현재상황에 부정적 영향을 끼쳤다고 생각하고 있었다. 이는 내담자 A가 자신을 주체라기보다는 희생자로 보고 있다는 방증이다.

세 번째 요소는 정서의 표현이다. 정서표현은 억제하는 것과 자연스럽게 표현하는 것 둘 사이 어느 한 지점을 선택하는 것이다. 여기서 정서가 내부적으로 표현하고 싶은 감각을 부인하지 않는 것이 중요하다. 경우에 따라, 감정적 반응을 감추는 것이 개인에게 유용하고 유익한 전략이 될 수 있다는 것도 이해해야 한다. 정서표현에서 중요한 것은 주체가 자신의 진정한 관심, 즉 사적 이익에서 선택할 수 있는지의 여부다. 정서 표현 시 외적 표현이 내적 표현보다 언제나 우월한 것은 아니다. 정서의 내적 표현은 자기 반영성으로 세상에 드러내지 않은 채 정서를 새롭게 느끼는 것으로도 충분할 수 있다. 정서의 외적 표현이 바람직하지 않은 상황에서, 내적 표현은 또 다른 대안적 선택을 더 해준다.

1) 문제증상의 완화

첫 번째 연구문제는 노래회상치료 과정에서 내담자의 문제증상 완화에 도움이 되는가에 대해 연구하는 것이다. 노래회상치료는 긍정적 정서경험을 활성화시켜 마음을 위로하고 내면을 치유하며 새로운 자신을 발견하면서 부정적 정서에서 긍정적 정서로의 전환에 도움을 주었다. 또한 피해의식과 자기중심에서 벗어나는 데 영향을 주었다. 노래회상치료는 양육자나 배우자의 욕망에서 벗어나 분리되는 주체화 과정을 통해 과거 내담자들이 경험했던 소외, 고립, 상실, 좌절, 억압된 욕망을 해석한다. 내담자들은 노래회상치료 과정에서 노래 멜로디와 노랫말에 공감과 위로를 받고 정신화가 촉진되면서 마음의 상처가 아물기 시작하고 내면 성장이 다시 시작되었다. 그리고 내담자들은 노랫말의 은유적 표현과 해석으로 주체화가 이뤄지면서 삶에 대한 관조도 가능하게 되었다. 또한 내담자들은 노래회상을 통해 과거 삶의 경험들이 새로운 은유로 재구성되면서 우울감, 무망감, 무기력, 불안 같은 부정직 정서 반응과 신체 증상이 완화되었다.

내담자들은 어린 시절 신체 정서적 학대나 충분한 돌봄을 받지 못한 불우한 과거 그리고 불행한 상실 등으로 인하여 사람과 사회로부터 소외되거나 단절되었다. 그러나 노래회상치료를 통해 소외와 단절에서 벗어나 자신과 타자, 사회와 소통하며 문제 증상에서도 벗어날 수 있었다. 노래회상치료는 정신화와 주체화를 촉진시키는 과정이 되면서 내담자들의 무망감과 우울감, 불안 등의 음성증상을 완화시키는 긍정적 결과를 낳았다. 이는 노래회상치료가 여러 정서 및 행동 증상을 넘어 자신만의 주체적 삶을 자유롭게 살도록 도울 수 있었기 때문이다.

본 연구를 통해 노래회상치료가 개인의 정신화와 주체화를 촉진시켜 정서심리적 어려움을 겪는 사람들의 부적 정서나 음성적 증상을 완화시키는 데 매우 효과적이고 치료적 개입임을 확인할 수 있었다. 그리고 그들을 도울 수 있는 이론적, 임상적 자료를 제공할 수 있는 기회가 되었다.

2) 노래회상치료에서의 주체화 의미

두 번째 연구문제는 노래회상치료 과정에서 주체화는 어떻게 일어나고 그 의미란 무엇인가에 대해 연구하는 것이다. 정신분석의 주체화 과정은 그 자체가 언어적이며 구성과 해체를 반복하는 창조적 과정 즉, 분석치료 과정으로 주체화를 지향한다.

노래회상치료의 주체화 과정에서 은유와 상징적 언어를 통한 주체탄생 및 주체성장 그리고 주체화 과정에서의 의미발견은 노래회상치료의 핵심적인 치료요인이다.

노래회상을 매체로 한 상담에서 내담자들이 노랫말과 상호작용하면서 자신의 몸과 마음속 고통의 은유 기호를 독해하는 것이다. 또한 타자의 욕망으로 구성된 고통의 원인을 독해하고 탈욕망 하는데 필요한 기초작업이 된다. 이 과정은 내담자들이 실존적 자기와 지금 여기에서 경험하는 자기 이해를 더하고 주체로서 자유롭고 행복한 삶을 향유하는 방법을 모색하려는 동기의 기반이 된다. 노래회상치료에서 추구하는 주체화는 자기 삶의 주인이 되는 주체화를 실현하는 것이며 타자와 대타자, 자기대상으로부터 건강하게 자유로워지는 것이다. 또한 타자와의 거리두기이며 타자와의 위치를 재설정하는 것이다. 인간은 자신에게 결여의 주체이자 끊임없이 대상을 욕망하게 되는 미완의 운명이 주어졌다 할지라도 언어를 통해 자신의 모습에 새로운 의미를 부여하며 새로운 주체로 재탄생할 수 있다.

그러나 노래회상치료의 주체화는 음악감상과 노랫말 회상만으로는 '치료적'이라는 의미의 진정성에 한계가 있다. 그 과정에서 상담사와 분석주체 간의 치료적 상호작용이 있다면 매우 효과적인 치료가 될 수 있다. 왜냐하면 분석주체는 노래회상치료에서 일어나는 활발하고 진실한 상호 관계성을 통해 치료적 공간과 치료적 관계라는 치료 현실을 획득할 수 있기 때문이다. 타자의 욕망에 점철되어 있다거나 타자와 세상과 단절되어있는 상태에서는 자기 존재에 대한 가치와 의미를 부여하기가 힘들다. 이 상황에서 분석주체는 스스로 가치 없고 무능력하다고 생각하며 무망감과 무기력에 빠질 수밖에 없다. 의미 있는 타자들과 세상에서 소외되고 단절된 분석주체에게 노래회상의 치료공간과 노랫말과의 관계, 상담사와의 관계 등 상호 주관적 관계는 치유적이고 발달적 과정 그리고 주체화 과정에 있어서 중요한 요인이 된다.

타자의 욕망은 주체 자신이 진심으로 원하는 것에 대해 스스로 결정하거나 자유롭게 선택할 수 없게 만든다. 이로써 개인은 자신이 원하는 것이 아닌 타자의 욕망에 의해 요구되거나 강요된 것을 해야 한다. 이러한 당위 수행과제는 주체의 즐거움을 빼앗고 자신과 일에 의미를 찾지 못하게 함으로써 오히려 삶의 욕구와 애착을 잃어버리게 된다. 결국 말하지 못하는 주체가 되면서 무기력에 빠지고 우울과 무망의 악순환에 빠져들게 된다. 말하지 못하는 주체는 타자와 소통하지 못할 뿐만 아니라 자신과의 소통도 어려움을 겪게 되면서 소외와 단절이 심화된다.

타자의 욕망으로 사는 주체는 정서적으로 분리되지 못한 과의존 또는 동반의존이라는 특성도 보인다. 이들은 무엇인가 스스로 결정하는 데 많은 어려움을 겪고 그 과정 역시 자기 고문처럼 고통스럽다. 그래서 스스로 결정하거나 선택하기보다 매번 자신의 생각과 결정에 다른 사람의 승인을 받으려 한다. 이러한 태도는 개인으로 하여금 자기비하, 자책감, 과도한 책임감으로 자신을 괴롭히고 공격하게 만들어 여러 정서장애를 초래하게 된다. 이러한 증상을 보이는 내담자들이 노래회상치료에서 주체화를 경험하게 되면서 정서와 자기인식에서 변화가 있었다. 주체화의 경험은 노래회상과 노랫말의 상호작용을 통해서 우울과 무망감, 불안 같은 부정적 정서증상을 완화시키는 것뿐만이 아니라, 문제증상을 넘어서 자신 안에 있는 타자의 욕망을 인식하고 그 욕망을 분리시키면서 자기 자신이 주도하는 삶을 선택할 수 있는 힘을 갖게 한다. 이를 통해 내담자들은 양육자로부터 정서·심리적 분리를 하게 되었고 양육자라는 타자의 욕망에 암시되고 조종되었던 무기력한 주체에서 벗어나 자기 삶의 주인이 되는 새로운 주체로 발돋움하기 시작했다.

3) 노래회상치료에서의 주체화 촉진요인

세 번째 연구문제는 노래회상치료 과정에서 주체화가 촉진되는 요인을 살펴보는 것이다. 노래회상치료에서 주체화의 첫 번째 요인은 상징화(symbolization)다. 노래회상치료 과정에서 주체화를 촉진시키는 데 있어서 노래회상을 통해 내담자들의 과거 외상이나 상처와 관련된 고통스럽고 다시는 생각하고 싶지 않은 일들에 대해서 용기를 가지고 회상하고 이를 주체적으로 상징화한 것이 주요했다. 정신분석에서 상징화란 일상의 언어와 의식으로는 설명하기 힘든 강렬한 체험, 감당하기 힘든 자극, 생명을 좌우하는 신비한 힘, 무의식의 무엇을 언어로 의미화하는 심리작용이다.

상징화에는 상징이 지칭하는 무엇(원대상)에서 특정 상징기호로서의 의미이동(대체)과 통합기능이 함께 작용한다. 이러한 상징화를 통해 과거 간절히 소망했거나 긴장감을 주었던 것들, 예를 들어, 대상, 사건, 감정 덩어리, 내사물 등이 심적, 정신적 부담이 적은 어떤 표상으로 대체되게 된다. 상징화를 통해서 우리는 부담스러워 말로 표현되지 못한 내면의 무엇(X)을 언어화함으로써 망각된 과거를 현재와 통합하고, 어린아이의 경험을 성인의 경험과 통합하고, 조각난 부분시각을 전체시각과 통합한다.[325]

정신증자의 경우, 상징화 기능이 마비되거나 심각히 손상되어 있다. 그로 인해 그에게는 상징기호와 상징되는 대상이 동일하게 느껴진다. 즉, 상징기표(글자, 이미지, 말소리)가 그것이 지칭하는 사물 자체로 느껴지고 지각(환각)된다. 어린 시절 엄마가 너무 화가 나서 욕한 것이 아이들에게 독극물처럼 침투되어 신체와 정서, 정신을 마비시키기도 한다. 이러한 현상은 언어와 그것이 지칭하는 사물이나 사건 사이의 관계가 '상징적 의미 관계'라는 것을 인식하지 못한 채 마치 생생한 물리적 사물과 사물 관계로 지각(환각)되기 때문이다.[326] 사람은 특히 어린 아이의 경우, 외부자극에 대해서 '상징적 의미'로 받아들이기보다 '사물 자극'으로 받아들이는 특성 때문에 부정적 자극 또는 긍정적 자극일지라도 과도한 것은 아이의 신체와 정신에 쉽게 침투하여 마비시킨다. 상징화 작용이 정신기능에서 결여되면 말과 사물, 현실과 꿈의 경계구분이 모호해진다. 그로 인해 정신분열증상이 심한 사람은 꿈을 꾸지 않는다. 그에겐 꿈이 곧 현실이고 현실이 곧 생생한 꿈이기 때문이다.[327]

아버지 목소리와 금기를 내재화한 신경증자의 경우, 상징화 양상이 다르다. 이들은 자신들의 정신에서 상징화 작업을 왕성하게 수행한다. 그러나 이들은 처벌에 대한 불안, 두려움이 강하기 때문에 처벌을 피할 수 있는 방식인 '증상'과 '꿈', '작품' 등으로 자신들의 무의식적 내용을 의식에 포착되지 않도록 자신도 모르게 은밀히 교묘하게 때로는 모호하게 드러낸다. 그들은 결코 직접 지각되는 이미지나 언어로 표현하지 않는다. 이때 드러나는 상징은 의식의 언어로 온전히 설명할 수 없는 삶의 짙은 흔적들과 특별한 것을 담고 있는 기호다. 모호한 것으로 드러난 상징적인 것들의 의미를 찾아내려고 애쓰는 사람은 과거와 다른 관점, 다른 자리, 다른 해석을 갖게 되면서 실재가 풍성하게 지각되고 해석된다. 반면에 상징화 기능이 마비되거나 왜곡된 사람의 정신은 과거 어느 문제 시점에 고착되어 정신의 발달 없이 기존의 정서와 인식 그리고 반응 패턴을 평생 반복할 수 있다. 그런 사람은 생물학적 나이를 아무리 많이 먹어도 정신은 옛 상태 그대로 늙은 아이로 남는다.[328]

정신분석이론과 대상관계이론은 무엇이 사람의 정신구조 형성과 발달, 건강한 정신작용을 촉진하고 방해하는지에 대한 심층적 연구를 해왔고 거기서 중요한 사실을 얻게 되었다. 인간의 정신과 정서발달의 핵심 토대는 아이의 필요와 욕구, 불안 등을 담아주고 반영해주며, 부드럽게 씹어 소화할 수 있도록 되돌려주는 엄마의 따스한 돌봄(mothering)과 정서적 소통, 아버지의 자상하면서도 엄격한 금지 말씀에 대한 긍정적 내재화에 있다. 이러한 것들을 공급받지 못하면 아이는 왜곡되고 결함 있는 부모자녀관계 코드만 갖게 되고 그것이 전부가 된다. 그래서 사회에서 만나게 되는 여러 사람과의 관계 코드, 상호주체적 상호작용(intersubjective interaction)을 하지 못한다. 이는 그들이 상징적 대화를 어려워하면서 부분적으로만 관계하고 편집적으로만 소통하려는 특성 때문이다. 이처럼 상징화 기능은 주체화에 중요한 요인이 되며, 노래회상치료가 상징화를 통한 주체경험을 촉진하는 데 효과적 매체 또는 도구 중 하나다.

노래회상치료에서 두 번째 주체화 요인은 노랫말이다. 누군가의 고단한 상징화의 결정체인 노래가사를 통해 내담자들이 자신에 대한 새로운 면을 발견하고 자존감이 회복되면서 주체화가 촉진되었다. 부정적 정서와 부정적 사고들이 긍정적 정서로 전환되고 세상과 미래에 대한 새로운 희망을 갖게 되었다. 이러한 긍정적 마음가짐과 태도로의 전환은 무감동이나 무감각의 감정을 회복시키거나 새롭게 자신의 감정을 느끼고 발견할 수 있게 하였고, 자신과 타자와 소통하면서 자신과 타자에 대한 이해가 확장되었기에 주체화가 촉진되었다고 볼 수 있다.

정리하면, 노래회상치료 내담자들은 치료공간 속에서 멜로디와 노랫말 그리고 상담사와 진실한 상호작용을 하며 안전하고 편안한 마음으로 몰입할 수 있었기에 주체화가 촉진된 것으로 이해된다. 무엇보다 좌절과 상실 등으로 무망의 상태에서 이제는 상처로 인한 증상이 완화되고 자신과 삶에 대한 새로운 관점과 해석으로 주체가 재탄생하거나 회복되면서 새 희망을 갖게 되는 주체화의 선순환이 촉진되었다고 볼 수 있다.

4) 노래회상치료의 종합분석

내담자들 중에는 어린 시절 건강하지 못한 대상관계나 인간관계에서 비롯된 외상으로 인해 정신기능에 어려움을 겪고 있는 경우가 많다. 이러한 내담자들에게 노래회상치료를 제공하는 것은 매우 유용하였다.

노래회상을 통해 주체화를 분석하고 그 결과를 종합하여 논의한 결론은 다음과 같다. 첫째, 노래회상치료는 주체가 타자의 욕망으로부터 분리하려는 주체화를 촉진하여 자신의 무의식적 선한 욕망을 발견하고 선택하며 주체로서 자유롭게 살아가도록 돕는다. 실제 본 임상사례에서 노래회상치료는 정서의 표현과 전환, 정서적, 인지적 재구조화를 하도록 도와 문제증상 완화에 도움이 되었다. 이는 주체와 타자가 소통하며 자기복원과 주체화가 촉진되었기 때문이다.

둘째, 외상과 얽혀있는 정동과 감정을 해소하고 치유되려면 부정적 핵심감정과 무의식에 은폐된 정서 그리고 부정적 관념이 의식화되어 언어로 소산(abreaction)되어야 한다. 또한 상징화를 통해 부정적 정서가 긍정적 정서로 전환될 수 있어야 한다. 이때 부정적 정서를 인식하고 표현해야 하며 이후에 마음의 여백이 생기고 치유가 되고 안정되면 비로소 긍정적 지각과 사고를 할 수 있게 된다. 노래회상치료 중 긍정적 정서작업과 상징화작업을 통한 주체경험은 내담자의 과거 동결된 외상들을 해동시켜 재구성시키고 이를 다시 견고하게 하여 긍정적 정서와 사고를 강화시킨다.

셋째, 노래회상치료의 핵심목표는 주체의 재탄생이자 주체화이며 새롭게 변형된 주체 자신을 재발견하는 것이다. 주체화의 한계가 있다 할지라도 노래회상치료를 통해 충격에 취약한 자아를 회복시키면 둔마감이나 무망감 같은 정서장애의 음성증상을 완화하는 데 도움이 된다. 내담자들은 자신의 신체적, 심리적 취약함을 수용하면서 치료과정 중 듣고 느끼고 노래하는 실존적 존재다. 그들은 실존적 존재 안에서 일정부분의 개선과 변화효과를 기대하며 삶의 질을 향상시킨다.

종합하여 볼 때, 노래회상치료는 정신분석의 탄탄한 이론적 틀을 기반으로 노랫말과 멜로디를 통해 소외와 결여의 존재나 실존적 주체로서 존재하는 인간을 따뜻하게 이해하고 돌보는 사랑의 임상 학문이다. 노래회상치료는 은유와 상징적 언어의 형상화를 이루는 내면의 창조적 힘과 시적 공간에서 이루어지는 상호주체성을 도모하는 데 유용하다. 그리하여 현재 우리의 실존적 우울과 불안, 강박 등의 증상을 넘어 긍정적 정서와 인식을 바탕으로 삶을 살아가는 주체, 자기 삶을 행복하게 가꾸는 진정한 주체로서 자유롭게 소통하며 살아가는 힘을 제공할 수 있다.

여기서는 투사적 동일시, 언어의 상징화, 상호주관성 등의 개념들이 노래회상치료에서 치료적 도구로 사용가능하다는 가설과 그것을 지지하는 기초적 자료를 제시하였다. 이러한 학문적 근거를 통해 노래회상치료에 대한 내담자들의 저항을 줄이고 정신분석의 목표를 상호보완하면서 효과적으로 실행할 수 있었다. 현대정신분석의 새로운 이론들을 노래회상치료의 이론적 틀로 설명하려 한 것은 상호보완적이고 융합적 시도였다. 정신분석의 분석과정과 노래회상치료에서 임상과정은 서로 별개의 방법이 아니라, 인간의 정신형성과 주체성형성을 촉진하는데 공통점과 유사점이 있다는 점에서 노래회상치료의 연구와 실천의 가능성은 열려있다. 이러한 노래회상치료의 가능성은 개인을 주체화할 수 있도록 도와 타자의 욕망과 환상대상으로 분리시켜 대인관계를 회피하고 기피하는 은둔적 성격과 손상된 인간관계를 회복하는 데 도움을 주었다. 이로써 주체화된 개인은 타자와 자유롭고 편하게 소통하며 살아갈 수 있을 것으로 기대된다. 노래회상치료는 정신내적이든 외적이든 개인의 고립을 지양하며 건강한 주체를 지향해가면서 자율적 존재로서 가치 있고 의미 있는 생애를 아름답게 가꿀 수 있도록 돕는 실천적 매체다. 이 책을 통해 자신의 노래를 상실하여 무감각하고 무심하게 살아가는 사람이 자신의 잃어버린 언어를 되찾아 실존적 존재로서 나다움을 이루어 인생의 주인공으로 살아가는데 실천적 도구가 되었으면 한다.[329]

| Chapter 4 |

노래회상치료에 대한 상담신학적 고찰

치료적 은유는 문학과 예술 등에 많이 내재되어 있는데 대표적인 것이 성경과 신학의 서사들이다. 이를 확인하기 위해 상담신학에서의 서사성, 은유성, 상징성을 살펴보고, 그 사례로 시편을 통한 노래회상치료를 모색하려 한다.

정신분석학은 은유의 중요성을 가장 크게 본 대표적 학문이다. 프로이트는 환자들이 보여주는 증상들을 심리적 기제의 은유들로 보고, 그 은유(증상)의 분석과정을 치료로 보았다. 정신분석학에서의 은유는 매우 중요한 개념이다. 왜냐하면 정신분석에서는 증상 또는 현상으로 드러나는 모든 것을 은유와 환유로 분석하기 때문이다.[330] 가장 대표적인 것이 꿈이다. 기호로서 꿈은 검열을 거치면서 현실 안에서 불가능한 것을 은유와 환유라는 기제를 써서 검열과정을 통과하게 된다. 쉽게 말하면 꿈은 기억들을 직접 내보여주지 않고 오히려 단편적 장면이나 요소만을 제공한다. 그래서 어떤 장면이나 요소들이 꿈에서 직접 재생되는 일은 드물고 새로운 방식, 즉 무의식이 소망하는 대로 불러내온다.[331] 프로이트는 자신의 임상사례였던 늑대인간과 요제프 브로이어(Josef Breuer, 1842-1925)와 공동 임상사례였던 안나 O(Bertha Pappenheim, 1859-1936) 모두를 심리적 문제가 신체로 은유된 사례로 분석하였다.[332] 라캉은 여기서 더 나아가 존재 자체를 은유적인 것으로 보면서 인간이라는 실존은 '존재 그 자체'로서 존재할 수 없는 분열된 주체임을 지적했다.[333] 그 분열된 주체는 은유를 제외하고는 자신을 증명할 수 없는 상징계에 진입한다.

인간은 실재계에 도달할 수 없는 은유적 존재로, 실재계는 인식되는 그 순간에 현실(reality)로부터 추방되어 그 본질과는 더 멀어지게 되는

상징질서로 편입돼 원래의 실재(real)와는 동떨어진 의미를 지닌 그 무엇이 되어버린다.[334]

심리언어학자들의 주장에 따르면, 인간의 언어는 정신구조나 정신조직의 반영체다. 은유는 우리 정신활동 안에도 가득 차 있다.[335] 이 말은 무의식은 언어처럼 구조화되어 있다는 라캉의 말과 동일하다. 언어구조와 무의식 구조는 모두 인식작용인 은유와 환유라는 배를 타지 않고서는 닿을 수 없다.[336]

은유의 특성을 살펴보면 첫째, 은유는 기능성을 가지고 있다. 은유의 기능성 때문에 인간의 언어가 지금과 같은 높은 수준의 의사소통을 수행할 수 있다. 세상에는 논리적 표현이나 말의 자의적 의미로는 나타낼 수 없는 정보가 있게 마련이다. 이러한 고차원적이거나 회색적 정보를 전달하는 데 사용되는 것이 은유다. 둘째, 은유는 창조성을 지니고 있다. 은유로 새로운 심상을 만들거나 새로운 의미를 만들고, 도덕적 판단력이나 가치도 증진시킨다. 이러한 은유의 창조성은 세계를 재구성하는 힘을 가지고 있는데 이 힘이 은유가 치료요소로 사용되는 결정적 에너지원이 된다.

|
상담신학에서의
서사성, 은유성, 상징성

　서사성과 은유성을 활용하는 노래회상치료를 기독교상담이나 목회상담에서 적용하면, 노래회상치료는 유용한 치료도구가 될 수 있다. 비유에서 은유는 의미의 변별요소인 시니피앙의 다의성, 복합성, 모호성, 무의미성 등을 통해서 심층구조에서 작동하는 기존의 의미나 가치를 합리화하는 코드를 해체하는 힘을 가지고 있다. 다시 말하면 은유는 독자의 기대를 전복하는 시적 은유나 침묵의 언어 또는 아이러니의 역설적 기능을 통해서 새로운 의미생산 구조를 만들어 기존 의미구조를 해체시킨다.[337] 로버트 펑크(Robert Funk, 1926-2005)에 따르면, 비유는 덜 알려진 것이 더 잘 알려진 것에 의해서 명료화되거나 조명된다. 예를 들면, "A는 B와 같다"는 식이다. 전달목표는 예시적이며 이미 논점이 주어져있다. 반면 은유는 두 개의 비교될 수 없는 나름의 것을 병렬하여 상상력을 일으킨다. 은유는 "A는 B다"라는 양식이다. 여기에서 A는 화자에 의해서 경험된 것으로 숨겨진 것이다. 그래서 은유는 산문이나 논술식의 말에 의해서 전달될 수 없는 심상(vision)을 가져온다. 은유의 전달목표는 의미를 창조하는 데 있다. 이와 반대로 상징은 A를 말하지 않고 B를 말할 뿐이다. A가 의도되었을지라도 A를 말하지 않는 이유는 이미 참여한 사람들이 문화적으로 매개되어 B에서 A를 알 수 있기 때문이다. 그런 의미에서 상징은 A가 억압된 은유다. 펑크는 예수님의 비유 특징을 다음과 같이 제시한다. 예수님의 비유는 청자를 은유에 참여시켜 새로운 세계에 대해서 생각하게 하고 새로운 의미를 낳게 하며, 고갈되지 않는 해석을 유도하고, 그의 은유는 끝이 열려있으며, 삶의 복잡성과 미묘성을 재기술한다는 것이다.[338] 또한 예수님의 비유는 이중성을 가지고 있다. 예수님의 비유는 일상성 속에서 삶의 결단을 유도하는 삶의 궁극성이 공존한다. 또한 평범성 안에 비범성이, 친숙한 것 안에 낯설게 하는 것이 공존하여 새로운 의미를 낳는 새로운 세계에 대한 비전이 마치 숨은그림찾기처럼 감추어져 있다. 예를 들어, 큰 잔치를 열어 사람을 초청하는 예수님의 이야기(눅 14:16~24)는 평범한 주인이 비범한 성격을 드러내는 장면으로 이루어져 있다. 이야기 속 인물, 소품은 너무나 평범하고 친숙한 것이지만 등장인물들의 행동은 낯설다.

손 크로싼(John Crossan, 1934-)은 예수님의 비유는 첫째, 녹자 기대의 심층구조를 전복하는 이중적 기능을 갖고 있다고 강조한다. 예수님의 비유는 시적이다. 마치 시인처럼 시적 언어로 일상적 언어와 다른 낯선 언어에 참여하게 한다. 크로싼은 이 시적 비유에 참여할 때만이 하나님 나라에 대한 정보를 얻을 수 있다고 한다. 예수님의 시적 비유는 지식이나 정보, 교훈을 전달하는 기능을 수행하는 것이 아니라 일상과 다른 종교적 체험을 비슷하게 나누는 기능을 한다.[339] 둘째, 예수님의 비유는 비유-이야기가 아니라 독자와 은유 텍스트 사이에 일어나는 비유-사건이다. 왜냐하면 청자나 독자의 기대를 분쇄하는 기능을 갖고 있기 때문이다.[340] 비유-사건에는 이중적 역전이 일어난다. 셋째, 예수님의 비유는 사람들로 하여금 인식의 변화를 촉구하는 하나님 나라의 도래와 그 경험의 시간성을 드러내고 예수님의 궁극적 목적인 십자가 대속을 지향한다. 하나님 나라의 도래는 미래의 예기치 못한 가능성 차원에서의 역전이다. 이 역전은 사람들로 하여금 모험적 행동을 요구한다. 이것은 예수님 자신이 하나님 나라 경험의 시간성을 반영한다.[341]

예수님은 자신의 가르침을 유대교의 율법이나 규범처럼 직접 제시하지 않고 비유로 제시하였다. 예를 들어 율법사가 예수님께 이웃이 누구인지 되묻자 예수님은 선한 사마리아 사람의 비유를 제시한다. 펑크와 크로싼은 하나님 나라에 대한 비유라고 하면서 그 비유의 특성에 관해 논하였다. 그들에 의하면 비유는 사마리아 사람도 우리 이웃이고 자비를 베풀 수 있다는 형용모순되는 표층구조의 내용을 도움 받아 청자나 독자의 심층구조에 대한 기대를 허문다. 이제 청자나 독자는 비유자가 제시하는 심층구조의 종교체험에 의해서 기존 기호체계를 급격하게 해체하고, 비유의 은유에 참여함으로써 얻게 되는 새로운 삶에 이끌려 행동하게 된다.[342] 이것은 예술이나 문학작품을 보거나 읽는 사람들이 다다른 방식으로 해석하고 이해하여 다양한 의미로 받아들이고 경험하는 것과 같다. 예술이나 문학작품은 이야기나 내용을 하나의 방식으로 전하지 않는다. 오히려 이야기와 내용을 역설적으로 전하는 방식을 채택한다. 예술과 작품에 참여한 사람은 원화자의 경험에 동참하지만 또 다른 방식으로 경험을 설정한다.

만약 화자의 경험이 너무나 독특한 경험이라면 이 경험은 일반 표현으로 말하기는 어려운데 이때 화자는 은유라는 방식으로 표현할 수밖에 없다. 예수님의 하나님 나라 비유도 이와 같은 맥락이다. 은유는 독자로 하여금 그 은유 안에 참여함으로써 새로운 하나님 나라의 도래를 체험하고 새로운 방식과 가치에 대한 실마리를 포착하게 되며 하나님 나라에 대한 이해의 맛을 보게 된다. 정리하면 비유는 어떤 가르침을 직접적 일의적 의미나 하나의 양태로 독자에게 제시하는 것이 아니라 개인이 은유의 세계 속에서 경험한 것에 지배적 기호체계를 분쇄하고 새로운 의미부여 방식과 가치평가 기술을 체득하게 되는 방식이다. 이러한 작용은 모든 예술, 문학치료에 동일하게 일어나는 심리기제이다.

시편을 통한 노래회상치료

　노래회상치료에서 사용되는 재료는 노랫말이 있는 노래라면 거의 모든 종류의 노래가 가능하다. 여기서는 구약성경 시가서 중 시편을 노래회상 재료로 제시하려 한다.[343] 시편은 시이자 기도이면서 악기의 반주에 따라 불려진 찬양이기 때문이다. 음악적 어법인 찬양은 개인과 신앙공동체가 하나님을 인식할 수 있도록 돕고 영적 상상력을 제공한다. 개인과 회중은 목소리나 악기의 도움으로 경외와 신비 속에서 하나님의 현존을 경험하게 된다. 지금까지도 시편은 유대교와 기독교에서 대표적인 음악적 어법으로 사용되고 있다.[344]

　시편은 그리스도인을 위한 음악심리치료에 매우 중요한 자료가 된다. 시편치료는 자아를 찾는 동시에 하나님을 찾게 한다. 시편치료는 그리스도인들이 각자의 어려운 상황이나 타인으로 인한 고통으로 하나님의 자녀로서의 자존감을 잃어버리고 낙담할 때 시편을 통해 내면에 있는 하나님의 형상을 찾고 자존감을 회복하도록 도와준다.[345] 이러한 학문적 근거를 바탕으로 특별히 성경에서 찬양으로 사용된 시편, 그 중에서도 탄원시, 감사시, 용서시를 노래회상의 중심자료로 선택하였다.

1) 탄원시

　탄원시는 고난 중의 한 사람이 고통과 울부짖음의 노랫말로 하나님을 향해 몸부림치면서 치유되고 회복되는 모습으로 전개된다. 현재 비슷한 처지에 놓인 사람들은 무고히 고통을 당하는 화자의 모습을 보면서 자연스럽게 동일시되고 화자와 강력한 연대감을 갖게 된다. 그러면서 화자는 노랫말을 매개로 상호주체적 경험을 하게 된다. 탄원시는 일반 시편과 달리 독특한 구성적 특징을 가지고 있다. 탄원시의 구성적 특성은 크게 '하나님을 부름', '탄식', '간구', '신뢰와 확신', '감사와 찬송'으로 나눠볼 수 있다. 탄원시는 고난당한 자와 그를 괴롭힌 원수, 그리고 이 둘 사이에 존재하는 하나님의 실존적 관계를 노래한 기도 유형의 시다.[346] 여기서 화자는 자신의 무고함, 억울함, 분노, 절망감을 하나님께 탄원한다. 특별히 화자는 자신을 무고히 괴롭히는 원수를 고발한다. 하지만 화자의 변화는 자신의 모든 상황 가운데 개입하셔서 회복하실 하나님을 기대하고 신뢰하면서 일어난다.

　탄원시는 감정을 억눌러 버리기보다는 화자의 감정을 있는 그대로 정직하게 표현하는 것이 큰 특징이다. 탄원시를 반복해서 소리 내어 읽고 묵상하고 읊조리다 보면 마음속에 품고 있던 부정적 감정들이 긍정적 감정으로 바뀌는 것을 느끼게 된다.

　누군가를 향한 원망이 사랑으로, 증오가 자비로, 복수가 용서로, 절망이 희망으로, 슬픔이 기쁨으로 바뀌는 것이다. 화자가 탄원시를 묵상하고 읊조리고 노래할 때, 화자의 마음이 녹은 것이다. 또한 탄원시의 화자는 언제나 솔직한 감정을 표현함으로써 격렬한 감정의 소용돌이에서 빠져나온다. 이를 통해 하나님 앞에서 솔직한 감정표현이 얼마나 중요한가를 확인할 수 있다.

시편 22편

1. 내 하나님이여 내 하나님이여 어찌 나를 버리셨나이까 어찌 나를 멀리하여 돕지 아니 하시오며 내 신음 소리를 듣지 아니하시나이까?
2. 내 하나님이여 내가 낮에도 부르짖고 밤에도 잠잠하지 아니하오나 응답하지 아니하시나이다.
3. 이스라엘의 찬송 중에 계시는 주여 주는 거룩하시니이다.
4. 우리 조상들이 주께 의뢰하고 의뢰하였으므로 그들을 건지셨나이다.
5. 그들이 주께 부르짖어 구원을 얻고 주께 의뢰하여 수치를 당하지 아니하였나이다.
6. 나는 벌레요 사람이 아니라 사람의 비방 거리요 백성의 조롱거리니이다.
7. 나를 보는 자는 다 나를 비웃으며 입술을 비쭉거리고 머리를 흔들며 말하되
8. 그가 여호와께 의탁하니 구원하실 걸, 그를 기뻐하시니 건지실 걸 하나이다.
9. 오직 주께서 나를 모태에서 나오게 하시고 내 어머니의 젖을 먹을 때에 의지하게 하셨나이다.
10. 내가 날 때부터 주께 맡긴바 되었고 모태에서 나올 때부터 주는 나의 하나님이 되셨나이다.
11. 나를 멀리하지 마옵소서 환난이 가까우나 도울 자 없나이다.
12. 많은 황소가 나를 에워싸며 바산의 힘센 소들이 나를 둘러쌌으며

13. 내게 그 입을 벌림이 찢으며 부르짖는 사자 같으니이다.
14. 나는 물 같이 쏟아졌으며 내 모든 뼈는 어그러졌으며 내 마음은 밀랍 같아서 내 속에서 녹았으며
15. 내 힘이 말라 질그릇 조각 같고 내 혀가 입천장에 붙었나이다 주께서 또 나를 죽음의 진토 속에 두셨나이다.
16. 개들이 나를 에워쌌으며 악한 무리가 나를 둘러 내 수족을 찔렀나이다.
17. 내가 내 모든 뼈를 셀 수 있나이다 그들이 나를 주목하여 보고
18. 내 겉옷을 나누며 속옷을 제비 뽑나이다.
19. 여호와여 멀리 하지 마옵소서 나의 힘이시여 속히 나를 도우소서!
20. 내 생명을 칼에서 건지시며 내 유일한 것을 개의 세력에서 구하소서!
21. 나를 사자의 입에서 구하소서 주께서 내게 응답하시고 들소의 뿔에서 구원하셨나이다.
22. 내가 주의 이름을 형제에게 선포하고 회중 가운데에서 주를 찬송하리이다.
23. 여호와를 두려워하는 너희여 그를 찬송할지어다 야곱의 모든 자손이여 그에게 영광을 돌릴지어다 너희 이스라엘 모든 자손이여 그를 경외할지어다.
24. 그는 곤고한 자의 곤고를 멸시하거나 싫어하지 아니하시며 그의 얼굴을 그에게서 숨기지 아니하시고 그가 울부짖을 때에 들으셨도다.
25. 큰 회중 가운데에서 나의 찬송은 주께로부터 온 것이니 주를 경외하는 자 앞에서 나의 서원을 갚으리이다.
26. 겸손한 자는 먹고 배부를 것이며 여호와를 찾는 자는 그를 찬송할 것이라 너희 마음은 영원히 살지어다.

27. 땅의 모든 끝이 여호와를 기억하고 돌아오며 모든 나라의 모든 족속이 주의 앞에 예배하리니.

28. 나라는 여호와의 것이요, 여호와는 모든 나라의 주재심이로다.

29. 세상의 모든 풍성한 자가 먹고 경배할 것이요, 진토 속으로 내려가는 자 곧 자기 영혼을 살리지 못할 자도다. 그 앞에 절하리로다.

30. 후손이 그를 섬길 것이요 대대에 주를 전할 것이며

31. 와서 그의 공의를 태어날 백성에게 전함이어 주께서 이를 행하셨다 할 것이로다.

시편 22편의 화자는 비탄에 빠져있다. 1절~2절에서 하나님께서 그를 버린 것 같고 그를 돌아보지도 않는 것으로 생각된다. 지금 화자의 심리는 편집-분열자리에 놓여있는 아이와 같다.³⁴⁷ 지금 그의 마음에는 하나님에 대한 원망과 하나님의 도움을 받고 싶은 간절한 마음이 동시에 존재한다. 절박한 간청에도 불구하고 하나님의 구원 손길은 전혀 보이지 않는다. 오히려 상황이 더욱 악화되면서 화자는 더 깊은 절망으로 빠져든다. 이제 그는 자신이 벌레라는 생각이 들고 자신이 사람이 아니라는 생각이 든다. 그는 지금 옥덴이 말하는 원초적 자폐-접촉자리에 있다.³⁴⁸ 그래도 그는 마지막 호흡을 모아 한숨과 함께 그의 마음을 실어 읊조린다. 그러자 그는 자신 스스로를 인정하게 된다. 존 폭스(John Fox)는 "비탄의 절규"는 상실을 위한 공간을 만들고 변화하기 시작한다고 한다.³⁴⁹ 시편의 화자도 비탄의 절규를 통해 자신을 돌아보게 되고 마음의 공간이 생겨 시선을 자신에게서 하나님으로 돌릴 수 있게 되었다. 현재 상황이 어렵고 비참할지라도 그는 자신이 하나님의 창조물임

을 잊지 않는다. 그리고 자신을 사랑했던 어머니의 눈빛을 기억해 낸다. 9절에서 "오직 주께서 나를 모태에서 나오게 하시고 내 어머니의 젖을 먹을 때에 의지하게 하셨나이다"라고 읊조릴 수 있는 것은 어머니 젖을 먹으며 반짝이는 눈빛을 보여주셨던 엄마의 눈빛이 그의 무의식적 내면세계에 있었기 때문일 것이다. 이것은 주양육자의 눈빛이 얼마나 중요한지 다시 한번 생각하게 한다. 주양육자의 눈빛은 개인의 정신을 떠받치는 기둥으로, 코헛이 말한 거울자기대상의 기둥이 튼튼했기에 이 시편의 화자는 절망의 자리에서 다시 일어설 수 있었다. 화자는 어머니와 하나님을 기억하며 자신의 고통과 혼란을 신을 향해 울부짖음으로 자신만의 노래를 만들기 시작한 것이다.[350]

  그러나 11절~20절에서 그는 아직도 절망에 빠져있다. 주변의 사람들이 그를 돕지 않고 있다. 도리어 그들은 힘센 동물같이 그를 향해 달려들며 원초적 비난과 조롱을 쏟아내고 있다. 이 비난과 조롱들로 그의 뼈들은 어그러지고 자신이 물처럼 흘러내리고 마음이 녹아내리는 절망에 빠지게 된다. 그는 혀가 천상에 붙어 소리 내지도 못하는 상황이라고 말한다. 이런 절망적 상황에서도 화자는 하나님의 구원을 끊임없이 간구하며 하나님이 이 상황을 전화위복시킬 분으로 확신한다. 그러나 여전히 그는 개들이 자신을 에워싸고 있고 악한 무리들이 자신의 수족을 찌르고 있다고 말한다. 개들이 자신을 에워싸고 으르렁거리는 상황을 생각해 보라. 화자는 자기를 방어할 수 있는 어른이기보다 오히려 어린아이처럼 보인다. 어른이라도 이렇게 맹렬한 공격 앞에선 속수무책일 수밖에 없을 것이다. 더욱이 화자는 자신을 마음이 상하고 힘든 상황이라 먹지도 못해 뼈를 셀 수 있을 정도로 피골이 상접한 모습으로 묘사하고 있다. 자신의 겉옷 뿐 아니라 속옷을 제비뽑아 서로 가져가려고 하지만 대항할 힘이 없다고 그는 말하고 있다. 이는 화자의 철저하게 무력한 모습을 반영한다. 그럼에도 화자는 계속 하나님께서 자신을 도와주시리라 믿으며 간절한 마음으로 구원을 읊조리고 있다. 드디어 21절에서 그는 자신에게 응답하신 하나님을 이야기한다. 그는 곧 들소의 뿔에서 구원하신 하나님을 찬양하며 선포한다.

자신을 구원하신 하나님을 선포한 후 22절부터 그의 시는 찬송으로 변한다. 자신을 구원한 하나님의 이름을 형제와 회중에게 선포하고 주께 영광을 돌리며 주의 이름을 높인다. 이스라엘 모든 자손에게 하나님을 경외하라고 외친다. 그는 고통 중에 있을 땐 혀가 입천장에 달라붙어 소리내기도 힘들었지만 이제 호기롭게 하나님을 선포한다. 화자는 자신이 절체절명의 순간에 놓였을 때, 옆에 있던 어느 누구도 자신을 돕지 않았지만, 하나님은 그의 울부짖음을 들으시고 응답하셨다고 말한다. 그래서 그의 찬송은 주께로부터 나왔다고 말한다. 어려움을 통해 겸손을 배웠고 풍성한 먹을 것으로 배부르다고 말한다. 이제 그는 마음의 여유까지 회복하게 된다. 자신을 둘러싸고 비방하던 원수들까지 품어주는 여유라고 할 수 있다. 그리고 주변 사람들이 자신이 만났던 하나님을 만나기를 그는 노래한다.

사람이 힘들고 지쳤을 때, 주변에 아무도 없다고 느낄 때, 시편을 읽고 회상하면 회상자의 심정이 시편 화자의 심정과 동화되면서 동일시가 일어나게 된다. 그러면 회상자는 시편 화자를 구원하신 하나님이 자신의 하나님이 되어 자신의 현재 상황도 회복시켜 주시리라 믿으며 나아갈 수 있게 된다. 내담자들도 절망과 비탄에 빠진 화자와 동일시되어 함께 노래하고, 회상하고, 화자와 대화하다 보면 화자처럼 깊은 호흡으로 자신의 절망을 내뱉고 상실을 위한 공간을 만들 수 있게 된다. 그 공간에서 자신만을 바라봤던 좁은 시각에서 벗어나 더 넓게, 더 멀리 볼 수 있는 안목을 갖게 된다. 넓어진 시야로 내담자들은 자신 내면 깊은 곳에 숨겨진 비탄의 마음이 진정 어디서 온 것인지 조금씩 직시할 수 있게 된다. 종종 그것이 자신의 투사된 밖의 것이 아니라 해결되지 못한 자신의 정신내적인 것임을 알게 된다. 때론 그것이 자신의 결핍일 수도 있다. 내담자는 노래회상을 통해 화자의 마음과 동일시하면서 영유아기에 충분히 좋은 엄마 경험의 부재로 파생된 결핍을 보충하는 데 도움을 받을 수도 있다.[351]

2) 감사시

내담자가 감사와 같은 긍정적 정서를 경험함으로써 문제상황에서 해결 가능한 대안을 모색한다는 것은 어떤 상담기법에서나 고무적이며 활용 가능하다.[352] 로버트 에몬스(Robert Emmons)와 마이클 맥컬로프(Michael McCullough)는 감사의 정서를 일종의 빚진 마음에서 비롯되는 미안함과 고마움을 표현하는 것이라고 말했다. 감사는 경제적 빚이 아닌 오히려 즐거운 빚, 기쁜 부채라고 할 수 있다. 뜻밖의 선물이나 혜택이 있을 때 고마워하는 것만을 감사로 연결지어 생각하는데, 감사는 현재 자신의 삶이 어떠한지, 그 삶에 어떻게 이르게 됐는지, 앞으로 자신의 삶을 어떻게 살아갈 것인가 전반을 성찰하는 것 모두를 포함한다.[353]

감사는 삶의 긍정적 면을 인식할 수 있게 하며 마침내 삶을 긍정적으로 변화시킬 수 있는 힘을 내포한다. 사람은 단지 감사의 마음을 갖거나 감사의 마음을 표현하는 것만으로도 현재의 부정적 감정과 사고를 완화시킬 수 있다. 감사는 육체적, 심리적, 영적 건강과 행복에 크게 기여하고 스트레스를 통제하는데도 큰 힘을 제공한다. 그러므로 감사는 불행감을 없애는 해독제로 질투와 탐욕, 적의와 근심 등 부정적 정서를 중화시키는 중화제라고 비유할 수 있다.[354]

감사는 기질적 성향(disposition)도 있어서 개인차가 발생한다. 동일한 상황에서 어떤 사람은 다른 사람보다 더 감사하는 사람이 있다. 또한 감사는 정서적 특질(affective trait)이어서 대상, 상황 등을 긍정적으로 인식하는 경향성을 보인다.[355] 이러한 감사의 성향을 이해하는데 클라인의 자아발달 이론은 좋은 관점을 제공한다.

클라인은 「시기심과 감사」라는 임상적 연구논문에서 유아의 공격성과 파괴성에 관해서 이야기하였다. 그녀는 이 논문에서 시기심으로 인해 파생된 공격성과 파괴성을 잠재우는 것으로 감사를 언급하였다. 「시기심과 감사」에 소개된 임상사례를 보면 어머니와 아이의 상호작용을 묘사하면서 아이의 모습에서 감사를 모두 진술하고 있다. 이는 유아의 정신발달에서 중요한 요인이자 결과물로 감사를 언급한 것이다.[356]

클라인은 유아가 생의 초기부터 삶의 충동인 사랑을 가지고 있다고 믿었고 사랑이 정신적 성장과 통합을 이루는 과정에서 핵심역할을 한다고 주장하였다. 그리고 「시기심과 감사」에서 사랑이 감사의 근원이라고 하였다.[357] 삶의 충동은 삶의 좋은 대상과 좋은 경험, 그리고 좋은 관계를 모두 내재화하여 감사의 느낌을 갖도록 해준다. 유아가 좋고 신뢰할 만한 대상으로 젖가슴을 함입(incorporation)한 것이 감사의 근원이 된다. 좋은 대상과의 관계, 즉 어머니와 초기단계에서 생기는 좋은 정서와 마음이 감사의 모태(matrix)가 된다. 감사의 모태는 젖가슴에서의 만족이 유아에게 간직하고 보유하고 싶은 선물로 남은 것이다. 만족경험이 잘 내재화되면 자라면서 겪게 되는 여러 좌절과 상실에 강한 시기심으로 반응하지 않고 과거의 좋은 선물들을 기억해내고 감사하게 되면서 회복욕구가 활성화된다.[358]

클라인의 이론에서 변화를 일으키는 요소는 두 가지다. 하나는 내재화를 통한 내적 대상의 사용이고 다른 하나는 삶의 충동에서 발현된 회복충동이다. 내적 대상 사용은 유아가 양육자와의 상호작용을 자신의 환상을 통해서 자신의 몸 안에 넣게 되고 반복된 과정을 통해서 내적 대상으로 자리 잡게 된다. 유아가 이를 실패하면 좋은 내적 대상을 형성하지 못하고 멸절불안과 박해불안이 내면에 자리 잡게 되어 우울자리에서의 좌절과 고통을 극복하는 데 어려움을 쉽게 된다.[359] 회복충동은 우울자리에 속한 충동으로 그 원천은 삶의 충동인 사랑이다. 만족스런 대상관계 경험이 내재화되면 안전, 관대함, 신뢰 등이 생기고 이것들이 다시 좋은 경험을 재생산하며, 이것들이 재내재화되는 선순환 속에서 회복역량이 점점 커지게 된다.[360] 유아는 우울자리에서 불만족스러울 때 양육자를 공격하게 되는데 이때 빚어진 자신의 공격에 죄책감을 느낀다. 죄책감은 유아 자신이 손상 입힌 양육자를 회복시키려는 충동으로 작용한다.[361]

시편 23편

1. 여호와는 나의 목자시니 내게 부족함이 없으리로다.
2. 그가 나를 푸른 풀밭에 누이시며 쉴 만한 물 가로 인도하시는도다.
3. 내 영혼을 소생시키시고 자기 이름을 위하여 의의 길로 인도하시는도다.
4. 내가 사망의 음침한 골짜기로 다닐지라도 해를 두려워하지 않을 것은 주께서 나와 함께 하심이라 주의 지팡이와 막대기가 나를 안위하시나이다.
5. 주께서 내 원수의 목전에서 내게 상을 차려 주시고 기름을 내 머리에 부으셨으니 내 잔이 넘치나이다.
6. 내 평생에 선하심과 인자하심이 반드시 나를 따르리니 내가 여호와의 집에 영원히 살 리로다.

시편 23편의 화자는 여호와는 나의 목자라고 선포하며 이 시편을 시작한다. 시편 22편에서 비탄에 빠져있던 그는 절망의 마음을 시로 읊조리며 새로운 생각의 바람을 불어올 수 있었던 것으로 볼 수 있다.[362] 강혜정은 투사와 재내사의 순환과정은 계속해서 내면화된 자기구조를 바꾼다고 말한다.[363] 1절에서 여호와가 자신의 목자라고 선포하고 있는 이 시편의 화자는 재내사를 통해 내적 대상인 여호와가 자신의 보호자임을 내재화하면서 여호와가 자신을 보호하고 인도한다고 확신한다. 여호와와 안정애착이 된 모습을 보여주고 있다. 이런 안정애착은 화자가 힘든 시기에 편집-분열자리의 심리상태로 원시적 사고에 빠질지라도 회복으로 갈 수 있는 기초가 될 수 있었을 것이다. 시편 22편에서 화자는 자신의 삶에 문제가 생겼을 때 비탄에 빠져 편집-분열자리에 머물게 된다. 그때 그는 원시적 사고로 자신이 벌레며 주변의 모든 사람이 자신을 비방한다고 생각했다. 그럼에도 불구하고 그가 자신의 심정을 토로할 수 있었던 것은 여호와에 대한 깊은 신뢰가 있었기 때문이다. 깊은 한숨으로 시를 읊조리며 그 호흡으로 마음의 공간을 만들 수 있었던 것이다. 그래서 자신의 인도자인 하나님에게 시선이 갈 수 있었고, 이제는 자신 있게 하나님이 자신을 인도하는 목자라고 선포할 수 있는 것이다. 이제 그는 시를 통하여 우울자리로 옮겨가게 됨으로 그는 나쁨과 좋음을 통합할 수 있게 된다. 통합된 그는 이제 자신이 여호와의 인도로 쉴 만한 물가의 푸른 풀밭에 누워서 쉬고 있다고 고백한다. 화자는 쉼을 가지며 피폐되었던 자신의 영혼이 소생되고 있다고 말한다. 편집-분열자리에서 원시적 시각으로 보았던 생각과 시선을 우울자리로 옮겨가면서 통합된 시각으로 볼 수 있게 되었고, 더 나아가 초월자리에서 의의 길로 인도하시는 여호와로 인해 감사의 자리로 들어갈 수 있게 된다.

 사망의 음침한 골짜기에서 두려움에 떨던 화자는 이제는 사망의 음침한 골짜기로 다닐지라도 해를 두려워하지 않는다고 고백한다. 그렇게 할 수 있는 것은 주께서 나와 함께 하심이라고 고백한다. 그러면서 그는 주의 지팡이와 막대기가 자신을 보호하고 있다고 선포한다. 이렇게 고백할 수 있었던 것은 투사와 재내사의 과정을 통해서 내면화된 자기대상이 바뀌었기 때문이라고 할 수 있다.[364] 자기심리학자들은 방어를 내담자가 자신의 최소한의 핵심자기를 구하려는 시도며, 심리적 생존을 위해 발생하는 것으로 이해하고 방어를 해석하거나 직면시키는 대신 내담자의 방어의 필요성을 강조하고 존중해야 하며, 그들의 방어에 도전하지 말아야 한다고 주장한다.[365] 시편 22편의 화자는 방어로 자신의 비참한 마음을 여호와께 부르짖고 일러바치며 회복의 길로 들어설 수 있었다. 시편 23편에서 그는 원수의 목전에서 자신에게 상을 차려주는 여호와를 상상하고 있다. 그 상상은 여호와에 대한 믿음을 강화시켜서 여호와의 선하심과 인자하심이 반드시 자신의 평생을 따를 것이라고 확신하며 여호와의 집에 영원히 살 것을 다짐하며 시를 맺는다.

3) 용서시

부모는 부모-자녀 간 상호작용을 통하여 자녀의 정신건강 및 인간관계의 모체가 된다. 어린 시절에 부당한 대우를 받은 사람들에게는 그 상처로 인한 분노가 80대가 되어서도 여전히 존재한다고 보고되고 있을 정도로 부모양육 태도의 역기능은 매우 부정적 영향력을 끼친다.[366] 로버트 인라이트(Robert Enright)는 부모와의 관계에서 기인한 자녀들의 분노감정은 다른 사람들에게 전파될 뿐만 아니라 한 세대에서 다음 세대로 대물림되는 비극에 처할 수 있다고 주장하며 용서를 대안으로 제시하였다.[367] 인라이트에 의하면, 용서한다는 것은 우선 자신이 부당하게 대우받은 상황과 피해를 조사하는 것이고, 다음으로 가해자에 대한 분노감정을 천천히 떠나보내고 궁극적으로 그에게 자비를 베푸는 것이라고 말하였다. 더 나아가 용서하는 삶은 개인의 복지에 더욱 심오한 의미를 지닌다고 이야기한다.[368]

프레드 알포드(Fred Alford)는 클라인의 우울자리에서 보이는 도덕성에서 용서를 언급한다. 알포드는 우울자리에서의 초자아, 즉 도덕성을 통해 죄책감을 보상하고자 하며, 이러한 보상과정으로서의 도덕성은 용서임을 설명한다.³⁶⁹ 다시 말해 용서는 애도의 결과로써 생기게 된다. 유아는 태생적으로 획득한 환상에 의해 미워하는 대상을 회복하고자 하는 소망을 갖는다. 이때 유아의 내면에서 일어나는 경험은 부모를 회복하고, 사랑과 창조적 노력으로 대상을 새롭게 창조하는 것이다. 유아는 만족을 주는 대상과 고통을 주는 대상이 같은 한 엄마라는 자각으로 대상통합을 이룬다. 대상이 유아의 내면에서 통합되면서 유아의 심리구조가 발달하게 된다.

클라인은 유아의 복원추동을 통해서 대상을 온전한 하나로 통합하는 과정을 정신발달로 설명한다. 따라서 연구자는 클라인의 유아 정신발달과정을 분석한 내용과 알포드의 도덕성에 대한 이해를 통해서 용서가 인간의 분화에 중요한 요소임을 발견한다. 연구자는 면담하면서 내담자들에게 부모를 향한 분노, 죄책감, 우울 등 부정적 정서를 관찰하였다. 그들 대부분 부정적 정서에 대해서 고통과 불편감을 호소하며 부정적 정서들이 해결되길 소망했다. 연구자는 내담자들의 소망에 공감하면서 이들에게도 역시 클라인이 말한 복원추동이 작용하고 있다는 것을 확인하게 되었다. 이처럼 사랑하는 대상의 온전성을 회복시키는 복원추동은 자아를 복원하는 효과가 있다. 상실한 대상에게 아름다운 형태가 되게 하는 복원은 상실수용의 조건으로 애도작업을 포함한다. 정서심리적으로 깊은 외상을 입은 내담자들이 자신들의 상처를 있는 그대로 인식하고 깊이 애도할 때 용서의 가능성이 열릴 것으로 본다.³⁷⁰

영아기 때 느끼는 불안이 자신이 공격한 양육자에게 보복당할 수 있다는 '박해불안'이었다면, 우울자리에서의 불안은 자신의 충동과 공격성 때문에 좋은 대상을 파괴될지도 모른다는 의식에서 오는 '우울불안'

이다. 유아는 자신의 파괴성 때문에 사랑하는 대상을 공격해 손상 입힌 것에 대한 강렬한 공포와 죄책감, 상실감, 슬픔을 느끼며 우울불안을 겪게 된다. 이때 아이의 심리는 좌절된 관계를 보상하려 한다. 유아는 죄책감을 해결하기 위해서 유아 안에 내재한 사랑과 환상의 기제를 사용한다. 유아는 전체대상에게 불가피하게 손상을 입혔지만, 유아는 파괴한 좋은 대상인 어머니를 자신의 사랑과 관심으로 치유하고 전체대상으로 복구시켜려는 회복환상(reparation phantasy)을 갖는다.[371]

젖 떼는 시기 유아 정신활동은 점진적으로 엄마를 전체대상으로 이해하게 된다. 유아는 같은 사람에게서 사랑과 파괴적 미움의 감정을 경험하며 내면적 충돌을 일으킨다. 환상 안에서 유아는 자신을 돌봐준 엄마를 나쁜 대상으로 여기고 미워하고 파괴하려 했다는 강렬한 공포와 죄책감을 느끼게 된다. 좋은 대상으로서의 엄마를 상실한 경험은 아이에게 가장 사랑하는 사람을 상실했다는 의미다.[372] 대상상실은 슬픔, 염려와 죄책감과 섞여서 유아에게 비통한 고통을 만들어낸다. 유아가 애도하는 것은 자신의 탐욕과 파괴적 환상과 충동의 결과로써 잃어버린 어머니 젖가슴과 이로 상징되는 사랑, 선함, 안전함 등이다. 비통한 고통 속에서 상실한 대상을 다시 회복하기를 갈망하며 회복충동이 활성화된다. 아이가 좋은 젖가슴을 상실하게 되면 이를 애도하기 위해 우울자리에 머물게 된다. 유아가 상실을 애도하는 우울자리에 머무를 수 있을 때 다음 단계로 나아갈 힘을 갖는다. 애도를 현상학적으로 연구한 수잔 카발러-아들러(Susan Kavaler-Adler, 1950-)에 따르면, 애도는 심리내면을 변화시키는 핵심요소다. 상실로 인한 내면 상처에 대해 충분히 애도할 때, 심리내면 정서와 인지가 발달하게 된다. 나아가 충분히 애도한 개인은 자신에 대한 연민이 일어나며 비로소 자신의 내면을 돌아보고 사고할 수 있게 된다. 애도과정에서 정서와 사고가 발달하면서 자신과 타인에 대해서 통찰할 수 있게 되고 분리-개별화와 자기-통합이 이루어진다.[373]

프레드 알포드(Fred Alford, 1947-)는 클라인의 우울자리와 죄책감에 대한 이해로부터 도덕성과 용서의 연관성을 끌어낸다. 그의 관점에 의하면 도덕성은 보상(reparation)을 만드는 중요한 요소가 되며, 죄책감을 보상하기 위하여 도덕적이고 윤리적 태도에 기반을 둔 용서로 나아가게 만든다고 설명한다. 유아는 상실을 슬퍼하고 애도하는 과정에서 회복환상이 활성화되고, 애도의 최고조에 이르렀을 때 도덕성 역시 최고에 이르며 용서를 통해 내면의 변형이 일어나게 된다. 유아가 자신의 공격성으로 인한 죄책감 가운데 있을 때, 좋은 대상의 도움을 통해 고통을 직면하고 애도할 수 있게 된다면, 공격적 충동은 상처 입은 대상을 고쳐주고자 하는 건강한 죄책감으로 바뀌게 된다. 여기에서 애도는 죄책감에서 용서로 나아가는 데 있어서 반드시 수반되어야 하는 과정이다. 유아는 우울자리에서 선과 악, 완벽함과 깨어짐으로 세상을 분리하는 태도를 멈추게 되는데, 이는 완벽한 세상의 상실을 의미한다. 유아는 불완전한 현실, 불완전한 엄마를 알게 되면서, 깨어진 환상을 슬퍼하며, 그리고 그것을 복구하는 것이 불가능하다는 것을 슬퍼한다.[374]

정신적 통합은 복구된 완벽함을 이끄는 것이 아니라 상실을 인식하는 것이다. 따라서 용서는 상실을 슬퍼하는 과정과 비탄의 결과물로써 나타나게 된다. 상실을 슬퍼하는 능력이 먼저 있게 되고, 이 능력으로부터 용서가 가능하다. 이 과정에서 자신에 대한 용서와 상처를 준 대상에 대한 용서가 일어난다고 할 수 있다. 우울자리에서 유아가 공격한 대상에 대한 상실과 죄책감으로 인하여 애통해 하는 애도의 시간을 보낸다. 이때 정서와 인지의 변화가 일어나고 자신에 대한 연민을 느끼며 전체를 통합할 능력이 생긴다. 나쁜 경험으로의 부모대상을 공격한 것에 대한 죄책감은 회복환상에 의해서 자신에게 고통을 주는 나쁜 대상에 대한 공격은 정당했다는 자기용서가 일어나게 된다. 나아가 부모에 대한 대상통합이 일어나면서 상처를 준 부모의 불완전성을 인식하며 유아는 대상을 용서하게 된다. 우울자리에서 자기용서와 대상을 향한 용서가 일어나게 된다. 이러한 과정이 수반될 때 유아의 내면은 통합되고 건강한 심리발달을 이룰 수 있다.[375]

시편 25

1. 여호와여 나의 영혼이 주를 우러러 보나이다.
2. 나의 하나님이여 내가 주께 의지하였사오니 나로 부끄럽지 않게 하시고 나의 원수로 나를 이기어 개가를 부르지 못하게 하소서.
3. 주를 바라는 자는 수치를 당하지 아니하려니와 무고히 속이는 자는 수치를 당하리이다.
4. 여호와여 주의 도를 내게 보이시고 주의 길을 내게 가르치소서.
5. 주의 진리로 나를 지도하시고 교훈하소서 주는 내 구원의 하나님이시니 내가 종일 주를 바라나이다.
6. 여호와여 주의 긍휼하심과 인자하심이 영원부터 있었사오니 주여 이것을 기억하옵소서.
7. 여호와여 내 소시의 죄와 허물을 기억지 마시고 주의 인자하심을 따라 나를 기억하시되 주의 선하심을 인하여 하옵소서.

8. 여호와는 선하시고 정직하시니 그러므로 그 도로 죄인을 교훈하시리로다.
9. 온유한 자를 공의로 지도하심이여 온유한 자에게 그 도를 가르치시리로다.
10. 여호와의 모든 길은 그 언약과 증거를 지키는 자에게 인자와 진리로다.
11. 여호와여 나의 죄악이 중대하오니 주의 이름을 인하여 사하소서.
12. 여호와를 경외하는 자 누구뇨 그 택할 길을 저에게 가르치시리로다.
13. 저의 영혼은 평안히 거하고 그 자손은 땅을 상속하리로다.
14. 여호와의 친밀함이 경외하는 자에게 있음이여 그 언약을 저희에게 보이시리로다.
15. 내 눈이 항상 여호와를 앙망함은 내 발을 그물에서 벗어나게 하실 것임이로다.
16. 주여 나는 외롭고 괴롭사오니 내게 돌이키사 나를 긍휼히 여기소서.
17. 내 마음의 근심이 많사오니 나를 곤난에서 끌어내소서.
18. 나의 곤고와 환난을 보시고 내 모든 죄를 사하소서.
19. 내 원수를 보소서 저희가 많고 나를 심히 미워함이니이다.
20. 내 영혼을 지켜 나를 구원하소서. 내가 주께 피하오니 수치를 낭지 말게 하소서.
21. 내가 주를 바라오니 성실과 정직으로 나를 보호하소서.
22. 하나님이여 이스라엘을 그 모든 환난에서 구속하소서.

시편 25편의 화자는 자신의 원수와 자신의 죄에 대한 소원을 진솔하게 토로하고 구원을 간청한다. 화자가 자신의 젊은 시절의 죄와 허물을 기억하지 말라고 간청할 때, 하나님 표상은 프로이트의 규범적 아버지, 라캉의 상상적 아버지에 해당한다. 화자는 자신이 큰 죄를 지었지만 하나님의 인자하심과 선하심에 간절히 의지하며 아버지의 이름, 주의 이름을 생각하니, 달리 말하면 하나님의 이름을 믿으니 용서해 달라고 탄원한다. 인자하시고 선하신 하나님은 프로이트에게서 해결되지 못한 아버지 표상이다. 라캉의 경우, 인자하시고 선하신 하나님, 용서하시는 하나님은 실재 아버지에 해당한다.[376] 하나님의 인자하심을 바라며 하나님의 용서를 구하는 화자는 하나님의 긍휼과 용서로 인해 화자 마음속 원망과 적개심이 잦아들고 사랑이 내재화된다. 내재화된 그 사랑이 원수에 대한 용서를 가능하게 한다.

용서는 성공적 애도의 결과로부터 파생되는 요소라고 할 수 있다. 그러나 대부분 종교는 용서를 하나의 덕목으로 강조할 뿐이다. 여기서 피해자는 자신의 상처와 더불어 용서하지 못하는 자신에 대한 부정적 정서가 가중되어 더 힘든 상태에 빠지게 되기도 한다. 이는 용서를 정서적 상처에 대한 충분한 애도 후에 일어날 수 있는 하나의 가능성으로 보기보다는 규범적 요소로써 지적 이해를 강제하는 것이라 할 수 있다. 그러나 우울자리 연구에서 알 수 있는 것은 피해자의 충분한 애도 후 용서가 가능하게 된다.

유아가 죄책감으로부터 도덕성과 용서에 이르는 과정을 밟는 데 필요한 것은 엄마의 지속적 일관성 있는 돌봄이다. 엄마의 따뜻한 돌봄을 통하여 유아는 나쁜 대상에 대한 파괴적 공격성을 가라앉히고 좋은 대상과의 통합을 향하여 움직이게 된다. 이는 치료현장에서 상담자의 역할이라고 할 수 있다. 카발라-애들러에 따르면 상담자는 피해자의 애도 과정을 촉진할 수 있는데 이는 안아주는 환경을 제공하면서 해석하는 두 가지 역할에 의해 가능하다. 피해자는 안아주는 환경으로부터 충분히 지원받으면서 내면의 힘이 생기게 되고 상처를 재경험할 수 있게 된다. 창자가 끊어지는 듯한 고통, 즉 애도과정을 통해서 결국 내면의 변형이 시작된 것이라 할 수 있다. 재경험하는 과정에서 피해자는 상담자의 해석과 함께 상처에 대한 상징적 의미를 발견할 수 있게 된다. 피해자는 안아주는 환경을 기반으로 충분한 비탄의 시간을 보낸 후 용서 심리치료모형의 과정으로 상처에 대한 통찰과 새로운 상징을 발견할 수 있게 되는 것이다.[377]

상담자의 따뜻한 관심과 치료적 해석을 통하여 내담자는 자신의 공격성이 정당했다는 것을 받아들이게 되고, 이러한 수용은 죄책감의 해소를 돕는다. 그리하여 클라인이 말하는 우울자리에서 경험하는 공격성과 죄책감 사이의 갈등을 점차 극복하게 된다. 이 과정에서 반드시 수반되는 것이 용서의 과정이다. 부모가 아무리 상처를 주었다 할지라도 자녀는 그 부모를 향하여 공격할 때 죄책감을 느끼지 않을 수 없다. 따라서 부모에 대한 공격성이 클수록 죄책감은 깊어지게 되며 그 갈등으로 인하여 자아 및 대상의 통합은 어려워지게 된다. 알포드가 말하듯이, 공격성과 죄책감 사이의 갈등은 용서를 통하여 해소될 수 있다. 내담자는 자신이 분노하고 공격할 수밖에 없는 대상이 바로 자신을 낳아주고 길러준 부모라는 사실 앞에 좌절할 수밖에 없다. 상담자의 지속적 돌봄과 치료적 해석 속에서 내담자는 자신에게 극심한 상처를 준 부모조차도 한편으로 좋은 대상이라는 사실을 점차 수용할 수 있게 된다. 나쁜 대상인 부모를 용서할 수 있을 때, 좋은 대상으로서의 부모를 받아들일 수 있게 되는 것이다. 미움과 공격성이 다른 사람뿐 아니라 자신 안에 있다는 것을 인식할 수 있을 때, 자신과 타인을 향한 용서가 가능하게 되고 새로운 관계로 나아갈 수 있게 된다. 애도과정을 거쳐 용서에 이를 때, 악이 함께 공존하는 세상에 살고 있다는 것을 받아들이게 된다. 애도와 용서의 과정은 불완전한 현실을 수용하는 과정이다. 알포드에게 있어서 용서는 깨어진 것을 복원(restore)하는 것이 아니다. 유아는 우울자리를 거치면서 온전한 것은 깨어질 것이고 어떤 것은 보수(repair)되지 않는다는 것을 알게 된다. 이러한 상태를 우울자리에서 슬퍼하는 것이다.[378]

필자가 클라인의 자리연구에서 알게 된 것은 인간의 내면은 건강한 정신 발달을 향한 방향성을 가진다는 것이다. 회복충동이 그 방향성이라 할 수 있다. 심리 내면의 불균형으로 심리적 불편함과 증상을 갖게 될 때 회복충동은 이를 복구하려고 한다. 내담자는 부모에 의해 잃어버린 사랑, 선함, 신뢰 등에 대해 슬퍼하며 부모를 원망하고 공격하지만, 한편으로는 관계를 회복하고 자신을 회복하고자 하는 열망을 보이곤 한다. 상담자의 도움 속에서 내담자는 부모로부터 겪은 상처를 애도하고, 용서와 회복을 향하여 차츰 나아가게 된다. 내담자가 부모의 불완전성을 애도하고, 용서함으로써 상처를 이겨낼 때, 건강한 분화로 한 걸음 나아가게 된다.[379] 내담자의 분화과정을 가로막는 내면의 깊은 상처, 분노와 공격성, 죄책감의 갈등 등을 극복할 수 있는 길이 애도와 용서의 과정을 통하여 열리게 된 것이다. 여기서는 노래회상치료에서 용서 다루기가 내담자의 자아를 건강하게 분화시키고 통합하는데 중요한 요소임을 강조하고 싶다.

앞에서 살펴본 바와 같이 노래회상치료에는 시편뿐만 아니라 찬송가, CCM 등을 다양하게 활용할 수 있다. 내담자들은 선택된 노래를 부르거나 회상하고 그 노래에 대한 이야기를 나누면서 화자의 진솔한 감정과 간청, 호소, 소원 등과 동일시하게 되면서 정화와 해제(abreaction) 경험을 할 수 있다. 더욱이 화자는 여러 은유를 통해 과거경험을 더 높은 차원의 새로운 은유로 재구성할 수 있는 내적 힘을 갖게 된다.[380] 화자의 내적 힘의 회복은 노랫말에 동일시되면서 생기는 정신화 효과인 동시에 성령님 임재의 효과일 것이다.

Chapter 5

결론

본 연구는 노래회상치료와 정신분석이라는 두 분야의 통합 위에서 이루어졌다. 정신분석은 반복되는 갈등과 증상의 심층원인을 깨달아 과도한 억압의 굴레에서 해방된 삶을 선택하고 향유하여 돕는 프로이트 이론과 내가 무엇을 말하는지 나는 알지 못한다는 지식으로서의 무의식 토대 위에 시작되는 라캉의 이론을 바탕으로 한다.[381] 노래회상치료는 문학치료 분야에서 언어적 은유와 상징의 치료적 기능과 힘을 활용한 치료다. 이 둘을 통합한 정신분석적 노래회상치료를 통해 우울증과 불안과 공포증을 완화시키는 요인과 주체화를 촉진시키는 요인을 도출하였고 그 의미에 관하여 연구하였다.

노래회상치료와 정신분석은 인간의 무의식 탐구와 문학 속 언어작업을 통한 주체에 대한 관심과 주체적 인간의 재탄생이라는 공통점을 공유하고 있다. 이 두 영역을 융합한 정신분석적 노래회상치료를 통해 타자의 욕망에 억눌린 내담자 자신이 욕망의 주체임을 자각하여 선택하게끔 활성화시켜 여러 정서장애나 정신적 문제를 해결할 수 있는 치료적 방법을 모색하고자 하였다.[382]

연구과정에서 노래회상치료를 적용하면서 부정적 정서나 정신적 어려움에 시달리는 내담자들의 심리내적 상처를 치유하고 내면을 성숙하게 하는 인문학적 접근방법을 시도하였다. 이는 기존의 다른 심리치료와 병행하여 치료효과를 극대화시키고, 나아가 삶의 전환점이 되도록 도와 자유롭고 창조적이며 소통하는 주체적 삶으로 변화시킬 수 있는 좋은 기회가 되었다. 정신화와 주체화가 촉진되면서 내담자들은 증상에 구애받거나 시달리지 않고 조금씩 자신만의 고유한 존재를 실현하며 타자와 소통하려고 시도하였다. 라캉에 따르면, 주체의 내면에 암암리에 스며든 타자의 욕망을 온전히 마주해야 비로소 '욕망의 주체화' 작업이 작동하면서 자신의 진정한 욕망을 깨닫고 자율적 삶을 살 수 있다고 하였다. 만약 욕망의 주체화를 이루지 못하면, 사람은 자기도취적이고 주관적 상상계에 고착되게 된다. 상상계에 고착된 자아는 초주관적 의미체계인 상징계의 의미와 가치를 수용하지 못하고 낯설어한다. 이로써 개인은 자기 자리를 차지하려고 애쓰는 경쟁사회에서 능동적으로 역할을 하거나 자신의 욕망으로 살아가지 못하고 타자와 세상을 형식적이고 피상적으로만 관계하며 비주체로 살아갈 뿐이다. 결국 비주체는 사회활동과 의미교환을 욕망하지만 대부분 두 욕망 사이에서 갈등과 여러 불안 등에 시달리는 신경증적 삶을 살 수밖에 없다. 이와 반대로 주체화된 삶은 타인이 우리 정신에 각인시킨 의미들의 종속, 즉 헛된 욕망을 줄이고 무의식적으로 선하고 고유한 자신만의 욕망을 찾는다. 그리하여 삶에 대한 희망을 갖고 자기 존재실현을 위해 내면의 잠재능력을 개발하고 자유롭고 창조적인 삶, 인간다운 삶을 살아가게 된다.[383]

의의 및 제언

 이 책은 첫째, 정신분석 이론에 근거하여 노래회상치료에서의 치료작용을 구명(究明)한 것이다. 다시 말하면 정신화와 주체화를 통한 정신분석적 노래회상치료의 이론적 배경을 구명한 것이 이번 출판의 의의라 하겠다. 둘째, 노래회상치료에서 서사와 은유와 상징을 기독교 유산들과 기독교상담 현장과의 관련성 속에서 고찰한 것이 의의라 할 수 있다.

 이 책을 마무리하며 몇 가지 아쉬운 점을 기술하면 첫째, 노래회상치료에서의 심리치료 작용으로 정신화와 주체화를 제안하기 위해 그와 관련한 여러 문헌자료를 찾아 그것들을 기초로 하여 이론적 근거를 제시하고 이에 더해 내담자 사례를 분석하여 실었다. 하지만 사례를 실었다고 사례연구는 아니어서 정식 사례연구처럼 내러티브를 충분히 담아내지 못한 점이 아쉬움으로 남는다.

 둘째, 이 책은 치료요인으로 노랫말의 은유와 상징, 그리고 그러한 언어를 통한 정신화와 주체화를 소개하는 데 강조점을 두었다. 이것은 연구의 의도 중 하나였다. 하지만 교회 공동체 현장에서 적용하기 위한 신학적 성찰과 기독교상담학적 탐구가 부족해 못내 아쉽다. 물론 기독교상담학적 활용을 위해 시편 적용을 제시하였으나 찬송가나 CCM 등의 노랫말을 활용한 좀 더 신앙적이고 영적인 자료를 충분히 소개하지 못했다.

이 책의 아쉬움과 관련하여 후속연구를 제안한다면, 첫째, 라캉의 욕망담론과 상담신학에서의 욕망이 함께 논의되어 욕망의 긍정성과 부정성이 연구되었으면 한다. 주체는 욕망하는 주체이고 욕망은 결국 상실한 존재, 즉 실재에 대한 갈망이다.384 라캉에 따르면, 인간은 불안과 분열을 해결하기 위해 틈새를 채워줄 무언가를 욕망한다. 그것이 오브제 a다. 오브제 a는 분열된 주체가 자신의 분열을 해결해 줄 것을 기대하며 필요로 하는 이상적 타자다. 하지만 라캉은 오브제 a가 있다고 가정할 뿐 분열된 주체에게 만족을 가져다줄 수도, 분열된 주체와 일치하지도 않는다고 보았다.385 오브제 a 중 대표적인 것이 종교다.386 종교는 인간이 자신의 시선을 오브제 a(무 또는 물)인 신과 응시하여 일치하게 하고 오브제 a인 신의 목소리에 응답하게 함으로써, 소외라는 불안을 세거하고 신을 어떻게 대해야하는지 말해준다.387 그러나 기독교는 단순히 주체의 소외와 분리의 간극을 메꿔주는 오브제 a가 아니다. 기독교의 신앙은 끊임없이 자리를 바꾸며 미끄러져가는 욕망이 잠시 머무르는 오브제 a 중 하나가 아니다. 기독교 신앙이 오브제 a 중 하나라면 복음은 다른 주이상스에게 인간욕망의 자리를 내어줘야 하기 때문이다. 성경에서 욕망은 양가적이다. 성경은 욕망을 금하기도 하고 욕망을 촉구하기도 한다.388 기독교 욕망의 긍정성과 부정성의 기준은 욕망이 종교 안에 고착되었는지, 아니면 예수 그리스도의 복음 안에서 하나님께로 끊임없이 미끄러지고 있는지에 달렸다. 앞서 살펴본 바와 같이 라캉의 욕망담론과 기독교의 욕망담론은 유사점과 차이점이 공존한다. 이러한 두 담론의 특징을 이해하는 것은 기독교상담의 지평을 넓히는 데 유익할 것이다.

둘째, 필자는 노래회상치료에서 치료작용으로 정신화와 주체화를 고찰하였는데 다른 문학치료, 예술치료에서도 정신화와 주체화의 치료작용이 어떻게 일어나는지에 대하여 깊이 있는 연구가 이루어졌으면 한다.

셋째, 노래를 기도로, 기도를 노래로 적용해 보는 연구다. 필자는 노래가 정신분석이나 치유의 기도가 될 수 있다고 믿는다. 모든 노래가 그렇다는 것은 아니다. 그러나 노래가 치유의 기도가 될 수 있다는 믿음 안에 발을 들여놓는 것은 그만한 가치가 있다고 말한 마이클 아이건(Michael Eigen, 1936-)의 말에 전적으로 동의한다. 우리 삶은 노래, 기도, 정신분석 같은 좋은 것들과 함께 성장한다. 노래의 경우, 그 뿌리가 아마도 유아였을 때 들었던 어머니의 자장가 목소리에 있었을 것으로 유추해 볼 수 있다. 그리고 어머니의 자장가 목소리는 하나님의 사랑에 뿌리를 내리고 있다고 믿는다.[389]

끝으로, 무엇보다 본 연구가 찬양가사뿐만 아니라 성경과 신학 그리고 예전(ritual) 속에 있는 언어들의 은유성과 역동성을 재발견하는 계기가 되어 그것들이 노래회상치료에 잘 활용되길 바란다. 이를 통해 정신분석적 노래회상치료가 기독교인들의 신앙성숙에 필요한 정신화와 주체화 능력을 키우는 생동감 있는 치료적 매체로 자리 잡게 되길 바란다.

참고문헌

<국문서적>

강혜정. 『투사적 동일시, 너를 들이쉬고 나를 내쉬다』. 서울: 씨이오메이커, 2022.

_____. "무의식적으로 소통하는 투사적 동일시에 대한 목회상담학적 고찰". 박사학위논문, 이화여자대학교 대학원, 2010.

김석. "주체화와 정신분석 윤리". 「한국현대정신분석학회」 12 (2016): 58-69.

_____. 『프로이트 & 라캉 무의식의 초대』. 서울: 김영사, 2014.

김성민. 『융의 심리학과 종교』. 서울: 동명사, 1998.

김영실. "예비음악치료사의 마음챙김 지향 음악심상 경험에 관한 근거이론 연구". 박사학위논문, 이화여자대학교 대학원, 2018.

김이곤. 『구약성서의 고난신학』. 서울: 한국신학연구소, 1991.

김정규. 『게슈탈트 심리치료』. 서울: 학지사, 2022.

김종운, 조은유. "회상노래 음악치료가 노인의 웰에이징과 의사소통 및 자아존중감에 미치는 효과". 「학습자중심교과교육학회」 21/4 (2021): 1355-1371.

김진우. 『은유의 이해』. 서울: 나랏말, 2005.

김현정, 김성기. 『음악치료기술 1』. 고양: 지식공감, 2014.

김홍주, 박민주, 차혜명, 김은영. "공유된 의식, 표상의 현실 대 현실의 표상: 정신화의 이론적, 경험적, 임상적 함의와 한국적 적용을 중심으로". 「한국심리학회 지」 39/4 (2020): 633-666.

맹정현. 『리비돌로지: 라캉 정신분석의 쟁점들』. 서울: 문학과지성사, 2009.

박상미. "코로나바이러스감염증-19 대유행이 정신건강에 미치는 영향". 「한국보건교육증진학회」 37/5 (2020) : 83-91.

박영순. 『한국어 은유 연구』. 서울: 고려대학교출판부, 2000.

박영준. "시편 테라피: 시편을 통한 심리치료에 관한 연구". 「한국개혁신학」 50(2020): 313-339.

박정희, 이드보라. "독거노인의 우울과 심리적 안녕감에 트로트와 민요를 이용한 노래회상음악치료의비교연구". 「한국노인복지학회」 61 (2013): 319-338.

신경림 외 9. 『질적 연구 방법론』. 서울: 이화여자대학교출판부, 2017.

윤정. 『자끄 라캉 왜! 예수 사랑을 욕망하는가?』. 서울: 북보자기, 2016.

이경재. 『욥과 케보이』. 서울: 대한기독교서회, 2009.

이민용. "인문치료의 관점에서 본 은유의 치유적 기능과 활용". 「카프카연구」 23(2010): 292-311.

이부영. 『분석심리학』. 서울: 일조각, 2011.

이소희. "코로나19 팬데믹과 정신건강". 「대한신경정신의학회」 60/1 (2021):

이수림, 이문희. "상담 및 심리치료 성과의 효과적 핵심 요인: 정신화(mentalizing)의 이해와 적용". 「인간연구」 27 (2014): 95-139.

이수진. "라깡의 정신분석이론에 근거한 미술치료 메커니즘". 15/2 「한국현대정신분석학회」 (2013):

이창재. 『심연의 빛』. 서울: 아를, 2022.

임수란, 박혜영. "호스피스 환자의 불안과 삶의 질에 대한 노래회상 음악치료". 「한국예술심리치료학회」 14/1 (2018): 223-248.

임재영, 이주영, 신동열. 『음악치료 이론과 심상유도 음악치료 실제』. 서울: 교문사, 2021.

임진수. 『상징계, 실재계, 상상계』. 서울: 파워북, 2012.장징은. "정신분석적 관점에서 본 문학치료의 효용". 「한국문학치료학회」 40 (2016):9-37.

전요섭. 『효과적 기독교 상담기법』. 서울: CLC, 2012.

정현주. 『음악치료학의 이해와 적용』. 서울: 이화여자대학교 출판부, 2005.

조희주.『문학치료를 통한 긍정의 시그니처』. 서울: 교육과학사, 2020.

최수정. "꿈 속 상징분석을 통한 치유작용에 관한 연구". 박사학위논문, 웨스트민스터신학대학원대학교, 2017.

최애나, 권환순. "노래를 중심으로 한 음악치료 회상 요법이 노인의 정서에 미치는 영향".「한국가정관리학회」 27/4 (2006): 33.

최애나, 권환순. "노래를 중심으로 한 음악치료 회상요법이 노인의 정서에 미치는 영향".「가정과 삶의질연구」 27/4 (2009): 31-39.

최영민.『쉽게 쓴 자기심리학』. 서울: 학지사, 2011.

최주희, 문송이, 남현우. "언택트 사회의 예술심리치료 방향".「한국예술심리치료학회」 16/4 (2020): 47-78.

현상규. "애착이론에 근거한 정신화 기법과 기독교 영성의 역할".「국제신학」 18(2016): 179-208.

홍이화.『하인즈 코헛의 자기심리학 이야기 1』. 서울: 한국심리치료연구소, 2011.

<번역서적>

Ackroyd, Eric. A Dictionary of Dream Symbols: With an Introductino toDream Psychology. 김병준 역.『꿈 상징 사전』. 서울: 한국 심리치료연구소,1997.

Allen, Jon. Restoring Mentalizing in Attachment Relationships: Treating Trauma with Plain Old Therapy. 최희철 역.『애착 정신화하기 인간중심의상담』. 서울: 학지사, 2020

Anderson, Herbert and Foley, Edward. Mighty Stories, Dangerous Rituals: Weaving Together the Human and the Divine. 안석모 역.『예배와 목회상담』. 서울: 학지사, 2012.

Bateman, Anthony and Fonagy, Peter. "Mentalization Based Treatment of BPD." Journal of Personality Disorders. 18/1 (2004): 36-51.

Benner, David. Care of Souls: Revisioning Christian Nurture and Counsel. 전요

섭, 김찬규 역. 『영혼돌봄의 이해』. 서울: 기독교문서선교회, 2010.

Bruscia, Kenneth. 『음악 심리치료의 역동성』. 서울: 학지사, 2021.

Chodorow, Nancy. The Reproduction of Mothering. 김민예숙, 강문순 역. 『모성의 재생산』. 서울: 한국심리치료연구소, 2008.

Creswell, John. Qualitative Inquiry and Research Design: Choosing among Five Approaches, 조흥식 외 3 역, 『질적 연구방법론: 다섯가지 접근』. 서울:학지사, 2010.

Descartes, Ren. Principia philosophiae. 원석영 역. 『철학의 원리』. ■서울: 아카넷, 2008.

Eigen, Michael. Contact with the Depths. 이재훈 역. 『깊이와의 접촉』. 서울: 한국심리치료연구소, 2012.

Enright, Robert and Fitzgibbons, Richard. Helping Clients Forgive. 방기연 역. 『용서심리학』. 서울: 시그마프레스, 2011.

Enright, Robert. The Forgiving Life: A Pathway to Overcoming Resentmentand Creating a Legacy of Love. 김광수 외 3 역. 『용서하는 삶』. 서울: 시그마프레스, 2012.

Evans, Dylan. An Introductory Dictionary of Lacanian Psychoanalysis. 김종주 외 11 역. 『라깡 정신분석 사전』. 고양: 인간사랑, 2004.

Fink, Bruce. Fundamentals of Psychoanalytic Technique. 맹정현 역. 『라캉과정신의학』. 서울: 학지사 2002.

_____. The Lacanian Subject: Between Language and Jouissance. 이성민 역. 『라캉의 주체: 언어와 향유 사이에서』. 서울: 도서출판 b, 2010.

Fonagy, Peter, Gergely, Gyorgy, Jurist, Elliot and Target, Mary. Affect Regulation, Mentalization, and the Development of the Self. 황민영 역. 『정서 조절, 정신화, 그리고 자기발달』. 서울: 학지사, 2022.

Fox, John. Poetic Medicine: The Healing Art of Poem-Making. 최소영, 조은상 역. 『시치료』. 서울: 아시아, 2013.

Freud, Sigmund. Interpretation of Dreams. 김인순 역.『꿈의 해석』. 파주: 열린 책들, 2020.

_____. Gesammelte Werke. 김명희 역.『늑대인간』. 서울: 열린책들, 2003.

_____. Traumdeutung. 김인순 역.『꿈의 해석』. 파주: 열린책들, 1997.

Freud, Sigmund and Breuer, Joseph. Studies on Hysteria. 김미리혜 역.『히스테리 연구』. 서울: 열린책들, 2020. Gabbard, Glen. Long-Term Psychodynamic Psychotherapy: A Basic Text. 노경선, 김창기 공역.『장기역동정신치료의 이해』. 서울: 학지사, 2007.

Glowinski, Huguette, Marks, Zita and Sara Murphy. A Compendium of Lacanian Terms. 김종주 역.『라캉정신분석의 핵심용어』. 서울: 하나의학사, 2003.

Gomez, Lavinia. An Introduction to Object Relations. 김창대 외 3 역.『대상관계이론 입문』. 서울: 학지사, 2019.

Green, Andre. "The Analyst, Symbolization and Absence in the AnalyticSetting." International Journal of Psycho-analysis. 56 (1975): 1-22.

Grigg, Russell. Lacan, Language and Philosophy. 김종주, 김아영 역.『라깡과언어와 철학』. 고양: 인간사랑, 2010.

Hall, Calvin and Nordby, Vernon. A Primer of Jungian Psychology. 김형섭 역.『융 심리학 입문』. 서울: 문예, 2004.

Hamilton, Gregory. Self and Others: Object Relations Theory in Practice. 김진숙, 김창대, 이지연 역.『대상관계이론과 실제: 자기와 타자』. 서울: 학지사, 2007.

Hayes, Steven and Smith, Spencer. Acceptance and Commitment Therapy: Cognitive Therapy. 문현미, 민병배 역.『마음에서 빠져나와 삶 속으로 들어가라: 새로운 수용전념치료』. 서울: 학지사, 2019.

Hill, Clara. Helping Skills: Facilitating Exploration, Insight, and Action. 주은선 역.『상담의 기술』. 서울: 학지사, 2022.

Hughes, Bettany. The Hemlock Cup: Socrates, Athens and the Search for the

Good Life. 강경이 역. 『아테네의 변명: 소크라테스를 죽인 아테네의 불편한 진실』. 경기도: 옥당, 2012.

Johnston, Robert. Useless Beauty. 주종훈 역. 『허무한 아름다움』. 서울: IVP, 2005.

Keltner, Dancher, Oatley, Keith, and Jenkins, Jennifer. UnderstandingEmotins. 김현택 역. 『정서의 이해』. 서울: 학지사, 2021.

Kristeva, Julia. Au Commencement Etait L'amour. 김인환 역. 『사랑의 정신분석』. 서울: 믿음사, 1999.

LaBerge, Stepen and Rheingold, Howard. Exploring the World of Lucid Dreaming. 김재권 역. 『꿈: 내가 원하는 대로 꾸기』. 서울: 인디고블루, 2003.

Lacan, Jacques. Introduction a la Lecture de Lecture, 홍준기, 강응섭 역, 『라캉세미나 에크리 독해 I 』. 서울: NUN, 2009.

Lacoue-Labarthe, Philippe and Nancy, Jean-Luc. Titre de la lettre. 김석 역. 『문자라는 증서: 라캉을 읽는 한 가지 방법』. 서울: 문학과지성사, 2011.

Lakoff, George and Johnson, Mark. Metaphors We Live by. 나익주, 노양진 역. 『삶으로서의 은유』. 서울: 박이정, 2008.

McWilliams, Nancy. Psychoanalytic Psychotherapy: A Practitioner's Guide. 권석만, 이한주, 이순희 역. 『정신분석적 심리치료』. 서울: 학지사, 2021.

Meltzer, Donald and Williams, Harris. The Apprehension of Beauty: TheRole of Aesthetic Conflict in Development, Art, and Violence. 이재훈역. 『아름다움의 인식』. 서울: 한국심리치료연구소, 1991.

Mitchell, Stephen and Black, Margaret. Freud and Beyond: A History ofModern Psychoanalytic Thought. 이재훈, 이해리 역. 『프로이트 이후』. 서울: 한국심리치료연구소, 2002.

Mouw, Richard. He Shines in All That's Fair: Culture and Common Grace. 권혁민 역, 『문화와 일반은총: 하나님은 모든 아름다운 것 가운데 빛나신다』. 서울: 새물결플러스, 2012.

Nasio, Jang. Introduction aux Oeuvres de Freud, Ferenczi, Groddeck, Klein,

Winnicott, Dolto, Lacan. 이유섭 외 6 역. 『프로이트페렌치그로데크클라인 위니코트돌토라깡 정신분석 작품과 사상』. 서울: 한동네, 2019.

_____. Cinq Leons sur la Thorie de Jacques Lacan. 라깡분석치료연구회 역. 『자끄 라깡: 핵심이론과 임상』. 서울: 눈출판, 2019.

Ogden, Thomas. Subjects of Analysis. 김도애, 류가미 역. 『토마스 옥덴, 분석적 주체』. 경남: 경남가족상담연구소, 2017.

_____. Projective Identification and Psychotherapeutic Technique. 김도애, 류가미 역. 『투사적 동일시와 심리치료 기법』. 경남: 경남가족상담연구소, 2015.

Pink, Bruce. A Clinical Introduction to Lacanian Psychoanalysis: Theory andTechnique. 맹정현 역. 『라캉과 정신의학』. 서울: 학지사, 2014.

_____. Fundamentals of Psychoanalytic Technique: A Lacanian Approach for Practitioners. 김종주 역. 『라깡 정신분석 테크닉』. 서울: 하나의학서, 2010.

Plutchik, Robert. Emotions and Life. 박권생 역. 『정서심리학』. 서울: 학지사, 2004.

Radocy, Rudolf and Boyle, David. Psychological Foundations of Musical Behavior. 최병철, 이경숙 역. 『음악심리학: 음악적 행동의 심리학적 기반』. 서울: 시그마프레스, 2018.

Rubin, Judith. Art therapy. 최소영, 김혜정 역. 『루빈의 통합적 예술치료 읽기』. 서울: 시그마프레스, 2007.

Segal, Hanna. Melanie Klein. 이재훈 역. 『멜라니 클라인: 멜라니 클라인의 정신분석학』. 서울: 한국심리치료연구소, 1999.

Summers, Frank. Object Relations Theories and Psychology. 이재훈 역. 『대상관계이론과 정신병리학』. 서울: 학지사, 2004.

Wallin, David. Attachment in Psychotherapy. 김진숙, 이지연 역. 『애착과 심리치료』. 서울: 학지사, 2018.

Wheelwright, Philip. Metaphor and Reality. 김태옥 역. 『은유와 실재』. 서울: 한국문화사, 2000.

iek, Slavoj. 우수련 역. 『이데올로기의 숭고한 대상』. 서울: 새물결, 2013.

_____. Zizek, Slavoj. How to Read Lacan. 웅진지식하우스 역. 『How to Read 라캉』. 서울: 웅진지식하우스, 2007.

iek, Slavoj, Salecl, Renata, Dolar, Mladen, Zupancic, Alenka, Bronfen,Elisabeth and Jamson, Fredric. Gaze and Voice as Love Objects. 김종주 외 6 역. 『사랑의 대상으로서 시선과 목소리』. 서울: 라깡정신분석연구회,2010.

<영문서적>

Alford, Fred. Trauma and Forgiveness: Consequences and Communities.New York: Cambridge University Press, 2013.

Allen, Jon, Fonagy, Peter, and Bateman, Anthony. Mentalizing in ClinicalPractice. New York: American Psychiatric Publishing, 2008.

Aristotle. Aristotle: Poetics. Indianapolis: Hackett Publishing Company, 1987.

Baer, Ruth. Mindfulness-Based Treatment Approaches. Kentucky: Universityof Kentucky, 2006.

Bion, Wilfred. "Attacks on Linking." International Journal of Psychoanalysis40 (1959): 308-315.

_____. Experience in Groups. New York: Basic Book, 1959.

Boblin, Sheryl, Ireland, Sandra, Kirkpatrick, Helen, and Robertson, Kim."Using Stake's Qualitative Case Study Approach to Explore Implementation of Evidence-Based Practice." Qualitative HealthResearch. 23/9 (2013): 1267-1275.

Borczon, Ronald. Music Therapy: Group Vignettes. Barcelona Publisher,1997.

Bowlby, John. A Secure Base: Parent-Child Attachment and Healthy HumanDevelopment. London: Routledge, 1988.

Brentano, Franz. Psychology from an Empirical Standpoint. London:Routledge, 1973.

Bruscia, Kenneth. Defining Music Therapy. NH: Barcelona Publishers, 2014.

Butler, Robert. "The Life Review; An Interpretation of Reminiscence in theAged." Psychiatry 26/1 (1968): 65-76.

Carmody, James,Baer, Ruth, Lykins, Emily, and Olendzki, Nicholas. "An Empirical Study of the Mechanisms of Mindfulness in a Mindfulness-based Stress Reduction Program." Journal of ClinicalPsychology 65/6 (2009): 613-626.

Crossan, John. In Parables: The Challenge of the Historical Jesus. San Francisco: Harper & Row, 1973.

David, Fresco, Zindel, Segal, Tom, Buis, and Sydney, Kennedy. "Relationshipof Posttreatment Decentering and Cognitive Reactivity to Relapse in Major Depression." Journal of Consulting and Clinical Psychology 75/3(2007): 447-455.

Dennett, Daniel. "Beliefs about Beliefs." Behaviour and Brain Sciences 4(1978): 568-570.

Elliot, R., Shapiro, D. A., Firth-Cozens, J., Stiles, W. B., Hardy, G. E.,Llewelyn, S. P. & Margison, F. R. "Comprehensive Process Analysis ofInsight Events in Cognitive-Behavioral and Psychodynamic Interpersonal Psychotherapies." Journal of Counseling Psychology 41(1994): 449-463.

Emmons, Robert and McCullough, Michael. "Counting Blessings Versus Burdens: An Experimental Investigation of Gratitude and Subjective Well-Being in Daily Life." Journal of Personality and Social Psychology. 84/2 (2003): 377-389.

Fonagy, Peter and Target, Mary. "Playing with Reality: IV. A Theory ofExternal Reality Rooted in Intersubjectivity." International Journal ofPsychoanalysis 88/4 (2007): 917-937.

Fonagy, Peter and Target, Mary. "Playing with Reality." International Journalof Psycho-Analysis 77 (1996): 217-233.

Fonagy, Peter. Attachment Theory and Psychoanalysis. New York: OtherPress, 2001.

Fox, John. Poetic Medicine: The Healing Art of Poem-Making. New York:Putnam Book, 1997.

Freud, Sigmund. An Outline of Psycho-Analysis. New York: W. W. Norton &Company, 1989.

_____. Rsultats, ides, problmes II. P.U.F., 1985.

_____. Character and Culture. Oxford: Crowell-Collier, 1970.

_____. "A Difficulty in the Path of Psycho-Analysis." In the StandardEdition of the Complete Psychological Works of Sigmund Freud Vol. 17. Ed. Strachey, James. London: Hogarth Press, 1957.

_____. "The Future of an Illusion." In the Standard Edition of the CompletePsychological Works of Sigmund Freud Vol. 21. Ed. Strachey, James. London: Hogarth Press, 1957.

_____. "Negation." In the Standard Edition of the Complete Psychological Works of Sigmund Freud Vol. 19. Ed. Strachey, James. London:Hogarth Press, 1957.

_____. "On Narcissism: An Introduction." In the Standard Edition of theComplete Psychological Works of Sigmund Freud, Vol. 14. Ed.Strachey, James. London: Hogarth Press, 1957.

_____. "The Unconscious." In the Standard Edition of the CompletePsychological Works of Sigmund Freud, Vol. 14. Ed. Strachey, James. London: Hogarth Press, 1957.

Funk, Robert. Language, Hermeneutic, and Word of God. New York: Haper& Row, 1966.

Gaston, Thayer. Music in Therapy. New York: Macmillan, 1968.

Gelso, Charles and Fretz, Bruce. Counseling Psychology. Belmont, CA: Thomson-Wadsworth, 2001.

Gfeller, Kate. The Function of Aesthetic Stimuli in the Therapeutic Process. In

Music therapy in the Treatment of Adults with Mental Disorders. Ed. Unkefer, R. F. New York: Schirmer Books, 1990.

Hadot, Pierre. The Inner Citadel: The Meditations of Marcus Aurelius. NewYork: Harvard University Press, 2001.

Hala, Michele. "Reminiscence Group Therapy." Journal of Gerontological Nursing. 1/3 (1975): 23-28.

Hanna, Fred and Ritchie, Martin. "Seeking the Active Ingredients ofPsychotherapeutic Change: Within and Outside the Context of Therapy." Professional Psychology: Research and Practice. 26/2 176183.

Hayes, Steven, Strosahl, Kirk, and Wilson, Kelly. Acceptance andCommitment Therapy: The Process and Practice of Mindful Change. New York: Guilford Press, 2011.

Hayes, Steven, Wilson, Kelly, Gifford, Elizabeth, Follette, Victoria and Kirk,Strosah. "Experiential Avoidance and Behavioral Disorders: A Functional Dimensional Approach to Diagnosis and Treatment." Journal of Consulting and Clinical Psychology. 64/6 (1996): 11521168.

Heninger, Owen. Poetry Therapy in Private Practice: An Odyssey into the Healing Power of Poetry. In Poetry in the Therapeutic Experience. Ed.Lerner, Arthur. St. Louis: MMB Music, 1994.

Hill, Clara. "My Personal Reactions to Rogers: The Facilitative but Neither Necessary nor Sufficient Conditions of Therapeutic Personality Change." Psychotherapy: Theory, Research, Practice, Training 44 (2007): 260-264.

Huwiler, Elizabeth. "Proverbs, Ecclesiates, Song of Songs." New International Biblical Commentary, Old Testament, Vol. 12. Peabody, Mass: Hendrickson, 1999.

Hyppolite, Jean. "A Spoken Commentary on Freud's Verneinung." In JacquesLacan, Ecrits/Writings. Trans. Fink, Bruce. New York: W. W. Norton,2002.

Kelly, Lisa and Ahessy, Bill. "Reminiscence-Focused Music Therapy to Promote Positive Mood and Engagement and Shared Interaction for People Living with Dementia." A World Forum for Music Therapy. 21/2 (2012): 1-27.

Kernberg, Otto. "Borderline Personality Organization." Journal of the American Psychoanalytic Association 15/3 (1967): 641-685.

Klein, Melanie. Envy and Gratitude and Other Works 1946-1963. New York:Karnac Books, 1993.

_____. "A Contribution to the Psychogenesis of Manic-DepressiveStates." In The Selected Melanie Klein, Ed. Juliet Mitchelle. New York:Free Press, 1987.

_____. "Mourning and Its Relation to Manic-Depressive States." In TheSelected Melanie Klein, Ed. Juliet Mitchelle. New York: Free Press,1987.

_____. Selected Melanie Klein. New York: Hogarth Press, 1986.

_____. "Envy and Gratitude." In Envy and Gratitude and Other Works 1946-1963. New York: Free Press, 1984.

_____. "Notes on Some Schizoid Mechanism." In Envy and Gratitude and Other Works 1946-1963. Ed. Money-Kyrle R. London: Hogarth Press,1980.

_____. The Oedipus Complex in the Light of Early Anxieties. In Love, Guiltand Reparation and Other Works: The Writings of Melanie Klein 1: 370-419. London: Hogfarth Press, 1975.

_____. Some Theoretical Conclusions Regarding the Emotional Life of theInfant. New York: Delacorte, 1975.

_____. "Notes on Some Schizoid Mechanisms." The International Journal ofPsychoanalysis 27 (1946): 99-110.

Kohut, Heinz. Analysis of the Self. New York: International UniversitiesPress, 1971.

_____. "The Evaluation of Applicants for Psychoanalytic Training." International Journal of Psycho-Analysis 49 (1968): 548-554.

Kreitzer, Larry. The New Testament in Fiction and film: On Reversing theHermeneutical Flow. Sheffeld: JSOT Press, 1993.

Lacan, Jacques. "The Agency of the Letter in the Unconscious or Reason Since Freud." In Ecrits: A Selection. London: Tavistock, 1977.

Linzey, Gardner. "On the Classification of Projective Techniques." Psychological Bulletin. 56 (1959): 158168.

Luoma, Jason, Hayes, Stenven, and Walser, Robyn. Learning ACT: An Acceptance & Commitment Therapy Skills-training Manual forTherapists. Oakland, CA: New Harbinger Publications, 2017.

Mahler, Margaret. On Human Symbiosis and the Vicissitudes of Individuation. New York: International Universities Press, 1969.

Marcuse, Herbert. Preface: A Note on Dialectic. In Reason and Revolution: Hegel and the Rise of Social Theory. Boston: Beacon Press, 1960.

Mazza, Nicholas. Poetry Therapy: Theory and Practice. New York: Routledge, 2005.

McCullough, Michael, Emmons, Robert, and Tsang, Jo-Ann. "The Grateful Disposition: A Conceptual and Empirical Topography." Journal ofPersonality and Social Psychology. 82/1 (2002): 112127.

Merriam, Sharan. Qualitative Research: A Guide to Design and Implementation. California: Jossy-Bass, 2009.

Mikulas, William. "Mindfulness: Significant Common Confusions." Mindfulness Vol. 2 (2011): 1-7.

Moltman, Jurgen. The Sprit of Life: A Universal Affirmation. Minneapolis: Fortress, 1992.

Nietzsche, Friedrich. Thus Spoke Zarathustra. Trans. Hollingdale, R. J. Penguin Books Limited, 1974.

Priestly, Mary. Analytical Music Therapy. PA: Barcelona Publishers, 1994.

Provan, Ian. Ecclesiates, Song of Songs. The NIV Application Commentary. Grand Rapids: Zondervan, 2001.

Ricoeur, Paul. Freud and Philosophy: An Essay on Interpretation. CT: YaleUniversity Press, 1970.

Rogers, Carl. Counseling and Psychotherapy. Boston: Houghton Mifflin,1942.

Rudolf, Radocy and Boyle, David. Psychological Foundations of Musical. Illinois: Charles C Thomas, 2012.

Schafer, Roy. Aspects of Internalization. New York: International Universities Press, 1969.

_____. The Contemporary Kleinians of London. London: International Universities Press, 1997.

Singer, Erwin. Key Concepts in Psychotherapy. New York: Basic Books,1970.

Stake, Robert. The Art of Case Study Research. California: Sage, 1995.

Steiner, George. Real Presences. Chicago: The University of Chicago Press,1991.

Kavaler-Adler, Susan. Mourning, Spirituality and Psychic Change: A New Object Relations View of Psychoanalysis. New York: Taylor & Francis,2003.

Tamaz, Elsa. "Living Wisely in the Midst of Absurdity." Church and Society96 (1996): 28-42.

Ogden, Thomas. "The Music of What Happens." In Poetry and Psychoanalysis. International Journal of PsychoAnalysis 1999: 979-994.

_____. Projective Identification and Psychotherapeutic Technique. New York: Jason & Aronson Book, 1993.

Wallin, David. Attachment in Psychotherapy. New York: Guilford Press,2007.

Westermam, Claus. Praise and Larnent in the Psalms. New York:Westminster John Knox Press, 1981.

Winnicott, Donald. The Maturational Processes and The facilitating

Environment: Studies in the Theory of Emotional Development. London: Hogarth Press, 1965.

_____. "Communication and Not Communication Leading to a Study ofCertain Opposites." In the Maturational Process and the Facilitating Environment. New York: International Universities Press, 1965.

_____. "The Place Where We Live." In Playing and Reality. New York: BasicBooks, 1971.

_____. "The Capacity to be Alone." In the Maturational Process and theFacilitating Environment. New York: International Universities Press,1965.

_____. "Transitional Objects and Transitional Phenomena." International Journal of Psychoanalysis 34 (1953): 89-97.

_____. Primary Maternal Preoccupation. New York: Basic Books, 1975.

Young-Eisendrath, Polly. "When the Fruit Ripens: Alleviating Suffering and Increasing Compassion as Goals of Clinical Psychoanalysis." Psychoanaytic Quarterly 70 (2001): 265-285.

주(註)

1 김길량, "주체화를 중심으로 한 노래회상치료 연구" (박사학위논문, 웨스트민스터신학대학원대학교, 2023)
2 이소희, "코로나19 팬데믹과 정신건강", 「대한신경정신의학회」 60/1 (2021): 1. 박상미, "코로나바이러스감염증-19 대유행이 정신건강에 미치는 영향", 「한국보건교육증진학회」 37/5 (2020) : 83-91.
3 이 책에서 사용하는 '주체'는 라캉의 용어 개념을 따른다. 라캉은 1957년 세미나, 무의식의 형성물에서 빗금 친 주체 S로서의 주체 기호를 소개했는데, 그것은 인간 주체를 근본적으로 분할된 것으로 간략하게 규정한 기호다. 이것은 철학이나 심리학과 같은 분야에서 사용되는 주체란 용어와의 근본적 차이점을 확립해 주었다. Huguette Glowinski, Zita Marks, Sara Murphy, A Compendium of Lacanian Terms, 김종주 역, 『라캉정신분석의 핵심용어』 (서울: 하나의학사, 2003), 239.
4 최주희, 문송이, 남현우, "언택트 사회의 예술심리치료 방향", 「한국예술심리치료학회」 16/4 (2020): 47-78.
5 조희주, 『문학치료를 통한 긍정의 시그니처』 (서울: 교육과학사, 2020), 22.
6 문학치료에서 문학은 인간의 사상과 감정을 글로 표현한 것으로, 시, 소설, 희곡, 철학, 노래가사, 일기, 수필 등이 대표적이다. 조희주, 『문학치료를 통한 긍정의 시그니처』, 25.
7 장정은, "정신분석적 관점에서 본 문학치료의 효용", 「한국문학치료학회」 40 (2016): 9-37.
8 조희주, 『문학치료를 통한 긍정의 시그니처』, 26.
9 최애나, 권환순, "노래를 중심으로 한 음악치료 회상 요법이 노인의 정서에 미치는 영향", 「한국가정관리학회」 27/4 (2006): 33.
10 Rudolf Radocy & David Boyle, Psychological Foundations of Musical Behavior, 최병철 역, 『음악심리학』 (서울: 시그마프레스, 2018), 75.
11 Robert Plutchik, Emotions and Life, 박권생 역, 『정서심리학』 (서울: 학지사, 2004), 83.
12 Dancher Keltner, Keith Oatley, Jennifer Jenkins, Understanding Emotions, 김현택 역, 『정서의 이해』 (서울: 학지사, 2021), 353.
13 Dancher Keltner, Keith Oatley, Jennifer Jenkins, 『정서심리학』, 400-401.
14 Nancy McWilliams, Psychoanalytic Psychotherapy: A Practitioner's Guide, 권석만, 이한주, 이순희 역, 『정신분석적 심리치료』 (서울: 학지사, 2021), 346.
15 Richard Mouw, He Shines in All That's Fair: Culture and Common Grace, 권혁민 역, 『문화와 일반은총: 하나님은 모든 아름다운 것 가운데 빛나신다』 (서울: 새물결플러스, 2012), 53, 115.
16 Robert Johnston, Useless Beauty, 주종훈 역, 『허무한 아름다움』 (서울: IVP, 2005), 33.
17 Jurgen Moltman, The Spirit of Life: A Universal Affirmation (Minneapolis: Fortress, 1992), 8.

18 Robert Johnston, 『허무한 아름다움』, 34.
19 행 14:17.
20 Robert K. Johnston, 『허무한 아름다움』, 27-28.
21 Larry Kreitzer, The New Testament in Fiction and Film: On Reversing the Hermeneutical Flow (Sheffeld: JSOT Press, 1993),
22 멜라니 클라인의 편집-분열자리는 아기의 생후 첫 3개월에 우세하게 나타나는 양태로 생애 초기 혼란, 박탈, 불안을 다스리려고 시도하는 아기의 방식이다. 이 자리에는 중립지대는 존재하지 않고 오로지 좋은 것과 나쁜 것만 존재할 뿐이다. 편집-분열자리에서 느끼는 주된 공포는 자신이 외부의 힘에 의해서 파멸될 것이라는 두려움이다. 클라인은 이를 박해불안이라고 불렀고, 이것이 편집-분열자리의 가장 주된 특징이라고 말했다. Lavinia Gomez, An Introduction to Object Relations, 김창대 외 3 역, 『대상관계이론 입문』 (서울: 학지사, 2019), 64-65.
23 클라인은 멸절불안을 유아의 타고난 공격적 욕동에서 비롯된다고 보았다. 그녀에 따르면, 공격성은 죽음본능이거나 파괴적인 욕동이다. 유아는 생명본능 또는 리비도를 가지고 태어나지만 죽음본능을 사라지게 할 정도로 강하지 못하기 때문에 투사라는 방어기제를 사용해 멸절불안에서 벗어나려 한다. 박해불안은 초자아의 박해적 성질로 일종의 심리적 자기-채찍질(self-flagellation)이다. 언어를 사용할 수 있는 시기의 유아부터 성인에 이르기까지 내적 자기-학대로 경험된다. 박해불안을 극복하기 위해서는 좋은 내적 대상과의 경험을 필요로 한다. Frank Summers, Object Relations Theories and Psychology, 이재훈 역, 『대상관계이론과 정신병리학』 (서울: 학지사, 2004), 112-113, 116-117.
24 "Le Desir de L'homme, C'est Le Desir de l'Autre"라는 말은 "인간의 욕망이란 타자가 자신을 욕망하길 바라는 욕망이다" 또는 "인간의 욕망은 타자의 욕망과 같다"로 번역될 수 있다. Bruce Pink, A Clinical Introduction to Lacanian Psychoanalysis: Theory and Technique, 맹정현 역, 『라캉과 정신의학』 (서울: 학지사, 2014), 100.
25 김석, 『프로이트 & 라캉 무의식의 초대』 (서울: 김영사, 2014), 116-117.
26 정신분석에서 치료회기는 주 4회, 정신역동적 치료회기는 주 2~3회로 진행된다. 정신분석적 노래회상치료에서는 지지적 치료처럼 주 1~2회로 진행되며, 본 연구에서는 주 1회 진행되었다. Nancy McWilliams, Psychoanalytic Psychotherapy: A Practitioner's Guide, 권석만, 이한주, 이순희 역, 『정신분석적 심리치료』 (서울: 학지사, 2021), 34-35.
27 Russell Grigg, Lacan, Language and Philosophy, 김종주, 김아영 역, 『라깡과 언어와 철학』 (고양: 인간사랑, 2010), 262.
28 Bruce Fink, The Lacanian Subject: Between Language and Jouissance, 이성민 역, 『라캉의 주체: 언어와 향유 사이에서』 (서울: 도서출판 b, 2010), 139.
29 John Creswell, Qualitative Inquiry and Research Design: Choosing among Five Approaches, 조흥식 외 3 역, 『질적 연구방법론: 다섯가지 접근』 (서울: 학지사, 2010), 111-115.
30 신경림 외 9, 『질적 연구방법론』 (서울: 이화여자대학교출판부, 2017), 456-457.
31 Sharan Merriam, Qualitative Research: A Guide to Design and Implementation (California: Jossy-Bass, 2009), 39-43.
32 Robert Stake, The Art of Case Study Research (California: Sage, 1995), 4-5, 25, 94.

33 Sheryl Boblin, Sandra Ireland, Helen Kirkpatrick, and Kim Robertson, "Using Stake's Qualitative Case Study Approach to Explore Implementation of Evidence-Based Practice," Qualitative Health Research, 23/9 (2013): 1267-1275.
34 임수란, 박혜영, "호스피스 환자의 불안과 삶의 질에 대한 노래회상 음악치료", 「한국예술심리치료학회」 14/1 (2018): 223-248.
35 김종운, 조은유, "회상노래 음악치료가 노인의 웰에이징과 의사소통 및 자아존중감에 미치는 효과", 「학습자중심교과교육학회」 21/4 (2021): 1355-1371.
36 박정희, 이드보라, "독거노인의 우울과 심리적 안녕감에 트로트와 민요를 이용한 노래회상음악치료의비교연구", 「한국노인복지학회」 61 (2013): 319-338.
37 최애나, 권환순, "노래를 중심으로 한 음악치료 회상요법이 노인의 정서에 미치는 영향", 「가정과 삶의질연구」 27/4 (2009): 31-39.
38 Lisa Kelly and Bill Ahessy, "Reminiscence-Focused Music Therapy to Promote Positive Mood and Engagement and Shared Interaction for People Living With Dementia," A World Forum for Music Therapy 21/2 (2012):1-27.
39 Thayer Gaston, Music in Therapy (New York: Macmillian, 1968), vii.
40 Robert Butler, "The Life Review; An Interpretation of Reminiscence in the Aged," Psychiatry 26/1 (1968): 65-76.
41 이수림, 이문희, "상담 및 심리치료 성과의 효과적 핵심 요인: 정신화(mentalizing)의 이해와 적용", 「인간연구」 27 (2014): 95-139.
42 David Benner, Care of Souls: Revisioning Christian Nurture and Counsel, 전요섭, 김찬규 역, 『영혼돌봄의 이해』 (서울: 기독교문서선교회, 2010), 99-101.
43 현상규, "애착이론에 근거한 정신화 기법과 기독교 영성의 역할", 「국제신학」 18 (2016): 179-208.
44 Jon Allen, Peter Fonagy, Anthony Bateman, Mentalizing in Clinical Practice (VA: American Psychiatric Publishing, 2008), 49.
45 김석, "주체화와 정신분석 윤리", 「한국현대정신분석학회」 12 (2016): 58-69.
46 Philippe Lacoue-Labarthe and Jean-Luc Nancy, Titre de la Lettre, 김석 역, 『문자라는 증서: 라캉을 읽는 한 가지 방법』 (서울: 문학과지성사, 2011), 39.
47 라캉이 말하는 증상(symptme)을 1975년 조이스에 대한 세미나에서 사용한 '생톰'(sinthome)과 구분해 증상이 아니라 '증환과의 동일시'가 더 정확하다고 주장하는 의견도 있다. 이런 구분은 주로 지젝의 논의에 근거한다. Slavojiek, 우수련 역, 『이데올로기의 숭고한 대상』 (서울: 새물결, 2013), 126-132 참조.
48 김석, "주체화와 정신분석 윤리", 「한국현대정신분석학회」 12 (2016): 63.
49 증상과 동일시한다는 의미는 증상이 정의상 대타자의 질서 속에서 자리를 차지할 수 없는 것을 전제한다. 즉 증상은 대타자의 질서 속의 결여, 대타자의 한계를 보여줄 뿐 아니라 주체를 고통스럽게 만드는 것이기에 상징계로부터 배제된다. 그러나 동시에 상징계 내부에 반드시 존재할 수밖에 없는 이물질이다. 이러한 이유에서 타자와의 동일시에서 벗어나기를 원하는 주체에게 증상은 최종적 탈출을 제공한다. 즉 주체는 증상과 동일시함으로써 대타자 속에 자리 잡을 수 없는 부분 충동의 만족, 즉 향유를 누릴 수 있는 것이다. 이에 분석주체의 증상

은 자신을 대타자와의 동일시에서 벗어나게 하는 출구다. 곧 분석주체의 증상과의 동일시는 주체적 삶을 살게 하는 방법이 된다. Introduction a la Lecture de Lecture, 홍준기, 강응섭 역, 『라캉세미나 에크리 독해 I』(서울: NUN, 2009), 48.

50 이수진, "라깡의 정신분석이론에 근거한 미술치료 메커니즘", 15/2「한국현대정신분석학회」(2013): 49-50.
51 맹정현, 『리비돌로지: 라캉 정신분석의 쟁점들』(서울: 문학과지성사, 2009), 352.
52 이수진, "라깡의 정신분석이론에 근거한 미술치료 메커니즘", 76.
53 정현주, 『음악치료학의 이해와 적용』(서울: 이화여자대학교출판부, 2015), 236-237.
54 '내사물'이란 차근히 소화해서 내면화한 동일시 대상과 달리 중심자아에 온전히 통합되지 못한 이물질이다. 그것은 정신 속에서 마치 '나'인 양 '중심인격과 다른 특성'을 발현하여 독자적 영향력을 행사하는, '나이면서 내가 아닌' 심리내적 실재(psychic inner reality)를 의미한다. 이창재, 『심연의 빛』(파주: 아를, 2022), 94-95.
55 안나 프로이트가 정신분석가가 되고 싶다고 편지를 보낸 14세 소년에게 보낸 개인교신의 내용이다. Heinz Kohut, "The Evaluation of Applicants for Psychoanalytic Training," International Journal of Psycho-Analysis, 49 (1968): 548-554.
56 Thomas Ogden, "The Music of What Happens," in Poetry and Psychoanalysis, International Journal of PsychoAnalysis (1999): 979-994.
57 Nancy McWilliams, Psychoanalytic Psychotherapy: A Practitioner's Guide, 권석만, 이한주, 이순희 역, 『정신분석적 심리치료』(서울: 학지사, 2021), 104.
58 임재영, 이주영, 신동열, 『음악치료 이론과 심상유도 음악치료 실제』, 86.
59 임재영, 이주영, 신동열, 『음악치료 이론과 심상유도 음악치료 실제』(서울: 교문사, 2021), 86.
60 조희주, 『문학치료를 통한 긍정의 시그니처』, 30.
61 Thayer Gaston, Music in Therapy (New York: Macmillan, 1968), 5.
62 Rudolf Radocy & David Boyle, 『음악심리학』, 358-359.
63 Thayer Gaston, Music in Therapy, 17.
64 Kate Gfeller, "The Function of Aesthetic Stimuli in the Therapeutic Process," in Music Therapy in the Treatment of Adults with Mental Disorders. Ed. R. F. Unkefer (New York: Schirmer Books, 1990), 70-81.
65 Ronald Borczon, Music Therapy: Group Vignettes (Barcelona Publisher, 1997), 188.
66 Michele Hala, "Reminiscence Group Therapy," Journal of Gerontological Nursing 1/3 (1975): 23-28.
67 정현주, 『음악치료학의 이해와 적용』, 237.
68 Owen Heninger, "Poetry Therapy in Private Practice: An Odyssey into the Healing Power of Poetry," in The Therapeutic Experience, Ed. Arthur Lerner (St. Louis: MMB Music, 1994), 57.
69 Nicholas Mazza, Poetry Therapy: Theory and Practice (New York: Routledge, 2005), 45-46.
70 정현주, 『음악치료학의 이해와 적용』, 236-237.
71 Kenneth Bruscia, Defining Music Therapy (NH: Barcelona Publishers, 2014), 140, 251.

72 Bruce Fink, 『라캉의 주체: 언어와 향유 사이에서』, 95-97.
73 Jacques Lacan, 『세미나 11』, 226, 307.
74 Bruce Fink, 『라캉의 주체: 언어와 향유 사이에서』, 135-136.
75 김석, 『프로이트 & 라깡 무의식의 초대』, 144.
76 라캉은 무의식이 하나의 랑그에서 어떻게 스스로를 나타내는지 강조하면서 이를 '라랑그(lalangue)로 쓴다. 그리고 이런 무의식의 표현들을 토대로 분석이론이 언어처럼 구조화된 무의식을 가정한다. 이러한 라캉의 신조어는 언어학적 의미인 랑그와 무의식적 랑그인 라랑그로 구별하게 해준다. Jang Nazio, Cinq Leons sur la Thorie de Jacques Lacan, 라깡정신분석연구회 역, 『자끄 라깡: 핵심이론과 임상』 (서울: 눈출판, 2019), 89.
77 Gregory Hamilton, Self and Others: Object Relations Theory in Practice, 김진숙, 김창대, 이지연 역, 『대상관계이론과 실제: 자기와 타자』 (서울: 학지사, 2007), 146.
78 Slavoj Zizek, How to Read Lacan, 웅진지식하우스 역, 『How to Read 라캉』 (서울: 웅진지식하우스, 2007), 9.
79 Bruce Fink, Fundamentals of Psychoanalytic Technique, 맹정현 역, 『라캉과 정신의학』 (서울: 학지사 2002), 103.
80 Nancy McWilliams, Psychoanalytic Psychotherapy: A Practitioner's Guide (New York: Guilford Press, 2008), 107-111.
81 John Fox, Poetic Medicine: The Healing Art of Poem-Making (New York: Putnam Book, 1997), 67.
82 조희주, 『문학치료를 통한 긍정의 시그니처』, 36.
83 Philip Wheelwright, Metaphor and Reality, 김태옥 역, 『은유와 실재』 (서울: 한국문화사, 2000), 97.
84 Nicholas Mazza, Poetry Therapy: Theory and Practice (New York: Routledge, 2005), 32.
85 최수정, "꿈 속 상징분석을 통한 치유작용에 관한 연구", (박사학위논문, 웨스트민스터신학대학원대학교, 2017), 18.
86 Sigmund Freud, Traumdeutung 김인순 역, 『꿈의 해석』 (파주: 열린 책들, 1997), 335-592.
87 Stepen LaBerge and Howard Rheingold, Exploring the World of Lucid Dreaming, 김재권 역, 『꿈: 내가 원하는 대로 꾸기』 (서울: 인디고 블루, 2003), 23.
88 Eric Ackroyd, A Dictionary of Dream Symbols: With an Introduction to Dream Psychology, 김병준 역, 『꿈 상징 사전』 (서울: 한국 심리치료연구소, 1997), 13-14.
89 Calvin Hall and Vernon Nordby, A Primer of Jungian Psychology, 김형섭 역, 『융 심리학 입문』 (서울: 문예, 2004), 154.
90 이부영, 『분석심리학』 (서울: 일조각, 1978), 187-198.
91 기표, 말, 상징 등의 기호형식은 사물의 살해를 초래한다. 그래서 기호양식들이 가리키는 존재는 상실되어, 결국 존재의 주체는 결핍되고 사라지고 분열된다. 임진수, 『상징계, 실재계, 상상계』 (서울: 파워북, 2012), 152.
92 김성민, 『융의 심리학과 종교』 (서울: 동명사, 1998), 184.
93 박영순, 『한국어 은유연구』 (서울: 고려대학교출판부, 2000), 108.
94 George Lakoff, Mark Johnson, Metaphors We Live by, 나익주, 노양진 역, 『삶으로서의 은유』

(서울: 박이정, 2008), 11.
95 이민용, "인문치료의 관점에서 본 은유의 치유적 기능과 활용"「카프카연구」23 (2010): 292.
96 박영순,『한국어 은유 연구』, 3.
97 아리스토텔레스가 은유개념에 대해 말하면서 '은유는 한 사실(A)에서 다른 사실(B)로 어떤 낱말을 옮겨서 쓰는 것이다'(시학 1457b 5-35)라고 했을 때 그 한 사실(A)과 다른 사실(B)은 일단 다르다는 것을 전제하고 있다. 즉 차별성을 전제로 한다. A, B 양자가 완전히 같으면 은유가 성립할 필요도 없고, 아주 비슷하면 은유의 참신한 효과가 거의 없기 때문이다. 그러나 어떤 낱말이 한 사실에서 다른 사실로 옮겨서 사용되려면 그 두 사실(A, B) 사이에 어떤 유사성의 다리가 있어야 건너갈 수 있다. 그래서 은유의 핵심은 서로 다른 A와 B를 연결하는 유사성이라고 할 수 있다. 이민용, "인문치료의 관점에서 본 은유의 치유적 기능과 활용",「카프카 연구」23 (2010): 297-298.
98 John Fox, Poetic Medicine: The Healing Art of Poem-Making, 64.
99 John Fox, Poetic Medicine: The Healing Art of Poem-Making, 65-66.
100 이민용, "인문치료의 관점에서 본 은유의 치유적 기능과 활용",「카프카 연구」23 (2020): 292~311.
101 김정규,『게슈탈트 심리치료』(서울: 학지사, 2022), 441-442.
102 Judith Rubin, Art Therapy, 최소영, 김혜정 역,『루빈의 통합적 예술치료 읽기』(서울: 시그마프레스, 2007), 220.
103 Sigmund Freud, Interpretation of Dreams, 김인순 역,『꿈의 해석』(파주: 열린책들, 2020), 52.
104 음악치료에서 심리치료기법은 크게 수용적 방법과 행위적 방법이 있다. 전자는 상담자가 음악을 선정해주면 그 음악을 감상하고 회상하는 방식이고 후자는 직접 악기를 다루면서 연주하는 방식이다. 음악치료는 두 축 사이에서 여러 가지 혼합형태가 존재한다. 김정규,『게슈탈트 심리치료』, 459.
105 Aristotle, Aristotle: Poetics (Indianapolis: Hackett Publishing Company, 1987), 37.
106 이석원,『음악인지과학』(서울: 심설당, 2013), 154.
107 정현주, 김동민,『음악심리치료』(서울: 학지사, 2010), 11, 29.
108 D. N. Stern, The Interpersonal World of the Infant (New York: Basic Books, 1985)
109 K. Papousek, "Intuitive Parenting: Hidden Source of Musical Stimulation in Infancy", in Musical Beginnings: Origins and Development of Musical Competence, Ed. I. Delige, & J. A. Sloboda (Oxford: Oxford University Press, 1996), 88-112.
110 정현주,『인간행동과 음악』(서울: 학지사, 2011), 9.
111 Sylka Uhlig, Authentic Voices, Authentic Singing: A Multicultural Approach to Vocal Music Therapy (NH: Barcelona Publishers, 2006), 200.
112 Alan Turry & David Marcus, "Teamwork: Therapist and Cotherapist" in the Nordoff-Robbins Approach to Music Therapy. Music Therapy Perspectives 23/1 (2005): 53-69.
113 Felicity Baker and Sylka Uhlig, Voicework in Music Therapy: Research and Practice (London: Jessica Kingsley Publishers, 2011), 126-128.
114 Kenneth Bruscia,『음악 심리치료의 역동성』, 25.

115 Mary Priestly, Analytical Music Therapy (PA: Barcelona Publishers, 1994), 173.
116 Kenneth Bruscia, 『음악 심리치료의 역동성』, 48.
117 Kenneth Bruscia, 『음악 심리치료의 역동성』, 48.
118 Gardner Linzey, "On the Classification of Projective Techniques," Psychological Bulletin 56 (1959): 158168.
119 Kenneth Bruscia, 『음악 심리치료의 역동성』, 48-49.
120 Kenneth Bruscia, 『음악 심리치료의 역동성』, 49.
121 Roy Schafer, Aspects of Internalization (New York: International Universities Press, 1969), 9, 16.
122 Thomas Ogden, Projective Identification and Psychotherapeutic Technique, 김도애, 류가미 역, 『투사적 동일시와 심리치료 기법』(경남: 경남가족상담연구소, 2015), 67-68.
123 Kenneth Bruscia, 『음악 심리치료의 역동성』, 49-50.
124 내사적 동일시는 아직까지 용어개념이 통일되지 않았다. 내사적 동일시 개념은 어떤 이들에게 투사적 동일시의 하위개념으로, 어떤 이들에게는 그것에 상응하는 반대개념으로, 또는 투사적 동일시의 보완적 반응으로 사용되고 있다. 내사적 동일시를 이해하는 열쇠는 주체가 항상 대상내사형과 자신을 동일시한다는 점이다. 내담자는 자신의 삶에서 의미 있는 대상과 동일시하려 하고, 치료사는 치료상황의 대상으로서 내담자의 내사형과 동일시한다. 투사적 동일시와 같이 내사적 동일시 역시 상호교류과정에서 다른 쪽과 공모하므로 전이를 더욱 혼동시키며 복잡하게 만든다. Kenneth Bruscia, 『음악 심리치료의 역동성』, 51-52.
125 Kenneth Bruscia, 『음악 심리치료의 역동성』, 50.
126 Thomas Ogden, 『투사적 동일시와 심리치료 기법』, 30-31.
127 Roy Schafer, The Contemporary Kleinians of London, (London: International Universities Press, 1997), 100-101, 106-107.
128 Thomas Ogden, 『투사적 동일시와 심리치료 기법』, 35.
129 Thomas Ogden, 『투사적 동일시와 심리치료 기법』, 38-39.
130 Thomas Ogden, 『투사적 동일시와 심리치료 기법』, 45-46.
131 Thomas Ogden, 『투사적 동일시와 심리치료 기법』, 49-50.
132 Melanie Klein, "Notes on Some Schizoid Mechanism," in Envy and Gratitude and Other Works, Ed. R. Money-Kyrle: 1946-1963 (London: Hogarth Press, 1980), 1-24.
133 Thomas Ogden, 『투사적 동일시와 심리치료 기법』, 51-52.
134 Wilfred Bion, Experience in Groups (New York: Basic Book, 1959), 149.
135 Wilfred Bion, "Attacks on Linking," International Journal of Psychoanalysis 40 (1959): 314.
136 Thomas Ogden, 『투사적 동일시와 심리치료 기법』, 54.
137 Thomas Ogden, 『투사적 동일시와 심리치료 기법』, 59-60.
138 Thomas Ogden, 『투사적 동일시와 심리치료 기법』, 47-48. Thomas Ogden, Projective Identification and Psychotherapeutic Technique (New York: Jason & Aronson Book, 1993), 21.
139 강혜정, 『투사적 동일시, 너를 들이쉬고 나를 내쉬다』(서울: 씨이오메이커, 2022), 101.

140 강혜정, 『투사적 동일시, 너를 들이쉬고 나를 내쉬다』, 104.
141 R. Elliot, D. A. Shapiro, J. Firth-Cozens, W. B. Stiles, G. E. Hardy, S. P. Llewelyn, & F. R. Margison, "Comprehensive Process Analysis of Insight Events in Cognitive-Behavioral and Psychodynamic-Interpersonal Psychotherapies," Journal of Counseling Psychology 41 (1994): 449-463.
142 Carl Rogers, Counseling and Psychotherapy (Boston: Houghton Mifflin, 1942), 177.
143 Clara Hill, "My Personal Reactions to Rogers: The Facilitative but Neither Necessary nor Sufficient Conditions of Therapeutic Personality Change," Psychotherapy: Theory, Research, Practice, Training 44 (2007): 260-264.
144 Erwin Singer, Key Concepts in Psychotherapy (New York: Basic Books, 1970), 313.
145 Charles Gelso & Bruce Fretz, Counseling Psychology (CA: Thomson-Wadsworth, 2001), 209-210.
146 Clara Hill, Helping Skills: Facilitating Exploration, Insight, and Action, 주은선 역, 『상담의 기술』 (서울: 학지사, 2022), 244.
147 Clara Hill, Helping Skills: Facilitating Exploration, Insight, and Action, 244-245.
148 Sigmund Freud, Joseph Breuer, Studies on Hysteria, 김미리혜 역, 『히스테리 연구』 (서울: 열린책들, 2020), 337-404.
149 Fred Hanna & Martin Ritchie, "Seeking the Active Ingredients of Psychotherapeutic Change: Within and Outside the Context of Therapy," Professional Psychology: Research and Practice 26/2 176183.
150 Kenneth Bruscia, 『음악 심리치료의 역동성』 (서울: 학지사, 2021), 19.
151 Kenneth Bruscia, 『음악 심리치료의 역동성』 (서울: 학지사, 2021), 17-18.
152 김현정, 김성기, 『음악치료기술 1』 (고양: 지식공감, 2014), 120.
153 Rudolf Radocy & David Boyle, Psychological Foundations of Musical Behavior, 최병철, 이경숙 역, 『음악심리학』 (서울: 시그마프레스, 2018), 342.
154 Rudolf Radocy & David Boyle, 『음악심리학』, 342.
155 Rudolf Radocy & David Boyle, 『음악심리학』, 375.
156 David Wallin, Attachment in Psychotherapy, 김진숙, 이지연 역, 『애착과 심리치료』 (서울: 학지사, 2018), 215.
157 이창재, 『심연의 빛』, 99.
158 이창재, 『심연의 빛』, 99.
159 Peter Fonagy, Anthony Bateman, Mentalization-based Treatment for Borderline Personality Disorder, 노경선 역, 『정신화 중심의 경계성 인격장애의 치료』 (서울: 눈, 2017), 24.
160 Peter Fonagy, 『정신화 중심의 경계성 인격장애의 치료』, 24.
161 Sigmund Freud, "On Narcissism: An Introduction", in the Standard Edition of the Complete Psychological Works of Sigmund Freud, Vol. 14, Ed. James Strachey, (London: Hogarth Press, 1914), 33.
162 Melanie Klein, "The Oedipus Complex in the Light of Early Anxieties," in Love, Guilt

and Reparation and Other Works: The Writings of Melanie Klein, 1: 370-419 (London: Hogfarth Press, 1975), 199209.

163 Donald Winnicott, "Transitional Objects and Transitional Phenomena," International Journal of Psychoanalysis 34 (1953): 89-97.
164 Peter Fonagy, 『정신화 중심의 경계성 인격장애의 치료』, 51-52.
165 Peter Fonagy, 『정신화 중심의 경계성 인격장애의 치료』, 52-53.
166 Peter Fonagy, 『정신화 중심의 경계성 인격장애의 치료』, 56.
167 Jon Allen, Restoring Mentalizing in Attachment Relationships: Treating Trauma with Plain Old Therapy, 최희철 역, 『애착 정신화하기 인간중심의 상담』(서울: 학지사, 2020), 72.
168 하인즈 코헛은 일차적 공감과 성숙한 공감을 구분한다. 코헛에 따르면, 생애 초기 유아는 일차적 공감(primary empathy)을 통해 어머니와 융합하고 대상을 인식한다고 한다. 성인이 되어도 일차적 공감방식을 고집하면 나(me)와 나 아닌 것(not-me)이 구분되지 않아 현실을 왜곡시키는 비합리적 경험방식이 된다. 반면에 코헛은 성숙한 공감을 '대리적 자기성찰' (vicarious introspection)로 정의하였다. 이는 다른 사람의 정신상태를 인식하고 정확하게 이해하는 능력을 의미하며, 필연적으로 자신의 내면 인식기술, 기억 및 감정상태 등에 접근하는 능력을 포함한다. 이처럼 대리적 자기성찰로서의 공감은 정신화와 매우 유사하다. 최영민, 『쉽게 쓴 자기심리학』(서울: 학지사, 2011), 95, 147.
169 Peter Fonagy, 『정신화 중심의 경계성 인격장애의 치료』, 31, 33.
170 Anthony Bateman and Peter Fonagy, "Mentalization Based Treatment of BPD," Journal of Personality Disorders, 18/1 (2004): 36-51.
171 Jon Allen, Peter Fonagy, & Anthony Bateman, Mentalizing in Clinical Practice, 65.
172 David Wallin, Attachment in Psychotherapy (New York: Guilford Press, 2007), 133.
173 John Bowlby, A Secure Base: Parent-Child Attachment and Healthy Human Development. (London: Routledge, 1988), 27.
174 Melanie Klein, "Notes on Some Schizoid Mechanisms," The International Journal of Psychoanalysis 27 (1946): 99-110.
175 김홍주, 박민주, 차혜명, 김은영, "공유된 의식, 표상의 현실 대 현실의 표상: 정신화의 이론적, 경험적, 임상적 함의와 한국적 적용을 중심으로", 「한국심리학회지」 39/4 (2020): 633-666.
176 Franz Brentano, Psychology from an Empirical Standpoint (London: Routledge, 1973), 188. Daniel Dennett, "Beliefs about Beliefs," Behaviour and Brain Sciences 4 (1978): 568-570.
177 Anthony Bateman & Peter Fonagy, "Mentalization Based Treatment of BPD," Journal of Personality Disorders 18/1 (2004): 36.
178 Otto Kernberg, "Borderline Personality Organization," Journal of the American Psychoanalytic Association 15/3 (1967): 641-685.
179 Peter Fonagy & Mary Target, "Playing with Reality: IV. A Theory of External Reality Rooted in Intersubjectivity," International Journal of Psychoanalysis 88/4 (2007): 918.
180 Peter Fonagy, Attachment Theory and Psychoanalysis (New York: Other Press, 2001), 27, 86.

181 Jon Allen, Peter Fonagy, & Anthony Bateman, Mentalizing in Clinical Practice (New York: American Psychiatric Publishing, 2008), 25-26.
182 Peter Fonagy & Mary Target, "Playing with Reality: IV. A Theory of External Reality Rooted in Intersubjectivity," 917-937.
183 이창재, 『심연의 빛』, 94-95.
184 이창재, 『심연의 빛』, 95.
185 이창재, 『심연의 빛』, 96.
186 이창재, 『심연의 빛』, 97.
187 David Wallin, 『애착과 심리치료』, 203-204.
188 Peter Fonagy and Mary Target, "Playing withReality," International Journal of Psycho-Analysis, 77 (1996): 217-233.
189 David Wallin, Attachment in Psychotherapy, 김진숙, 이지연 역, 『애착과 심리치료』, 199-200.
190 David Wallin, 『애착과 심리치료』, 200-202.
191 David Wallin, 『애착과 심리치료』, 201.
192 David Wallin, 『애착과 심리치료』, 237.
193 김영실, "예비음악치료사의 마음챙김 지향 음악심상 경험에 관한 근거이론 연구", (박사학위 논문, 이화여자대학교 대학원, 2018), 23.
194 David Wallin, 『애착과 심리치료』, 205.
195 William Mikulas, "Mindfulness: Significant Common Confusions," Mindfulness Vol. 2, (2011): 1-7.
196 Steven Hayes, Kelly Wilson, Elizabeth Gifford, Victoria Follette, Kirk, Strosah, "Experiential Avoidance and Behavioral Disorders: A Functional Dimensional Approach to Diagnosis and Treatment," Journal of Consulting and Clinical Psychology 64/6 (1996): 11521168.
197 Ruth Baer, Mindfulness-Based Treatment Approaches (Kentucky: University of Kentucky, 2006), 20.
198 James Carmody, Ruth Baer, Emily Lykins, Nicholas Olendzki, "AnEmpirical Study of the Mechanisms of Mindfulness in a Mindfulness-Based Stress Reduction Program," Journal of Clinical Psychology, 65/6 (2009): 613-626.
199 David Fresco, Zindel Segal, Tom Buis & Sydney Kennedy, "Relationship of Posttreatment Decentering and Cognitive Reactivity to Relapse in Major Depression," Journal of Consulting and Clinical Psychology, 75/3 (2007): 447-455.
200 Steven Hayes, Kirk Strosahl, & Kelly Wilson, Acceptance and Commitment Therapy: The Process and Practice of Mindful Change (NewYork:Guilford Press. 2011), 23.
201 Jason Luoma, Stenven Hayes & Robyn Walser, Learning ACT: An Acceptance & Commitment Therapy Skills-Training Manual for Therapists (Oakland, CA: New Harbinger Publications, 2017), 18-19.
202 Steven Hayes and Spencer Smith, Acceptance and Commitment Therapy: Cognitive Therapy, 문현미, 민병배 역, 『마음에서 빠져나와 삶 속으로 들어가라: 새로운 수용전념치

료』 (서울: 학지사, 2019), 171-172.

203 Thomas Ogden, 『토마스 옥덴, 분석적 주체』, 10-14.
204 Thomas Ogden, 『토마스 옥덴, 분석적 주체』, 32.
205 RenDescartes, Principia Philosophiae, 원석영 역, 『철학의 원리』 (서울: 아카넷, 2008), 32.
206 임진수, 『상징계, 실재계, 상상계』, 21, 41, 199.
207 윤정, 『자끄 라깡 왜? 예수 사랑을 욕망하는가?』, 58.
208 최영민, 『쉽게 쓴 자기심리학』 (서울: 학지사, 2011), 100-102.
209 Thomas Ogden, 『토마스 옥덴, 분석적 주체』, 27.
210 Herbert Marcuse, "Preface: A Note on Dialectic," in Reason and Revolution: Hegel and the Rise of Social Theory (Boston:Beacon Press, 1960), vii.
211 Sigmund Freud, "A Difficulty in the Path of Psycho-Analysis," in the Standard Edition of the Complete Psychological Works of Sigmund Freud Vol. 17. Ed. James Strachey (London: Hogarth Press, 1957), 143.
212 Sigmund Freud, A Difficulty in the Path of Psycho-Analysis, 142-143.
213 Sigmund Freud, A Difficulty in the Path of Psycho-Analysis, 141.
214 Sigmund Freud, An Outline of Psycho-Analysis (New York: W. W. Norton & Company, 1989), 161.
215 Thomas Ogden, 『토마스 옥덴, 분석적 주체』, 45-46.
216 Sigmund Freud, An Outline of Psycho-Analysis, 145.
217 Sigmund Freud, "The Unconscious," in the Standard Edition of the Complete Psychological Works of Sigmund Freud, Vol. 14, Ed. James Strachey (London: Hogarth Press, 1957), 159-215.
218 Thomas Ogden, 『토마스 옥덴, 분석적 주체』, 47.
219 Sigmund Freud, "Negation" in the Standard Edition of the Complete Psychological Works of Sigmund Freud vol 19, Ed. James Strachey (London: The Hogarth Press, 1957), 235-236.
220 Jean Hyppolite, "A Spoken Commentary on Freud's Verneinung," in Jacques Lacan, Ecrits/Writings, Trans. Fink, Bruce (New York: W. W. Norton, 2002), 291.
221 Paul Ricoeur, Freud and Philosophy: An Essay on Interpretation (CT: Yale University Press, 1970), 378.
222 Thomas Ogden, 『토마스 옥덴, 분석적 주체』, 61-62.
223 Thomas Ogden, 『토마스 옥덴, 분석적 주체』, 65.
224 Melanie Klein, Some Theoretical Conclusions Regarding the Emotional Life of the Infant (New York: Delacorte, 1975), 93.
225 Thomas Ogden, 『토마스 옥덴, 분석적 주체』, 66.
226 Thomas Ogden, 『토마스 옥덴, 분석적 주체』, 66.
227 Thomas Ogden, 『토마스 옥덴, 분석적 주체』, 68.
228 토마스 옥덴은 빅과 멜처, 그리고 터스틴이 말한 자폐-감각자리(auto-sensuous position)를 정교화하여 자폐-접촉자리(autistic-contiguous position)개념을 주장했다. 자폐접촉자리는

편집-분열자리보다 훨씬 더 원시적인 심리조직이다. 이 자리는 상징 이전에 감각적 인상을 통해 경험을 형성하는 양식이다. 이 양식은 시간이 흘러도 계속 존재하는 연속적 감각을 갖고 있다. 이러한 경험은 다른 자리 양식처럼 환경적 어머니에 의해서 창조된다. 토마스 옥덴, 『토마스 옥덴, 분석적 주체』, 69.

229 Thomas Ogden, 『토마스 옥덴, 분석적 주체』, 73.
230 Thomas Ogden, 『토마스 옥덴, 분석적 주체』, 76-77.
231 Donald Winnicott, The Maturational Processes and The facilitating Environment: Studies in the Theory of Emotional Development (London: Hogarth Press, 1965), 84,
232 Donald Winnicott, "The Ordinary Devoted Mother," in The Collected Works of D. W. Winnicott, Volume 12 (Oxford: Oxford Unversity Press, 2017), 331-338.
233 Thomas Ogden, 『토마스 옥덴, 분석적 주체』, 87-88.
234 Donald Winnicott, Primary Maternal Preoccupation (New York: Basic Books, 1975), 302.
235 Thomas Ogden, 『토마스 옥덴, 분석적 주체』, 89.
236 Donald Winnicott, Primary Maternal Preoccupation, 112.
237 Andre Green, "The Analyst, Symbolization and Absence in the Analytic Setting," International Journal of Psycho-analysis 56 (1975): 1-22.
238 Thomas Ogden, 『토마스 옥덴, 분석적 주체』, 92-93.
239 Donald Winnicott, "Communication and Not Communication Leading to a Study of Certain Opposites," in the Maturational Process and the Facilitating Environment (New York: International Universities Press, 1965), 89.
240 Donald Winnicott, "The Place Where We Live," in Playing and Reality (New York: Basic Books, 1971), 107.
241 Donald Winnicott, "The Capacity to be Alone," in the Maturational Process and the Facilitating Environment (New York: International Universities Press, 1965), 90.
242 Thomas Ogden, 『토마스 옥덴, 분석적 주체』, 102.
243 Dylan Evans, An Introductory Dictionary of Lacanian Psychoanalysis, 김종주 외 11 역, 『라깡 정신분석 사전』 (서울: 인간사랑, 2004), 370.
244 김석, 『프로이트 & 라캉 무의식의 초대』, 128.
245 임진수, 『상징계, 실재계, 상상계』, 191. 파편화된 몸 이미지로 불안을 느껴왔던 아기가 어느 날 거울 속에 비친 자신의 전체 모습을 엄마가 "비친 모습이 바로 너야!" 승인해 주면서 거울 속 이미지가 자신을 불안에서 구원해 줄 것이라고 오인해 거울자아를 자기애적으로 사랑하게 된다. 결국 아기는 거울 이미지가 준 황홀한 매력에 빠지게 된다. 이것을 라캉은 이미지의 미끼, 속임수라고 강조하면서, 분석치료에서 이미지에 의한 매수를 경계하라고 말했다. 임진수, 『상징계, 실재계, 상상계』, 185.
246 김석, 『프로이트 & 라캉 무의식의 초대』.
247 라캉은 오이디푸스 콤플렉스를 구조적으로 이해하면서, 어머니의 욕망에 종속되고 타자와의 동일시로 발생하였던 상상계적 자아가 어떻게 아버지의 세계인 상징계의 질서로 편입되면서, 이자관계가 삼자관계로 변화되는가에 대한 이론으로 재구성하였다. 이경재, 『욥과 케보이』 (서울: 대한기독교서회, 2009), 175.

248 이경재, 『욥과 케보이』, 172-176.
249 이경재, 『욥과 케보이』, 176.
250 이경재, 『욥과 케보이』, 177.
251 이경재, 『욥과 케보이』, 178.
252 Huguette, Glowinski, Zita Marks, Sara Murphy, A Compendium of Lacanian Terms, 김종주 역, 『라캉의 정신분석의 핵심용어』 (서울: 하나의학사, 2003), 238.
253 Huguette, Glowinski, Zita Marks, Sara Murphy, A Compendium of Lacanian Terms, 239, 241, 243.
254 Thomas Ogden, 『토마스 옥덴, 분석적 주체』, 101-102.
255 신경림 외 9, 『질적 연구 방법론』, 240-241.
256 정현주, 『음악치료학의 이해와 적용』, 235-236.
257 이창재, 『심연의 빛』, 101.
258 이창재, 『심연의 빛』, 102-103.
259 윤정, 『자끄 라캉 왜! 예수 사랑을 욕망하는가?』 (서울: 북보자기, 2016), 36-39.
260 Jang Nasio, Introduction aux oeuvres de Freud, Ferenczi, Groddeck, Klein, Winnicott, Dolto, Lacan 이유섭 외 6 역, 『프로이트페렌치그로데크클라인위니코트돌토라깡 정신분석 작품과 사상』 (서울: 한동네, 2019), 374-376.
261 윤정, 『자끄 라캉 왜! 예수 사랑을 욕망하는가?』, 40.
262 Nancy McWilliams, Psychoanalytic Psychotherapy: A Practitioner's Guide, 권석만, 이한주, 이순희 역, 『정신분석적 심리치료』, 361-362.
263 Nancy McWilliams, 362.
264 Polly Young-Eisendrath, "When the Fruit Ripens: Alleviating Suffering and Increasing Compassion as Goals of Clinical Psychoanalysis," Psychoanaytic Quarterly 70 (2001): 265-285.
265 Bettany Hughes, The Hemlock Cup: Socrates, Athens and the Search for the Good Life, 강경이 역, 『아테네의 변명: 소크라테스를 죽인 아테네의 불편한 진실』 (경기도: 옥당, 2012), 20, 317, 498,
266 Nancy McWilliams, 『정신분석적 심리치료』, 103.
267 Bettany Hughes, 『아테네의 변명: 소크라테스를 죽인 아테네의 불편한 진실』, 539.
268 김석, 『프로이트 & 라캉 무의식의 초대』, 141-142.
269 김석, 『프로이트 & 라캉 무의식의 초대』, 143-144.
270 김석, 『프로이트 & 라캉 무의식의 초대』, 146.
271 라캉의 누빔점(quilting point)은 시니피앙(기표)이 시니피앙의 연쇄를 통해 시니피에(기의)에 의미를 구체화하는 언어 사건의 한 형태로, 애매하고 희미한 것을 분명하게 밝히거나 담론의 전체 의미를 바꾸는 의미효과를 준다. 라캉은 누빔점을 정신병에 관한 자신의 이론에서 중요한 용어로 사용한다. 라캉은 시니피앙과 시니피에 사이를 묶으려면 부성은유라는 누빔점이 필요하다고 말하며 정신증은 누빔점 부재의 직접적인 결과라고 주장하였다. Jacques Lacan, "The Agency of the Letter in the Unconscious or Reason Since Freud," in Ecrits: A Selection (London: Tavistock, 1977), 184-187.

272 이창재, 『심연의 빛』, 46.
273 이창재, 『심연의 빛』, 47.
274 이창재, 『심연의 빛』, 48.
275 홍이화, 『하인즈 코헛의 자기심리학 이야기 1』 (서울: 한국심리치료연구소, 2011), 60.
276 Margaret Mahler, On Human Symbiosis, 12.
277 Donald Winnicott, "The Capacity to Be Alone," in The Maturational Processes and the Facilitating Environment (London: Karnac Books, 1958), 29-36.
278 라캉은 랑그를 언어학적인 랑그와 무의식적 랑그로 나누고, 무의식적 랑그 중 모성적이고 향락적이며 신체와 밀접하게 연결되어 있어서 의미로 가득 찬 의미의 랑그를 라랑그라 불렀다. Jang Nasio, 『자끄 라깡 핵심이론과 임상』, 89-90.
279 Slavoj Zizek 외 5명, 『사랑의 대상으로서의 시선과 목소리』, 155.
280 Nancy Chodorow, The Reproduction of Mothering, 김민예숙, 강문순 역, 『모성의 재생산』 (서울: 한국심리치료연구소, 2008), 114.
281 Juan-David Nasio, Cinq Leons sur La Thorie de Jacques Lacan 라깡분석치료연구회 역, 『자끄 라깡: 핵심이론과 임상』 (서울: 눈, 2019), 161-166.
282 Sigmund Freud, Rsultats, Ides, Problmes II (P.U.F., 1985), 287.
283 Juan-David Nasio, 『자끄 라깡: 핵심이론과 임상』, 172, 182-183.
284 인간이 태어나는 순간부터 죽을 때까지 만나게 되는 보편적 대타자는 일반적으로 어머니, 아버지, 선생, 사회적 권위자 등이다. 이들이 바로 주체 내외부에서 작동해 특정한 삶의 태도를 반복하게 만드는 심연의 주인이다. 이창재, 『심연의 빛』, 333.
285 Russell Grigg, 『라깡과 언어와 철학』, 61-62, 66.
286 이창재, 『심연의 빛』, 352.
287 Russell Grigg, 『라깡과 언어와 철학』, 69-70.
288 Russell Grigg, 『라깡과 언어와 철학』, 77.
289 Donald Meltzer, Harris Williams, The Apprehension of Beauty: The Role of Aesthetic Conflict in Development, Art, and Violence, 이재훈 역, 『아름다움의 인식』 (서울: 한국심리치료연구소, 1991), 110.
290 Enchiridion of Epictetus Ch. VIII: "Do not seek for things to happen the way you want them to; rather, wish that what happens happen the way it happens: then you will be happy."—as quoted in Pierre Hadot, The Inner Citadel: The Meditations of Marcus Aurelius (New York: Harvard University Press, 2001), 143.   Meditations IV. 23: "All that is in accord with you is in accord with me, O World! Nothing which occurs at the right time for you comes too soon or too late for me. All that your seasons produce, O Nature, is fruit for me. It is from you that all things come: all things are within you, and all things move toward you."—In The Inner Citadel: The Meditations of Marcus Aurelius (New York: Harvard University Press, 2001), 143.
291 Friedrich Nietzsche, Thus Spoke Zarathustra, Translated by Hollingdale, R. J. (Penguin Books Limited, 1974), 30.
292 Ian Provan, Ecclesiates, Song of Songs, The NIV Application Commentary (Grand Rapids:

Zondervan, 2001), 23.
293　Elizabeth Huwiler, "Ecclesiates," in Roland Murphy and Elizabeth Huwiler, Proverbs, Ecclesiates, Song of Songs, New International Biblical Commentary, Old Testament, Vol. 12 (Peabody, Mass: Hendrickson, 1999), 165.
294　Robert Johnston, Useless Beauty, 36-37.
295　Elsa Tamaz, "Living Wisely in the Midst of Absurdity," Church and Society 96 (1996): 35.
296　Herbert Anderson and Edward Foley, Mighty Stories, Dangerous Rituals: Weaving Together the Human and the Divine, 안석모 역, 『예배와 목회상담』 (서울: 학지사, 2012), 169.
297　Sigmund Freud, "The Future of an Illusion," in the Standard Edition of the Complete Psychological Works of Sigmund Freud Vol. 21. Ed. James Strachey (London: Hogarth Press, 1957), 77. 프로이트가 이 책에서 말한 '우리의 신 로고스'는 환상을 제거하는 합리주의의 토대이자, 종교적 환상의 대체물은 이성을 지칭한다. 그런데 크리스테바는 프로이트의 말을 확대해석하여 이성을 통하여 자아의식 내지는 궁극적 무의식에 도달하는 길이 '언어'라고 생각하고 그것을 정신분석의 전이와 종교에서 중심적 기능을 하는 로고스, 즉 '말씀'의 의미로 간주한다. Julia Kristeva, Au Commencement Etait L'amour, 김인환 역, 『사랑의 정신분석』 (서울, 민음사, 1999), 25-26.
298　Julia Kristeva, 『사랑의 정신분석』 (서울: 민음사, 1999), 15-16.
299　이경재, 『욥과 케보이』, 275.
300　Robert Johnston, 『허무한 아름다움』, 230-231.
301　Slavoj Zizek, Renata Salecl, Mladen Dolar, Alenka Zupancic, Elisabeth Bronfen, Fredric Jamson, Gaze and Voice as Love Objects, 김종주 외 6 역, 『사랑의 대상으로서 시선과 목소리』(서울: 라깡정신분석연구회, 2010), 46.
302　Donald Meltzer, Meg Harris Williams, The apprehension of Beauty, 이재훈 역, 『아름다움의 인식』 (서울: 한국심리치료연구소, 2019), 43.
303　Donald Meltzer, Meg Harris Williams, The apprehension of Beauty, 이재훈 역, 『아름다움의 인식』, 44.
304　Jon Allen, Restoring Mentalizing in Attachment Relationships: Treating Trauma with Plain Old Therapy, 최희철 역, 『애착 정신화하기 인간중심의 상담』 (서울: 학지사, 2020), 302-303.
305　James Grotstein, 『흑암의 빛줄기』, 198.
306　James Grotstein, 『흑암의 빛줄기』, 196.
307　James Grotstein, 『흑암의 빛줄기』, 195, 197.
308　James Grotstein, 『흑암의 빛줄기』, 195, 187.
309　권석만, 『현대이상심리학』 (서울: 학지사 2003), 619.
310　617 현대이상심리학 권석만 학지사 2003
311　E. Kbler-Ross, On Death and Dying (New York: Macmillan, 1969)
312　M. Stroebe & H. Schut, "The dual process model of coping with bereavement: Rationale and description," Death Studies 23/3 (1999): 197-224.
313　D. Klass, P. R. Silverman, & S. L. Nickman, (Eds). Continuing Bonds: New

Understandings of Grief (New York: Taylor & Francis, 1996)
314 R. A. Neimeyer, Meaning Reconstruction in Bereavement: From Principles to Practice (New York: American Psychological Association, 2016)
315 K. Shear & H. Shair, "Attachment, Loss, and Complicated Grief," Developmental Psychobiology, 47/3 (2005): 253-267.
316 윌프레드 비온은 뫼비우스 띠를 사용하여 의식과 무의식의 사이의 역설을 설명한다. 뫼비우스 띠는 마치 리본을 잘라 반을 비튼 다음 다시 연결시킨 띠의 형태이다. 그 결과 띠의 한 면을 따라가면 처음에 시작할 때에는 띠의 바깥 면에서 시작한 것이 나중에는 안쪽 면으로 드러나는, 역설적인 비연속적인 연속성의 경로가 만들어진다. 뫼비우스 띠는 또한 미로에 대한 하나의 표현일 수 있다. 이 모델은 꿈꾸기(즉, 알파-기능)가, 마치 뫼비우스 띠처럼, 숫자 8이라는 구조를 가진 정신적-정서적 면역체계의 접촉면과 같다는 나의 견해를 뒷받침해 준다. 이 모델에서 우리는 꿈꾸기와 그 부류의 비연속적인 연속성뿐만 아니라, 접촉-장벽, 그리고 의식과 무의식 전체로 확장되는 다른 것들을 시각화할 수 있다. 숫자 8의 구조는 의식과 무의식 사이의 접촉면(접촉-장벽)이 지닌 "무의식적인 깨어있는 사고"의 강도를 설명해준다. James S. Grotstein, A Beam Of Intense Darkness, 이재훈 역,『흑암의 빛줄기』(서울: 한국심리치료연구소, 2012), 400.
317 James S. Grotstein, A Beam Of Intense Darkness, 이재훈 역,『흑암의 빛줄기』(서울: 한국심리치료연구소, 2012), 400.
318 James S. Grotstein, A Beam Of Intense Darkness, 이재훈 역,『흑암의 빛줄기』(서울: 한국심리치료연구소, 2012), 365.
319 James S. Grotstein, 이재훈 역『흑암의 빛줄기 A Beam Of Intense Darkness』(서울: 한국심리치료연구소, 2012), 365.
320 John Bowlby, Attachment and Loss: Vol. 1. Attachment (New York: Basic Books, 2009), 331-349.
321 Melanie Klein, Love, Guilt, and Reparation, and Other Works, 1921-1945 (London: Hogarth Press, 1975), 1-53, 248-257.
322 Peter Fonagy, Gyorgy Gergely, Elliot Jurist, Mary Target, Affect Regulation, Mentalization and the Development of the Self, 황민영 역,『정서 조절, 정신화, 그리고 자기의 발달』(서울: 학지사, 2022), 367.
323 Peter Fonagy, Gyorgy Gergely, Elliot L. Jurist, Mary Target,『정서 조절, 정신화, 그리고 자기의 발달』, 368.
324 Peter Fonagy, Gyorgy Gergely, Elliot L. Jurist, Mary Target,『정서 조절, 정신화, 그리고 자기의 발달』, 369.
325 이창재,『심연의 빛』, 361-362.
326 정신증자나 중증 신경증자는 자신의 내면에서 일어나는 상징과 사물을 동등시하는 특성을 보이는데 이를 상징적 동등시(symbolic equation)라고 부른다. 이창재,『심연의 빛』, 363.
327 이창재,『심연의 빛』, 363-364.
328 이창재,『심연의 빛』, 364-365.
329 주인공(主人公)이란 본래 불교에서 번뇌망상(煩惱妄想)에 흔들리지 않는 참된 자아(自我)

를 가리키는 말이었다.

330 Russell Grigg, 『라깡과 언어와 철학』, 261.
331 Bruce Pink, Fundamentals of Psychoanalytic Technique: A Lacanian Approach for Practitioners, 김종주 역, 『라깡 정신분석 테크닉』 (서울: 하나의학서, 2010), 222.
332 Sigmund Freud, Gesammelte Werke, 김명희 역 『늑대인간』 (서울: 열린책들, 2003), 7-10.
333 라깡의 분열된 주체는 '분할된 주체', 혹은 '빗금쳐진 주체'로, 모두 기호로 $로 표기된다. Bruce Fink, 『라깡의 주체』, 97.
334 임진수, 『상징계-실재계-상상계』, 201.
335 김진우, 『은유의 이해』 (서울: 나랏말, 2005), 22-26.
336 Russell Grigg, 『라깡과 언어와 철학』, 262.
337 조희주, 『문학치료를 통한 긍정의 시그니처』 (서울: 교육과학사, 2020), 29-35.
338 Robert Funk, Language, Hermeneutic, and Word of God (New York: Haper & Row, 1966), 133-162.
339 John Crossan, In Parables: The Challenge of the Historical Jesus (San Francisco: Harper & Row, 1973), 4-22.
340 눅 10:30-35.
341 John Crossan, In Parables: The Challenge of the Historical Jesus, 23-36.
342 John Crossan, "Parable and Example in the Teaching of Jesus," Semeia 1 (1974): 62-104.
343 시편의 탄원시는 150편 시편 전체 중에 가장 비중 있게 나타나는 유형으로 시편을 대표하는 특징 중 하나다. 그 중에서 개인 탄원시는 전체 시편의 1/3정도를 차지하고 공동체 탄원시까지 범위를 확장하면 시편의 1/2가량의 분량이 된다. 이런 점에서 탄원시가 시편에서 갖는 위상과 의미는 매우 크다고 할 수 있다. Claus Westermamm, Praise and Lament in the Psalms (New York: Westminster John Knox Press, 1981), 10.
344 George Steiner, Real Presences (Chicago: The University of Chicago Press, 1991), 217.
345 박영준, "시편 테라피: 시편을 통한 심리치료에 관한 연구", 『한국개혁신학』 50 (2020): 296.
346 김이곤, 『구약성서의 고난신학』 (서울: 한국신학연구소, 1991), 109.
347 Hanna Segal, 『멜라니 클라인』, 126.
348 자폐-접촉자리는 클라인의 편집-분열자리와 우울자리보다 더 원시적 심리적 조직으로, 상징 이전에 감각적 인상을 통해 경험을 형성하는 양식이다. 이 양식은 다른 모든 경험들의 바탕이 되는 경험을 창조한다. 이러한 심리적 조직들은 통시적 축과 더불어 공시적 축이 발전하며 나타나는 것이 특징이다. Thomas Ogden, 『토마스 옥덴, 분석적 주체』, 68-69.
349 John Fox, Poetic Medicine: The Healing Art of Poem-Making, 최소영, 조은상 역, 『시치료』 (서울: 아시아, 2013), 54.
350 Heinz Kohut, Analysis of the Self (New York: International Universities Press, 1971), 116.
351 John Fox, 『시치료』, 53.
352 전요섭, 『효과적 기독교 상담기법』 (서울: CLC, 2012), 286.
353 Robert Emmons and Michael McCullough, "Counting Blessings Versus Burdens: An Experimental Investigation of Gratitude and Subjective Well-Being in Daily Life," Journal of Personality and Social Psychology 84/2 (2003): 377389.

354 전요섭, 『효과적 기독교 상담기법』, 290.
355 Michael McCullough, Robert Emmons, Jo-Ann Tsang, "The Grateful Disposition: A Conceptual and Empirical Topography," Journal of Personality and Social Psychology 82/1 (2002): 112127.
356 Melanie Klein, "Envy and Gratitude," in Envy and Gratitude and Other Works 1946-1963 (New York: Free Press, 1984), 206, 214, 215.
357 Melanie Klein, "Envy and Gratitude," in Envy and Gratitude and Other Works 1946-1963, 187.
358 Melanie Klein, "Envy and Gratitude," in Envy and Gratitude and Other Works 1946-1963, 188.
359 Melanie Klein, "Mourning and Its Relation to Manic-Depressive States," in The Selected Melanie Klein, ed. Juliet Mitchelle (New York: Free Press, 1987), 148-150.
360 Melanie Klein, "A Contribution to the Psychogenesis of Manic-Depressive States," in The Selected Melanie Klein, ed. Juliet Mitchelle (New York: Free Press, 1987), 120.
361 Klein, Envy and Gratitude and Other Works, 189.
362 John Fox, Poetic Medicine: The Healing Art of Poem-Making, 63.
363 강혜정, 『투사적 동일시: 너를 들이쉬고 나를 내쉬다』, 100.
364 강혜정, 『투사적 동일시: 너를 들이쉬고 나를 내쉬다』, 100.
365 Glen Gabbard, Long-Term Psychodynamic Psychotherapy: A Basic Text, 노경선, 김창기 공역, 『장기역동정신치료의 이해』 (서울: 학지사, 2007), 163.
366 Robert Enright and Richard Fitzgibbons, Helping Clients Forgive, 방기연 역, 『용서심리학』 (서울: 시그마프레스, 2011)
367 Robert Enright, The Forgiving Life: A Pathway to Overcoming Resentment and Creating a Legacy of Love, 김광수 외 3. 『용서하는 삶』 (서울: 시그마프레스, 2012),
368 Robert Enright and Richard Fitzgibbons, 『용서심리학』, 5.
369 Fred. Alford, Trauma and Forgiveness: Consequences and Communities (New York: Cambridge University Press, 2013), 97.
370 Jang Nasio, 『프로이트페렌치그로데크클라인위니코트돌토라깡 정신분석 작품과 사상』, 283.
371 Stephen Mitchell and Margaret Black, Freud and Beyond: A History of Modern Psychoanalytic Thought, 이재훈, 이해리 역, 『프로이트 이후』 (서울: 한국심리치료연구소, 2002), 174.
372 Stephen Mitchell and Margaret Black, 『프로이트 이후』, 173.
373 Susan Kavaler-Adler, Mourning, Spirituality and Psychic Change: A New Object Relations View of Psychoanalysis (New York: Taylor & Francis, 2003), 126.
374 Fred Alford, Trauma and Forgiveness: Consequences and Communities, 75-78.
375 Fred Alford, Trauma and Forgiveness: Consequences and Communities, 86.
376 Russell Grigg, Lacan, 『라깡과 언어와 철학』, 67.
377 Susan Kavaler-Adler, Mourning, Spirituality and Psychic Change, 16.

378　Fred. Alford, Trauma and Forgiveness: Consequences and Communities, 79.
379　Melanie Klein, Selected Melanie Klein (New York: Hogarth Press, 1986), 84.
380　임재영, 이주영, 신동열, 『음악치료 이론과 심상유도 음악치료 실제』, 86.
381　이창재, 『심연의 빛』, 229.
382　이창재, 『심연의 빛』, 230.
383　이창재, 『심연의 빛』, 397.
384　김석, 『프로이트 & 라캉 무의식의 초대』, 159.
385　Dylan Evans, An Introductory Dictionary of Lacanian Psychoanalysis, 김종주 외11 역, 『라깡 정신분석 사전』 (고양: 인간사랑, 1998), 169-170.
386　라깡의 시각에서 종교는 '오브제 a', 즉 결여를 인식한다. 종교는 이 결여를 '신'이라는 초월적 존재가 채울 수 있다는 체계를 세워놓고, 의례적 행위로 이것을 메우려는 상상계의 대표적 모델이다. 이런 종교개념은 불안에 대한 방어적 심리행위로 종교가 형성되었고 따라서 신경증적 구조를 가졌다고 보는 프로이트의 종교개념과 유사하다.
387　라깡의 종교담론은 주체/오브제 a : S1/S2로 표기한다. S1은 종교이고 S2는 경전, 교리, 신조 등이다. 분열된 주체가 "내게 말해주세요"라고 물으면 S1 종교는 "너는 그런 존재야"라고 대답하고, 오브제 a가 "내가 누구입니까?" 물으면 S2 교리는 "너에게 말한 대로야"라고 답변한다. 강응섭, 『라깡과 기독교의 대화』, 463-464.
388　"욕심이 잉태한즉 죄를 낳고 죄가 장성한즉 사망을 낳느니라." 야고보서 1:15. "구하라 그러면 너희에게 주실 것이요 찾으라 그러면 찾을 것이요 문을 두드리라 그러면 너희에게 열릴 것이니." 마태복음 7:7
389　Michael Eigen, Contact with the Depths, 이재훈 역, 『깊이와의 접촉』 (서울:한국심리치료연구소, 2012), 216.